KB063255

일본 정치 고민없이 읽기

강철구 지음

일본 정치
고민없이
읽기

강철구 지음

어문학사

| 목차 |

일러두기

- 이 책의 모든 한자는 일본식 신자체(新字体)를 사용하였습니다.

- 이 책에서는 '일왕'이라는 표현보다 '텐노' 또는 '천황'으로 기술하였습니다. 일본 정치의 실체를 조금이나마 더 직감적으로 느낄 수 있는 지름길이라고 생각해서입니다.

머리말

　일본 정치인들의 역사왜곡 발언이나 한국과 한국인을 무시하는 망언이 매스컴을 통해 한반도에 전달될 때마다 우리는 흥분합니다. 이게 한두 번일 때는 우연이나 실수로 넘길 수도 있겠지만, 계속 되풀이 되면 그건 이미 해프닝이나 즉흥적인 차원이 아니겠지요. 그것이 바로 그들의 기본적인 생각이고 철학이요, 그 속에 사상적 배경이 깔려 있다는 걸 은연중에 노출시키는 거니까요. 그런데도 우리는 일본의 생각과 철학, 또는 사상에 대해 공부하지 않고 비판만 하거나 '나쁜', '놈', '나라'라고 욕하기 바쁩니다. 누가 더 강도 높게 욕하냐에 따라 '좋아요' 클릭 수가 늘어나고 애국심이 고취되는 듯하다 보니 더 자극적으로 일본을 두들겨 패 시선을 집중시키려는 유튜버들도 활동합니다.

　어떤 나라를 가장 빨리 그리고 정확하게 아는 방법은 그 나라에 가서 살아보는 것이겠죠. 더 나아가 그 나라 사람들만 있는 공동체,

예를 들어 직장이나 교회 또는 취미단체 등에 소속해 있다면 상상하지 못했던 문화의 차이를 느낄 겁니다.

저는 인생의 가장 황금기인 30~40대를 일본에서 학부와 석사, 그리고 박사학위를 받기까지 약 13년간 생활하면서 일본 자체를 몸으로 익히고 돌아왔습니다. 그렇게 귀국해서 대학 강단에 서서 보니, 수백 년간 그토록 당하고도 일본을 제대로 알려고 노력하기보다는 일본 대사관 앞에서 일장기나 불태우며 화풀이하는 것을 애국심으로 둔갑시키고 있는 것들이 보이더군요. 그렇게라도 하면 독립운동가들에게 빚진 마음을 조금이라도 청산할 수 있을 것이라고 느끼는가 봅니다.

그렇지만 외교 협상 테이블에서 가장 중요한 자세는 자신의 패를 보여주지 않는 것입니다. 쉽게 속내를 드러내지 않아야 한다는 의미입니다. 그래서 때로는 긍정도 부정도 하지 않는 NCND(neither confirm nor deny) 입장을 고수해야 할 때가 있는 겁니다. 즉 이목을 끌지 않는 절제된 대응의 로키(low key) 기조를 유지해야 한다는 의미이지요. 그런데 우리나라 정부나 국민은 일본에 대해서만큼 유독 그렇게 하지 않습니다. 왜 그럴까요? 그건 상대가 일본이기 때문입니다.

만일 유관순 열사나 안중근 의사께서 2021년에 한국에 다시 나타나 한일 관계를 본다면 잘 하고 있다고 칭찬할 거라고는 생각하지 않습니다. 아마도 우리의 일본에 대한 태도, 특히 지식인들의 편향된 애국사관이나 또는 맹목적 친일사관에 대해 나무라실 것 같습니다. 왜냐하면 그들이 이 나라의 여론을 이끌고 있기 때문이지요.

적을 미워하면 판단력이 흐려진다고 합니다. 독립 이후 한민족의 이데올로기는 줄곧 북한과 일본이었습니다. 그만큼 우리는 일본에 대한 관심이 많습니다. 특히 최근 십여 년 사이 일본의 행보와 과거사 인식 변화는 주변국의 불안과 분노, 걱정을 끌어내기에 부족함이 없었고, 그만큼 주변국의 관심 역시 커져만 갔습니다.

'우리가 왜 남의 나라, 그것도 일본 정치를 알아야 하느냐'라고 물으신다면, 한국의 현실 정치에 미치는 영향이 적지 않기 때문에 그렇습니다.

전 세계에서 일본을 가장 우습게 여기는 민족이 바로 한국인이라는 우스갯소리는 다들 아시는 농담일 겁니다. 그런데 이걸 또 칭찬이라고 착각하는 게 우리입니다. "한국이 아직도 정신 못 차리고 있구먼" 하는 말을 점잖게 돌려 말한 것인데 우리는 그걸 자랑스럽게 여깁니다. 이렇게 한국인이라면 모두가 느끼고 있는 일본과의 거리감, 그 거리에 놓여 있는 수많은 장애물과 움푹 파여 있는 상처들. 이 책은 이런 물음들에 대해 궁금증을 해결하기 위한 하나의 시도입니다. 그래서 저는 일본이라는 거울에 우리 모습을 비추어 보는 방식으로 접근을 했습니다.

일본 정치를 대학 교재 형식으로 건조하게 만드는 것이 저에게는 익숙하고 편하지만, 이번에는 독자의 시각을 염두에 두고 입체적으로 고민하면서 읽을 수 있도록 집필하는 것이 좋다고 생각했습니다. 저는 일본 정치가 전공이 아니기 때문에 정치학자들이 만들어낸 수많은 이론과 부담스러운 논리의 짐을 덜어 낼 수 있는 핑계가 있습니다. 그래서 학술서적의 형식보다는 여러분들께서 쉽게 이해할 수 있도록 기본적인 일본 정치의 읽을거리를 제공하고 이를 해설하는 기술 방식에 집중하였습니다.

이 책 한 권 안에는 일본 정치를 이해하는 대부분의 키워드가 들어가 있기 때문에 다 읽으신 후에는 어디 가서 '나 일본 정치에 대해 요 정도는 알아'라고 할 수 있을 겁니다. 그런 와중에 이야기가 생명력을 얻고 재미와 의미를 더하여 뭔가 부족한 부분을 느끼신다면 책 끝머리에 정리해 둔 참고문헌들을 뒤적여 보시면 됩니다.

책을 쓰는데 여러분들의 도움이 컸습니다. 중국을 비롯한 주변 강대국과의 국제관계에 대해 큰 그림을 그려 주신 고정식 교수님, 일본의 근대화에 영향을 미친 독일이야기를 들려주시며 글쓰기를 알려 주신 이성덕 교수님, 망년지교(忘年之交)의 두 분을 통해 무지를 깨닫는 것이 진리를 향한 첫걸음이란 걸 배웠습니다.

책을 추천해 주신 두 분에게도 감사하지 않을 수 없습니다.
존경하는 김현철 교수님께서는 제가 한국에 귀국한 후 10여 년이 넘도록 일본 경제 경영분야에서 저를 이끌어 주셨고, 또 그런 시간 속에 함께 연구하고 글도 쓰면서 난초의 향기 같은 인품과 뛰어난 학자의 모습을 보여주신 저의 구루(Guru)이십니다.
김준형 국립외교원장님께서는 제가 한동대에 있을 때 항상 최고의 강의평가로 제자들로부터 존경을 받을 뿐만 아니라 저 같은 후배 교수들에게 무언의 모범을 보이셨고, 또 제가 이렇게나마 책 한 권을 쓸 수 있는 지적인 통찰력을 주신 분이십니다.
지면상 네 분만 언급했을 뿐 어찌 다른 분들로부터 도움이 없었겠습니까? 세상은 보이지 않는 끈으로 연결되어 있다고 합니다. 이것이 있으므로 저것이 있는 것이지요. 모든 분들에게 감사드립니다.

제1장

독일과 일본의 역사인식, 왜 다른가?

1

독일과 일본의
역사 접근법

역사를 기록할 때는 그 시대의 다양한 철학과 가치관이 반영되기 때문에 기록자의 주관주의를 피할 수는 없습니다. 국가도 다르지 않습니다. 국가 단위의 역사관은 더 다양하고 복잡한 이해관계가 얽혀 있고 그것이 논의와 조정과정을 거쳐 합의에 도달하기까지는 많은 시간이 필요하기 때문입니다. 그렇다면 한일 간에 펼쳐진 과거 역사에 대한 인식은 어떨까요? 제가 보기엔 양국 모두 아주 심각할 정도의 간극이 보입니다. 일본은 가해자이고 한국과 중국으로 대표되는 동아시아는 피해자라는 게 기본적인 전제로 밑바닥에 깔려 있다 보니 같은 사건을 놓고도 서로 상반된 인식을 갖는 겁니다. 왜냐하면 우리들이 갖고 있는 역사인식은 보통 자신의 관점에서 자신에게 유리한 방향으로 주장하려는 경향이 강하기 때문입니다.

제2차 세계대전이 종식된 지 벌써 75년이나 지났건만 일본은 여전히 역사청산과 전후처리문제를 '뜨거운 감자'로 놔둔 채 지칠 줄 모르고 이웃 국가들과 대립하고 있습니다. 일본은 90년대 초반부터 지금까지 지속되고 있는 경기침체 때문인지는 몰라도 우경화 행보를 멈추지 않고 한국, 중국과 끊임없이 마찰을 빚고 있지요. 그런데 이 모든 건 일본의 정치가들이 바보라서 그런 건 아닐 겁니다. 분명한 건 그들의 역사인식 형성 과정이 우리와는 다르다는 점입니다.

그에 비해 두 차례나 세계대전을 치른 독일은 어떤가요? 독일은 일본과 같은 전범국이자 패전국인데도 역사적 산물을 바라보는 시각과 행동이 전혀 딴판입니다. 독일은 어두운 과거를 떨쳐 버리고 이를 극복하기 위해 이웃 국가들과 상호 이해와 화해를 전제로 오래전부터 평화로운 공존과 협력을 유지해 오고 있습니다.

이렇듯 역사를 대하는 자세에 있어서 '기억과 반성'의 독일과 '망각과 무책임'으로 일관하는 일본의 근본적인 차이는 무엇일까요?

우선 독일은 아홉 개 나라들과 국경을 접하고 있기 때문에 오늘날과 같은 글로벌 시대에서 독야청청 고집부리며 지낼 수 없다는 것을 자의 반 타의 반 인정할 수밖에 없지만, 섬나라 일본은 국경을 마주하는 나라가 아예 없다 보니 외부에 대해서는 '배타적'인 문화를, 내부에 대해서는 '집단주의적'인 문화를 갖고 있어 주변국들에게 사과하지 않더라도 아쉬울 게 없다는 배짱을 부리고 있는 겁니다.

독일에서는 형법 86조에 근거하여 하켄크로이츠('갈고리 십자가'라는 뜻으로 독일 나치즘의 상징)뿐만 아니라 나치 문양의 휘장이나 배지,

깃발 등을 공공장소에 전시하면 '반헌법조직 상징물 금지법'에 따라 3년 이하의 금고나 벌금형을 선고받습니다.* 반면 일본 극우 정치인들은 침략을 '진출'이라고 우기고 이를 정당화하거나 군국주의의 상징인 욱일기**를 일본 해상자위대의 공식기로 사용하면서 우파세력들의 표를 사들이고 있습니다.

제2차 세계대전 승전 60주년 기념행사에 참석했던 고이즈미 전 총리는 "일본은 제2차 세계대전에 대해 충분히 반성했다.", "세계 각국은 일본의 반성에 대한 노력을 높이 평가하고 있다."고 주장했습니다. 살아 있는 권력 아베 전 총리는 참의원 예산위원회(2013. 4. 23.)에서 "침략에 대한 정의는 학계에서도 국제적으로도 정해지지 않았다. 국가 간의 관계상 어느 쪽에서 보느냐에 따라 다르다."라는 비상식적인 발언을 했구요, 당수 토론회에서는 "침략 여부 판단은 정치가가 아닌 역사가에 맡겨야 한다."는 망언을 하기도 했습니다.

그러나 이는 팩트(fact)를 확인하지 않은 왜곡된 발언입니다. 왜냐하면 1974년 UN총회에서 '침략의 정의(Definition of Aggression)' 결의를 전원일치로 채택했을 때 일본 정부도 찬성했기 때문입니다.

● 영화나 표현의 자유가 필요한 예술 작품이나 학술적 목적 등은 예외적으로 사용할 수 있다고 합니다.

●● 욱일기는 태양 문양에서 주위로 햇살이 퍼져 나가는 것을 형상화한 것으로 대동아기라고도 합니다. 1870년 공식적으로 일본 육군기로 채택했다가 제2차 세계대전 패전 후 사용을 중단했지만, 1954년부터 일본 해상 자위대는 기존의 햇살 16개를 그대로 사용하고, 육상자위대는 8개로 변경해서 다시 사용하고 있습니다. 욱일기는 나치의 하켄크로이츠와는 달리 국제사회에서 전범상징물로 인정된 것이 아니어서 각종 스포츠경기에 등장하는 것을 제제하기 어려운 것이 현실입니다.

"침략은 어느 국가가 타국의 주권, 영토 보존 또는 정치적 독립에

　대해 무력을 사용하거나 또는 본 정의에 규정된 UN 헌장에 위

　배되는 기타 방법을 사용하는 것을 말한다."(제1조)

이렇듯 두 나라는 하늘과 땅만큼이나 차이가 납니다.

독일 대통령이 "독일은 독일의 만행에 따른 주변국가의 고통을 잊지 않도록 해야 할 책임이 있다."고 공식 석상에서 스피치하는 것에 대해 부끄러움을 갖고 있지 않지만, 일본은 이런 공감대가 아예 형성되어 있지 않습니다. 그래서 독일에 대한 공포감이나 두려움을 갖는 국가는 없어도 일본에 대해선 여전히 제국주의 내지 파시즘에 대한 공포의 잔영(殘影)을 지우지 못하는 겁니다.

이제 독일은 실천적 반성을 통해 다시 '정상적인 국가'로 전 세계에서 인정받고 있을 뿐만 아니라 제2차 세계대전 때 적국이던 영국과 프랑스가 독일의 유엔안전보장이사회 상임이사국 진출을 지지하는 것을 보면 얼마나 많은 것이 변했는지 알 수 있지요. 나아가 유럽에서는 '독일이 지속적으로 과거사를 반성하는 한 다른 국가들은 독일의 과거사를 정치적으로 이용하지 않는다.'는 암묵적 합의가 있을 정도이니까요.

우리가 전범인가? 우리가 전범국가다

일본과 독일은 역사교육에서도 접근 방법이 다릅니다. 일본은 "우리가 전범인가?"라고 역사를 부정하는 접근을 시도하고 있지만,

독일은 "우리는 전범국가이다."라고 먼저 인정하고 들어갑니다. 이러한 교육의 차이는 어떻게 형성된 것일까요?

우선 일본은 침략의 역사를 제대로 가르치지 않고 있습니다. 선조들의 잘못을 알게 되면 존경심이 사라져 일본식 화(和)가 깨지니 자랑스럽지도 않은 역사를 굳이 후손들에게 자세히 가르칠 필요가 없다는 겁니다. 일본에는 '냄새나는 것은 뚜껑을 덮어라(腐るものは蓋を閉じる)'라는 속담이 있거든요. 일본은 전쟁에 졌을 뿐 승전국에 비해 특별히 나쁜 짓을 한 것이 아니며, 만일 전쟁에 이겼다면 전혀 이야기가 달라졌을 것이라고 주장합니다. 그러다 보니 일본 젊은 세대의 정서가 전쟁은 할아버지 세대가 일으킨 것일 뿐, 자신들에게는 책임이 없다며 과거를 망각하고 싶어 합니다.

"우리들 젊은 세대들은 과거에서 벗어나 친하게 지내면 되는 거 아닌가요? 한국과 중국의 젊은이들은 만날 때마다 과거사와 일본의 책임을 이야기하는데, 정말 이해가 안 되고 친해지고 싶지도 않습니다. 우리 세대가 일으킨 역사도 아닌데 왜 우리까지 죄인이 되어야 하죠?"

사실 정치와 역사에 관심없는 일본 젊은이들의 물음에 우리가 역사인식에 기초하여 논리적으로 답변한다 해도 그건 어쩌면 한국 정서와 문화가 묻어난 답변일 뿐일지도 모릅니다.

그러나 독일은 접근 방법이 다릅니다. 1960년대까지 독일사회는 과거사에 대해 '침묵의 공동체'를 이루었지만, 나치의 충격적인 범죄행위를 전적으로 공개하기 시작하면서부터는 이를 교육의 장으로 활용하고 있습니다. 그리고 이러한 조치는 나치의 핵심 세력들이 독일 사회에 복귀하지 못하도록 막는데 효과적이었다고 평가받고 있습니다.

이번에는 한일 관계와 비슷한 독일과 프랑스의 관계를 이해하기 위해 역사를 조금 뒤로 돌려 볼께요. 과거 독일은 메르센 조약(Treaty of Mersen, 870년)으로 동프랑크왕국과 서프랑크왕국이 로트링겐을 동서로 분리하는 분할조약을 체결하였고, 그 결과 오늘날 프랑스와 독일, 이탈리아 등으로 지리적 경계가 분리된 역사가 있습니다. 그 후 유럽 최초의 세계대전이라고 할 수 있는 30년 전쟁 때에는 프랑스가 독일 지역을 이리저리 분할하기도 했고, 다시 독일이 보불전쟁에서 승리했을 때는 입장이 바뀌면서 양국은 마치 한일 관계처럼 숙명의 적이 되어 버렸지요.

그래서 패망한 프랑스는 갖은 수모를 겪은 이러한 참혹한 역사를 다시는 반복하지 말자고 다짐하며 모금한 돈으로 1876년 몽마르트르 언덕에 사크레 쾨르 성당(Sacre Coeur, 성심사원)을 세웠습니다. 마치 우리나라가 일제 침략에 대한 아픔과 망각을 놓치지 않기 위해 천안에 독립기념관(1987)을 세운 것처럼 말이죠. 그런데 1940년 제2차 세계대전에서 프랑스가 또다시 독일군에게 점령을 당했으니, 그 아픔과 원한이 얼마나 컸을까요?

그런데 상호 앙숙이었던 프랑스와 독일이 이웃 국가로서 과거사를 청산하고 함께 손을 잡게 된 계기는 바로 1951년 유럽 역사에 대한 합의를 채택하면서부터입니다. 오늘날 양국은 공동 역사 교과서(2006)를 사용하고 있고, 또 정치 지도자들은 국제적인 행사에 나

― 무릎을 꿇은 30초가 독일의 국제사회 복귀를 30여 년 앞당겼다고 평가받고 있는 빌리 브란트의 참회 모습을 일본이 흉내라도 냈으면 하는 건 우리의 바람일 뿐입니다.

올 때 손을 잡고 화해의 포즈를 취하기도 합니다. 서독의 4대 총리 빌리 브란트(Willy Brandt, 재임 1969. 10.~1974. 5.) 정부 시기부터는 대학 진학을 앞둔 청소년 시기에 20세기 독일 역사에 대한 교육을 총 2년간 받게 했고, 이때 독일의 범죄행위에 대해 죄책감과 책임감을 강조하는 수업을 할 뿐만 아니라 수학여행지로 옛 포로수용소와 홀로코스트 기념관 방문을 의무로 하고 있습니다. 자랑스러운 역사이든 수치스런 역사이든 덧붙이지 않고 있는 그대로 전하고 전달받아야 한다는 것이 독일 역사교육의 기본이기 때문이지요.

독일의 역사인식에서 빠질 수 없는 또 다른 정치적 사건이 있습니다. 대다수 분들이 아시는 바와 같이, 빌리 브란트가 폴란드를 방문(1970. 12. 7.)했을 때 과거 독일이 저지른 만행에 대해 바르샤바 유태인 학살기념비 앞에서 무릎을 꿇고 참회의 눈물을 흘리며 오랫동안 묵념을 했던 장면을 기억하실 겁니다.

각국 언론은 '무릎 꿇은 것은 한 사람이었다. 하지만 일어선 것은 독일 전체였다'라며 그의 용기에 찬사를 보냈지요. 독일 사회의 역사의식 변화에 일대 전기를 마련할 만큼의 상징성이 컸으며, 이듬해 빌리 브란트는 노벨 평화상까지 수상하였죠. 그것이 비록 고도의 정치적 연출이라 할지라도 유럽사회에서 독일을 바라보는 시각에 결정적인 전환의 계기를 만든 감동적인 장면이었습니다.

그의 회고록에 따르면 원래 무릎을 꿇어야겠다는 생각을 하고 간 것은 아니었는데, 어떤 강력한 힘이 자신의 어깨를 압력으로 눌렀다고 고백했습니다. 프랑크푸르트 중앙역 근방에 그를 기념하여 빌리 브란트 광장을 만들어 놓았으니, 혹시 유럽을 여행하실 기회가 있으시면 한번 들르시길 바랍니다.

아무튼 이후부터 독일의 지도자들은 매년 국회 연설을 통해 희생자 추모비를 직접 찾고 참회해 왔습니다. 예를 들어볼까요? 2004년 6월 6일, 노르망디 상륙 60주년 기념행사에서 게르하르트 슈뢰더(Gerhard Schroder, 1944~) 독일 총리는 다음과 같이 과거를 반성했습니다.

"독일군들은 유럽을 압제하려는 살인적 시도(나치즘) 때문에 숨졌습니다."

2005년 2월 2일, 폴란드 출신의 호르스트 쾰러(Horst Koehler, 1943~) 독일 대통령도 이스라엘과의 국교 수립 40주년을 맞이해 이스라엘 의회 연설에서 히브리어로 다음과 같이 고백하며 참회의 눈물을 흘렸습니다.

"부끄러운 마음으로 겸허하게 머리를 조아립니다. 독일은 홀로코
스트에 대한 책임이 있습니다."

독일정부는 나치 전범의 공소시효를 아예 없앴기 때문에 지금도
범죄가 발각되면 가차없이 재판에 회부합니다. 베를린 곳곳에 홀로
코스트를 추모하는 기념물이 세워졌고, 독일의 역사 교과서는 나치
의 전범 행위가 어땠는지에 대해 구체적으로 가르칩니다. 이를 통
해 독일의 정치적·도덕적 과거 청산의 자세는 독일사회에 뿌리를
내렸습니다.

후진 지나(支那)와 조선은 악우(惡友)

일본은 1895년 청일전쟁 이후 성공적인 산업혁명을 거쳐 후발 강
국으로 급부상하면서 한국과 중국에 대한 우월의식을 갖게 되었고
이후 본격적으로 제국주의 역사에 뛰어들었습니다. 후쿠자와 유키
치(福沢諭吉, 1835~1901)는 그의 『탈아론』(脱亞論, 1885)에서 '후진 지나(支
那)와 조선은 악우(惡友)'라고 표현하면서, 일본은 '서양 문명국과 진
퇴를 함께 하되, 지나와 조선이 이웃나라라 하여 특별하게 대면할
것은 아니며, 실로 서양 사람들이 이들을 접하는 방식을 따라서 처
리해야 한다.'라고 주장하였죠.

농학자이면서 국제연맹 사무차장을 역임했던 니토베 이나조(新渡
戸稲造, 1862~1933)는 '일본은 유럽의 나라들보다 더 큰 나라가 되었
다.'라며 일본의 우월감을 자랑하고 아시아 대륙 침략을 정당화하

는 발언을 하였습니다.

반면 독일은 지정학적인 측면에서 볼 때 프랑스, 오스트리아, 스위스, 룩셈부르크, 벨기에, 네덜란드, 덴마크, 폴란드, 체코 등 아홉 개 나라와 국경을 접하고 있어서 일본처럼 이웃 국가들을 함부로 무시하지 못합니다. 또 집 한 채를 사이에 두고 이 나라 저 나라를 넘나들며 활동하는 인구수도 적지 않을 뿐만 아니라 이들 이웃 국가들 대부분은 오늘날 경제적으로나 문화적으로 독일이 무시할 수 없는 선진국입니다. 특히 프랑스는 UN상임이사국에 더불어 국제사회에서도 목소리가 큰 G7 강대국이잖아요.

만일 독일이 과거사에 대해 이웃 국가들이 수긍할 만큼의 철저한 자기반성을 선행하지 않았다면, 유럽 강대국들 사이에 끼어 있는 독일이 오늘날과 같은 지위를 유지할 수 있었을까요? 독일이 과거의 잘못을 반성하지 않고 버틴다면 독일인들이 지중해의 싱싱한 과일과 야채를 맛보기 어려울 수도 있겠죠. 그래서 독일이 과거에 대해 깊이 자숙하는 것이, 양심의 문제라기보다는 생존을 위한 어쩔 수 없는 선택이었다는 일부의 체념적인 해석에도 일정 부분 일리는 있다고 봐요.

그에 비해 일본은 아직까지도 주변국에게 아쉬울 게 없습니다. 일본은 패전 후 한국과 중국보다는 태평양 저 너머에 있는 승전국 미국과의 관계가 훨씬 중요했으니까요. 당시 일본은 전쟁으로 산업시설은 파괴되었고 생활물자는 턱없이 부족한 상황에서 급격한 인플레이션까지 경험해야만 했지요. 국가재정과 기업의 생산 활동이 거의 마비된 상황에서 미국의 경제지원은 어쩌면 일본의 배고픔을 해결해 주는 세이비어(Savior)였을지 모릅니다.

제2차 세계대전 이후 미소 간 냉전대립이 격화되는 가운데 중국 대륙에서는 국민당과 공산당 사이의 내전이 시작되고, 필리핀과 베트남의 공산당 운동도 활발해지자 아시아 지역이 공산화되지는 않을까 염려한 미국이 일본을 서방 진영으로 끌어들이기 위해 일본 경제의 부흥을 원했습니다. 그래서 미점령군(GHQ)은 전범처리를 제대로 하지 않은 채 오히려 보수층과 협력하면서 독점자본을 부활시키고 재군비 등을 추진하면서 일본의 경제적 부흥을 적극 지원했습니다.* 게다가 1950년 6월 25일, 한반도에서 전쟁이 발발하자 한 달도 안돼 국제연합군이 참전하고 같은 해 11월 중공군이 참전하면서 한국전쟁은 국제전으로 확대되었죠. 미국은 한국전쟁이 자칫 제3차 세계대전으로 이어질지도 모른다는 긴박감에 일본에 주둔하고

● 1940년대 후반 공산권 세력이 서서히 강화되자 미국은 초기의 비무장화와 민주화라는 대일정책 목표를 수정하면서, 일본의 재무장화와 경제부흥에 중점을 두는 방향으로 전환하였습니다. 특히 중국의 공산화는 일본의 지정학적 가치를 상승시켰고 국제 공산주의에 대항하기 위해서는 하루빨리 일본 경제를 부흥시키는 것이 긴급과제라는 인식을 갖게 하였죠.

있던 미국군대를 출동시켰고 일본은 한반도 전쟁의 전략물자 보급 기지가 되었습니다.

미국을 주력으로 한 국제연합군이 한반도 전선(戰線)에서 필요한 군수물자와 서비스를 일본을 통해 사들인 것 말고도, 종전 교섭단계에 들어서면서부터는 주일 연합군용 자재와 서비스까지 포함시켰습니다. 여기에 더해 미국의 병력확장 전략, 그리고 아시아 군사 원조에 관련된 물자와 서비스 등, 이른바 '신특수'로 범위가 확대되면서 일본은 한국전쟁의 최대 수혜자가 되었습니다. 그러니 일본은 한국전쟁이 더 오래 지속되길 바랐을지도 모릅니다. 일본은 이렇게 갈고리로 긁어모은 달러를 신기술과 기계도입의 주된 자금원으로 사용하는 민첩함을 보였지요. 남의 불행이 나의 행복이 된 케이스라고 할까요.

한국전쟁은 침체에 빠진 일본 경제를 단번에 도약할 수 있는 계기로 전환시켜 주었고 그중에서도 각종 군수품 생산과 섬유, 그리고 금속산업에서 특히 큰 호황을 누렸습니다. 이제 일본의 국제수지는 흑자로 돌아섰고, 1949년 말 2억 달러에 불과했던 외화는 1950년 말 9억 4천만 달러로 4.5배나 급증하였습니다.

토요타와 닛산 등 일본자동차 산업이 호기(好機)를 맞게 된 것도 이때입니다. 토요타는 태평양전쟁 중이던 1944년 군수공장으로 지정돼 육군용 트럭을 생산하였지만, 패전 후 극심한 인플레이션으로 현금흐름에 어려움을 겪으면서 총자산 가치의 여덟 배에 이르는 부채를 떠안게 됩니다. 토요타는 도산을 피하기 위해 관리자들이 자발적으로 감봉을 하고 모든 종업원들이 임금을 10% 삭감하는 정책까지 실시하였지만, 결국 1950년 파업 사태로 파산 위기에 직면하면서 토요타 자동차의 창업자인 키이치로(豊田喜一郎, 1894~1952) 사장이 물러났지요.

그런데 토요타가 법정 관리에 들어간 지 20일 만에 한국전쟁이 발발하면서 미군으로부터 군사용 트럭 1천 대를 한꺼번에 발주 받아 기사회생하는 전환점을 마련합니다. 그리곤 TPS(Toyota Production System, 1953년)라는 토요타 고유의 생산시스템을 도입하고, 1955년과 1957년에 개발한 승용차 '크라운'과 '코로나'가 대박을 터뜨리면서 승승장구했지요. 두 모델은 60년대 중반 대우자동차의 전신인 신진자동차가 한국에 도입하기도 하였습니다. 이뿐만이 아닙니다. 우리도 잘 알고 있는 파나소닉은 또 어떻습니까? 역시 한국전쟁으로 기사회생한 기업입니다. 일본 국적항공사 JAL은 점령기간에 적용되었던 항공운행 금지기간이 해제되면서 일본 최대 항공사로 자리 잡았습니다.

재수 좋은 놈은 앞으로 넘어져도 동전을 줍는다고, 미국은 자국의 가공 제조업을 일본으로 대거 이전시키고, 이를 눈여겨본 일본은 이 기회를 이용해 선진기술을 확보하여 손쉽게도 자기 것으로 만드는 재주를 부렸습니다. 그러니 일본이 한국과 중국 등 제2차 세계대전의 피해 당사국들에게 고개 숙일 필요를 느끼겠습니까? 오로지 세계 최강 미국과 무역하면서 콧대 높은 줄 모르고 승승장구하고 있는데, 굳이 후진 지나와 악우 조선과 사이좋게 지낼 필요가 없었겠지요. 이러한 배경이 독일과 일본의 역사인식에 결정적인 차이를 가져왔다고 저는 해석하고 있습니다.

제2차 세계대전 후 독일은 4개 연합국이 분할 통치하면서 나치의 전쟁 범죄를 철저히 추궁했지만, 일본은 미국의 단독 점령하에서 천황의 전쟁책임과 식민지지배 등에 대해 추궁을 당하지 않았습니다. 독일과 일본의 전쟁책임을 묻는 뉘른베르크재판(Nuremberg Trials, 1945. 11.~1946. 10.)과 도쿄재판(International Military Tribunal for the Far East, 극동국제군사재판, 1946. 5.~1948. 11.)은 전승국에 의한 국제군사재판이라는 성격은 비슷하지만 구체적 진행 방식이 확연히 달랐기 때문입니다.

우선 뉘른베르크재판은 나치 독일의 전범들과 유대인 학살 관련자들에 대해 침략전쟁 등의 공모와 계획, 실행과 전쟁범죄, 비인도적 범죄 등의 이유로 기소했지만, 도쿄재판은 그렇게 하지 않았습니다. 천황의 전쟁책임에 대한 면죄는 당연하다고 여겼으며 731부대로 대표되는 독가스세균전도 면죄해 줬습니다. 게다가 식민지지배 당시 한반도를 대상으로 종군위안부와 강제연행과 같은 비인도적 행위에 대해서는 거론조차 하지 않은 채 끝났습니다. 미국이 재판을 주도하면서 전쟁책임은 일본 육군수뇌부에게 돌렸을 뿐 아시아 희생자들의 목소리는 철저히 경시한 겁니다. 특히 침략전쟁의 최종책임자라고 할 수 있는 천황을 면책한 것은 어떠한 이유로도 납득할 수 없는 처리방식입니다.

물론 연합군도 나름대로 이유야 있었지요. 제2차 세계대전이 미국의 승리로 끝난 후 일본에 진주한 맥아더가 가장 우려했던 것이, 일본인들이 미군을 상대로 게릴라전을 펼치면서 반항하지 않을까

였어요. 일본에서 천황은 절대
적인 존재여서 천황에게 제국
주의적 침략과 만행에 대한 단
죄를 할 경우 점령정책이 쉽
지 않을 거라고 5성장군이나
되는 분이 지레짐작 겁을 먹은
겁니다. 그런 우려의 고민 끝
에 나온 것이 바로 천황을 라
디오에 출연시켜 자신은 신이
아니라는 말을 직접 하도록 한
것이지요.

— 다큐멘터리 영화 '도쿄재판'(2019) 속의 A급 전범 도조 히데키

　반드시 이것 때문이라고 단
정 지을 수는 없겠으나 GHQ의 선택은 대성공이었습니다. 일본인
들의 반항은 이전에도 이후에도 없을 만큼 미점령군에게 순종적이
었거든요. 오히려 일본인들은 적장(敵將)이었던 맥아더를 마치 초특
급 연예인처럼 호의적으로 떠받들면서 친근감을 드러냈고, 수많은
편지를 보내어 맥아더를 자기도취에 빠지게 만들었습니다. 오후 나
른한 시간에 맥아더는 황거와 도쿄역 사이, GHQ 본부 건물로 사용
했던 다이이치비루(第一ビル)에서 자신의 업적을 칭송하는 편지를 읽
으며 낮잠을 청했다고 하니…

　이뿐만이 아니죠. 한국전쟁에 대한 견해 차이로 트루먼에게 미운
털이 박혀 파면당하고는 미국에 귀국하기 위해 하네다 공항(羽田空
港)으로 향하던 맥아더를 환송하려고 20여만 명이 길거리에서 석별
의 정을 고했다는 대목에선 얄밉기까지 합니다. 참으로 일본 사람

들은 자존심도 저항심도 강한 우리 민족과는 달라도 한참 다른 것
같습니다.

　그러니 적국이었던 미국이 일본을 친구로 삼고 일본은 그런 미국
만 애인 대하듯 바라보고 있을 뿐 아시아 이웃 국가들이 눈에 들어
오기는 하겠습니까?

2

독일, 기억과 인정과
반성의 문화

미국인의 'excuse me'나 영국인의 'sorry' 등과 같은 사과는 일상적으로 빈번하게 사용되는 언어입니다. 특히 헤브라이즘 문화가 지배하고 있는 서양에서는 천주교의 고해성사(confession)와 사면(absolution)이, 그리고 개신교의 회개기도와 용서라는 전통과 맞물려 있기 때문에 더욱 그렇죠.

일본에서의 사과도 일상적인 건 마찬가지입니다. 일본을 여행해 보신 분들은 아실 겁니다. 옷깃만 스쳐도 '스미마셍', 뭔가 조그마한 실수만 있어도 '고멘나사이' 하며 연신 미안하단 말을 입에 달고 사는 나라라며 한결같이 일본을 칭찬합니다.

그러나 이렇게 일상생활에서의 사과(sorry)와 국제관계에서의 사과(apology)는 차원이 다릅니다. 배춧국 끓이듯 단순한 문제가 아닙니다. 왜냐하면 사과의 의미가 쏘우리(sorry) 하는 정도가 아니라 중대한 외교문제를 동반하고 피해에 대한 보상(reparation)이 뒤따라야 하기 때문입니다. 그래서 사과를 함부로 하지 않으려 하고, 또 막상 사과나 유감을 표시할 때는 강약을 조절하기도 합니다. 그러니 당연히 매우 선택적이고 신중히 사용될 수밖에 없겠지요. 그런 점에서 독일이 전후 이웃 국가들과 신뢰관계를 형성해 온 '아름다운 스토리'는, 일본으로부터 피해를 입은 우리나라와 동아시아 국가들에게 먼 이야기에 불과할 뿐입니다.

배상과 보상이 뒤따르는 과거사 청산

그렇다면 먼저 독일이 제2차 세계대전 이후 어떻게 제국주의를 청산했는지 살펴보도록 하지요. 전후 독일의 역대 정부는 히틀러의 죄과와 홀로코스트의 비극에 대해 기회 있을 때마다 상당히 구체적으로 나치의 과오를 솔직히 인정하고 진심으로 사과를 해 왔습니다. 독일은 두 번의 세계대전에 관여했음에도 불구하고 철저하게 과거사를 극복하기 위한 노력을 통해 유럽사회에서 주권국가로 인정받고 경제를 부흥시켜 왔습니다. 우선 독일에 대한 연합국의 기본적인 처리방침이 독일을 움직이게 했다는 점입니다. 1945년 2월에 개최된 얄타회담 선언문을 실시하는 과정에서 군국주의와 국가사회주의적인 잔재를 제거하고 독일의 공공기관 및 문화, 경제영역에서 나치와 관련된 흔적을 지웠을 뿐만 아니라 모든 전범을 정당하고 신속하게 처벌할 수 있었습니다. 무엇보다 과거사 극복이 선결과제라는 점을 인식하고 공적 배상과 개인 보상을 함께 해 나갔지요.

그러나 서독이 보상정책을 실현하기까지는 전 세계 유대인 단체와 신생국 이스라엘, 그리고 미국을 중심으로 하는 4개 군정당국의 영향력도 간과할 수는 없습니다. 이스라엘은 홀로코스트와 관련한 나치의 과거 범죄를 국제사회에 지속적으로 노출시키고 국제 여론을 만들면서 희생자에 대한 보상을 요구했습니다. 1950년 7월 프랑크푸르트에서 개최한 세계 유대인 총회 때에는 독일이 세계 국가의 일원으로 복귀하기 원한다면, 전후 보상이 전제가 되어야 한다고 압박하기도 했지요.

초대 수상이 된 아데나워(Konrad Adenauer, 1876~1967)는 서독 정부를 국제질서 속에 편입시키기 위해 나치 청산에 눈을 돌렸고, 그 일환으로 제일 먼저 이스라엘과의 배상문제를 타결하고자 했습니다. 이러한 과정을 거쳐 34억 5천만 마르크에 달하는 배상액을 15년간 현물로 지불하겠다는 '룩셈부르크 조약'(1952. 9. 10.)에 이스라엘 정부도 수긍하고는 합의에 이르렀습니다.

국가배상과 별도로 개인배상에 대한 문제도 제기되었습니다. 나치 시절 강제노역으로 이득을 본 6천5백여 민간 기업이 100억 마르크의 재원을 마련하여 '기억·책임·미래재단'(기억하지 않고 책임지지 않으면 미래는 없다)을 설립하여 강제 노동 피해자들에 대해 보상했습니다.●

● 그런데 달라도 너무 다르지요. 2018년 10월 한국 대법원 판결에 따라 일본제철(옛 신일철주금)은 한국의 일제시절 강제동원 피해자 4명에게 각각 1억 원씩 보상하라는 판결을 거부한 채 일본 정부가 이를 정치화하면서 2019년 7월 무역보복조치를 취하는 등 한일수교 이후 최악의 관계를 만들어 버렸습니다.

이후 독일은 1956년 연방보상법, 1957년에는 연방변제법 등을 제정하여 나치 정권하에서 박해를 받은 피해자들과 유족에 대한 개인보상을 실시하였습니다. 예를 들면 연금, 위로금, 의료비, 유가족 부양비, 교육비 등을 지급해 왔고, 이러한 개인보상은 2030년까지 계속됩니다. 아울러 2014년부터 2017년까지 46개국에 생존해 있던 나치 피해자 약 5만 6천여 명에게 10억 달러(1조 1천억 원)를 지급했으며, 이렇게 사용된 독일의 전후 보상 총액은 700억 달러(80조 원)에 달합니다. 게다가 나치범죄에 대한 공소시효를 아예 없애 무한 추적하겠다는 의지도 보였습니다.

이렇듯, 유대계를 시작으로 국제사회의 강력한 압력이 없었다면 전후 독일의 홀로코스트 범죄에 대한 적극적인 보상 및 배상문제는 쉽게 해결되기 어려웠을 것이라는 짐작이 갑니다.

'기억과 반성'의 분위기 형성에는 지식인들의 참여도 한몫했습니다. 독일 실존철학을 창시하고 하이델베르크의 철학교수를 지내다 나치에 의해 교수직을 박탈당했던 야스퍼스(Karl Jaspers, 1883~1969)는 『전쟁죄책론』(1946), 『죄의 문제』(1946, 이재승 역 2014)를 출판하면서, 독일의 맹목적 민족주의를 강하게 비판했구요, 유대계 철학자이며 사회학자로 나치의 박해를 피해 미국으로 망명한 경험이 있는 호르크하이머(Max Horkheimer, 1895~1973)는 프랑크푸르트대학으로 돌아와 인간이 계몽되었음에도 불구하고 나치와 같은 새로운 야만에 왜 귀를 기울이는지에 대해 비판이론을 제시했습니다. 그 외 아도르노(Theodor Adorno, 1903~1969), 마르쿠제(Herbert Marcuse, 1898~1979) 등의 지식인들도 강연이나 저술 활동을 통해 꾸준히 나치를 비판해 왔습니다.

— 정치철학서인 이 책에서 주장하는 것은, 국가의 폭력에 대해 방관했던 독일 국민들의 행위가 정치에서 소외되었다는 이유로 면죄를 해야 할지 아니면 권력자의 결정에 복종한 책임을 져야 할지에 대해 화두를 던지고 있습니다.

이렇듯 독일은 과거사에 대해 자발적인 탈나치화를 하면서 '정상적인 국가'가 되었고, 유럽 역시 '독일이 지속적으로 과거사를 반성하는 한 독일의 과거사를 정치적으로 이용하지 않는다.'라는 암묵적 합의를 지켜온 것입니다.

그에 비해 한국은 전후 남북이 이념으로 갈라지면서 전쟁으로 이어졌고, 중국은 공산화로 죽의 장막(bamboo curtain)이 이어지면서 일본의 전쟁 범죄에 대한 압력을 행사할 여유가 없었다는 점이 영 아쉽기만 합니다.

3

일본, 그 역사에 대한
무지와 무시

독일의 철저한 자기반성과 멈추지 않는 나치 청산 과정을 자민당 정권과 비교해 보면 한마디로 철면피가 따로 없습니다. '역사에 대한 무지', '아시아에 대한 우월의식', '국제적 인권 의식 결여' 등 아시아 주변국들의 아픔을 아랑곳하지 않고 있으니까요. 일제강점기 시절이던 1923년 관동대지진 때는 조선인이 우물에 독을 풀었다든가 불을 지르고 있다는 소문을 퍼뜨려, 7천여 명에 가까운 우리 민족을 학살했던 참극에 대해서도 어떠한 반성이나 사과조차 없기는 마찬가지입니다.

이러한 태도의 배경에는 역사왜곡의 교육이 바탕에 깔려 있습니다. 우선 우익 교과서와 관련하여 출판사 두 곳을 살펴보겠습니다.

첫 번째는 대표적인 일본 보수 우파 언론인 후지산케이 산하 출판사 '후소샤(扶桑社)'입니다. 이곳에서 발행한 '중학교 역사 공민 교과서'는 1997년 '새로운 역사 교과서를 만드는 모임(新しい歷史敎科書をつくる会)'을 통해 2001년 문부성(지금의 문부과학성)의 검정을 통과하였습니다. 후소샤 교과서 채택률이 낮다고는

— 검정불합격한 지유샤의 역사 교과서 (2020년 4월 발행)

하지만 도쿄(東京)와 요코하마(橫浜) 등 주로 대도시 중심으로 채택되었고 이곳에 우익시민단체와 정당으로부터 압력이 있었다는 사실은 일본인들의 역사인식이 어떻게 흘러가고 있는지 가늠할 수 있습니다.

두 번째는 조선반도가 일본을 향해 돌출되어 있어서 일본의 안전에 위협을 가할 흉기가 될 것이라며 '한반도 흉기론'을 내세웠던 '지유샤(自由社)'입니다. 이곳에서는 '신편 새로운 역사 교과서(新編新しい歷史敎科書)'를 간행하여 역시 2009년 4월 문부과학성 검정에 합격하였는데, 다행히도 2020년 검정에서는 탈락했더군요. 아무튼 두 출판사에서 발행한 역사 교과서는 다음과 같이 세 가지 정도로 공통점을 찾을 수 있습니다.

첫째, 천황제를 찬미하고 있다는 점입니다. 예를 들어 '후소샤' 교과서에서는 실재하지 않았던 초대 천황인 진무 천황(神武天皇)에 관해 일본의 역사서인 『일본서기』(日本書紀, 720년)의 기사를 그대로

기술하여, 마치 일본이 신의 나라(神の国)라는 인상을 강하게 각인시키고 있습니다.

둘째, 쇼와 천황(昭和天皇, 재위기간 1926~1989)의 전쟁책임을 일체 묻지 않고 오히려 '성실한 인격자(誠実なお人柄)', '국민과 함께 걷는 천황(国民と共に歩む)' 등을 기술해 놓았습니다.

셋째, 일본 헌법에 관해 '세습하는 천황을 일본 및 일본국 통합의 상징적 존재로 정했다. 나아가 국민주권을 구가했다(世襲の天皇を日本および日本国統合の象徴と定めた、さらに国民主権をうたい…)'라고 기술하여, 마치 천황제가 일본국헌법의 가장 중심에 있는 것처럼 기술했습니다. 이는 일본인들의 전쟁에 대한 인식과 세계관이 시대를 막론하고 천황의 존재를 중심에 놓고 있다는 점을 강조한 것입니다.

침략을 미화하거나 감추거나

또 다른 일본의 역사인식을 들여다볼 수 있는 것이 전쟁에 대한 역사인식의 차이입니다. 특히 일본에서 사용하고 있는 '대동아전쟁'이란 용어는 일본 제국주의 정부가 제2차 세계대전을 아시아의 해방을 위한 성전(聖戦)이었다고 외쳤던 용어거든요.

마쓰오카 요스케(松岡洋右, 1880~1946) 일본 외상은 아시아 민족이 서양 세력의 식민 지배로부터 해방되기 위해서는 일본을 중심으로 '대동아공영권'을 결성하여 아시아에서 서양 세력을 몰아내야 한다고 주장하였죠. 이에 포함되는 국가로는 일본, 중국, 만주를 중축으로 프랑스령 인도차이나, 타이, 말레이시아, 보르네오, 인도네시아, 미얀마, 오스트레일리아, 뉴질랜드, 인도를 포함합니다. 그리고 이를 '대동아전쟁'이라고 했습니다. 그래서 패전 후 미점령군(GHQ)은 이 용어를 일본의 아시아 침략을 미화하는 용어라는 이유로 사용하지 못하게 하고 연합국 공식 호칭인 '태평양전쟁'을 쓰도록 강제하였습니다.

이에 대해 역사 교과서에서는 '일본군은 잘 싸웠다. 국민들은 어려운 상황에서도 전쟁의 승리를 원했다(日本兵はよく戦った。国民は困難の中……戦争の勝利を願った)'라고 기술하고 있을 뿐, 일본이 아시아 각국에서 저지른 만행에 대해서는 설명하지 않고, 오키나와(沖繩)와 일본 본토의 참담했던 피해 상황도 극히 간단하게 서술되어 있을 뿐입니다. 이러한 편협한 주입식 교육은 전형적인 파시스트 교육이라고 볼 수 있습니다. 실제로 일본은 미국에게 패한 후 한국에서 쫓겨나듯 떠날 때에도 '한국에서 철수하는 것은 미군에게 졌기 때문이지 한국에게 져서 그런 것은 아니다.'라고 하며 떠났다고 합니다.

그렇다면 일본은 왜 역사를 축소하거나 왜곡하는 것일까요?

여류 문화인류학자인 베네딕트(Ruth Benedict)는 『국화와 칼』(1946. 번역본, 문예출판사, 2008)에서 독일과 일본의 전후 인식차이를 문화유형론으로 분석한 바 있습니다. 즉 서양의 '죄의 문화(guilt culture)'와 일본의 '수치의 문화(shame culture)'가 바로 그것입니다. 죄의 문화에서는 도덕의 절대적 기준이 있고 양심에 따라 행동할 것을 강조하지만, 수치의 문화에서는 내면화된 죄의 관념이 아니라 규범화된 외부적 제재와 평가에 의해 행동하게 된다는 거지요. 그래서 일본에서는 바카야로(ばか野郎)라는 욕보다는 수치를 모르는 사람, 수치스러운 사람(恥知らず人間)이라는 게 더 강력한 욕으로 들린다고 합니다.

그러니 일본의 입장에서 본다면, 침략의 역사와 제2차 세계대전의 전범국가를 공식적으로 인정한다는 것이 부끄러운 치부를 인정하는 것이니, 그 누구도 그것을 바라지 않겠지요. 조금 더 쉽게 말씀드리자면, 잘못된 행동에 대해 뉘우친다는 것은 수치이기 때문에 고해성사 같은 '뉘우침'이나 '회개기도'는 일본 문화에 맞지 않는 겁니다. 기독교 문화가 일본에 정착하지 못하는 이유도 여기에 있습니다.

그래서 『로마인 이야기』의 저자 시오노 나나미(鹽野七生)는 『文藝春秋』(문예춘추, 2014년 10월호)에서 '네덜란드 여자들까지 위안부로 삼았다는 이야기가 유럽에 퍼지면 큰일이다. 그 전에 빨리 손을 써야 한다.'라고 했습니다. 손을 쓴다는 것이 빨리 배상을 해서 입막음을 해야 한다는 이야기가 아닙니다. 소문이 확산되지 않도록 은폐를 해야 한다는 의미입니다.

그렇지만 여러분들께서는 양심 없는 일본 지식인들의 태도에 충격을 받을 필요는 없습니다. 치부가 드러나는 것에 대한 일본인들의 인식은 모두가 비슷하니까요. '성찰'한다는 건 '니뽄 스타일'이 아니거든요. 물론 역사를 바로잡고자 하는 일본인들이나 시민단체가 없는 건 아니지만, 일단 힘이 너무 약하고 그 목소리는 언론에 잘 노출되기 어려운 것이 전반적인 분위기여서 영 아쉽기만 합니다. 그래서 저명한 정치학자인 찰머스 존슨(Chalmers Johnson, 1931~2010)은 1989년 한 강연에서 "일본에서는 여론이 정치에 영향을 미치지 않는다. 국민은 정치무대의 관객에 불과하기 때문"이라고 말했나 봅니다.

4

일본인들의
역사인식

전쟁을 합리화하는 자위전쟁관(自衛戰爭観)

자위전쟁관이란 일본이 일으킨 모든 전쟁은 '국난'에 맞선 전쟁이라며 전쟁을 합리화하거나 정당화하는 이데올로기를 말합니다. 아베 전 총리도 이런 역사관을 강하게 갖고 있었죠. 물론 전쟁 당사국의 입장에서는 모든 전쟁이 자위전쟁이라고 해석하고 싶어 하겠지만, 일본은 여기서 한발 더 나아가 당시의 전쟁은 국제정세하에서 일본의 독립과 국익을 수호하기 위해 어쩔 수 없이 일으킨 전쟁이었고 잔혹행위 역시 전시에는 불가피했다고 주장합니다. 한마디로 요약하자면 일본만 주변국들을 식민지화하고 침략한 것이 아니라는 거지요.

'서구 제국주의 열강들은 훨씬 이전부터 아시아와 아프리카에 식
    민지를 소유하고 있었다.'

'그때는 부국강병을 위한 대외침략전쟁을 하던 시기였는데 왜 일
    본만 탓하냐.'

　그러니까 일본 역시 일본의 국익을 위해 아시아에 진출한 것이니
식민지지배라는 표현은 잘못된 것이라는 논리입니다. 그래서 일본
은 제2차 세계대전까지를 제국주의 열강에 의한 식민지 쟁탈시기
라고 보고 있습니다. 만일 일본이 중국 만주나 한반도를 점령하지
않게 되면 일본의 국익에 심각한 위협을 가져올 수 있기 때문에 태
평양전쟁은 일본이 아시아 민족을 대표해 서양의 제국주의 열강들
로부터 아시아의 독립과 해방을 위해 선택했던 전쟁이라고 해석하
고 있습니다.
　전쟁 중의 잔악한 행위 역시 서구 열강에 비하면 그리 큰 문제는
아니라는 겁니다. 따라서 일본만 비판받고 책임을 추궁당하는 것은
공평한 처사가 아니라는 것이 일본 정치인들의 일반적인 인식 수준
입니다. 그러다 보니 일본의 전 총리 아베 신조(安倍晋三)만 하더라도
'침략에 대한 정의'가 나라마다 다르다고 하면서 일본의 주변국 침
략사를 희석시키려는 발언을 하고 있는 것이죠.
　일본은 한발 더 나아가 전쟁 기간 중 침략국과 해당 국민에게 피
해를 가했다는 가해자 의식도 있지만, 이와 더불어 일본인들도 수
많은 인명피해와 재산피해를 받았다는 피해자 의식을 동시에 갖고
있습니다. 특히 태평양전쟁 당시 오키나와(沖繩)와 본토 공격, 그리

고 히로시마(広島, 1945. 8. 6.)와 나가사키(長崎, 1945. 8. 9.) 원폭 투하와 관련하여 이런 피해자 인식이 강하게 남아 있습니다.

핵무기가 실전에서 사용된 것은 인류 역사상 일본에 투하된 두 발 외에 아직까지는 없고 냉전의 영향으로 핵공격은 곧 세계멸망이라는 이미지가 생겼으니, 이런 분위기를 역이용해서 자신들만이 핵공격을 받은 불쌍한 국민들이라고 포장하고 싶어 하는 것이지요. 피해자 코스프레를 강하게 하고 있습니다.

신의 나라를 믿는 황국사관(皇国史観)

황국사관은 일본의 역사를 천황 중심의 국가주의적인 관점에서 보는 견해로, 천황은 하늘의 자손이고 그래서 일본은 만세일계의 천황을 중심으로 하는 신의 나라라는 초국가주의적인 자국 중심의 논리를 만들어 냈습니다. 이러한 역사인식은 하늘의 자손이 일본열도에 내려와 일본을 건국하여 일왕이 되었고, 그 혈통이 오늘의 천황에게까지 이어지고 있다는 일본 우월주의와 함께 제국주의 시절 일본의 만행을 모두 정당화시키는 데 활용되어 왔습니다. 그래서 일본은 조선 식민지지배를 정당화하는 식민사관과 더불어 태평양 전쟁을 정당화하는 논리로 황국사관을 들고 들어와 우리를 열등한 민족으로 만들고자 했던 겁니다.

일본 문부성은 일제강점기 때 『국체의 본의』(国体の本義, 1937)를 발간하여 황국신민들에게 천황에 대한 교육을 본격적으로 하겠다면서, 1940년 모든 소학교 이름을 '황국신민의 학교'라는 의미로,

— 1937년 일본 문부성이 발간한
『국체의 본의』

국(国)자와 민(民)자를 가져와 '국민학교'라고 이름을 지었습니다. 저역시 어렸을 때 초등학교가 아닌 국민학교를 다녔기 때문에 지금도 과거를 회상하게 되면 무심코 국민학교라고 말해 버립니다. 일본은 패망 후 소학교(小学校)로 바꾸었지만, 우리나라는 어찌 된 일인지 광복 50주년이 되던 해인 1995년 8월에 와서야 초등학교로 바꾸었습니다.

또 하나, 조센진은 일본인보다 열등하다는 것을 인식시키기 위해 뜬금없이 고려장을 들고 나와 왜곡했는데요. 흉년이나 기근이 들면 가족 중 누군가가 희생될 수야 있겠지만, 그렇다고 우리 조상들이 부모를 버렸겠습니까? 택도 없는 말이지요. 그렇게 믿는 한국인은 없을 겁니다. 우리나라는 아직까지 유교의 충효사상이 기본적으로 남아있기 때문에 이런 경우는 찾아볼 수가 없지요. 그런데도 일본은 고려장이라는 풍습이 마치 역사적 사실인 양, 미와 다마키(三輪環)가 『전설의 조선』(伝説の朝鮮, 1919)에서, 그리고 나카무라 료헤이(中村亮平)가 정리한 『조선동화집』(朝鮮童話集, 1926) 등에서 이러한 내용을 수록하여 한민족을 깔봤습니다.

　일본에서의 선악관념은 다른 나라와는 조금 다릅니다. 일본은 선사시대부터 부족단위로 싸워왔기 때문에 무력 집단에서 힘의 논리에 의한 상하관계를 당연한 것이라 여기거든요. 그러니까 선과 악이 판단기준이 아니라 강과 약의 힘의 논리가 기준이 되는 겁니다. 이를 달리 말하면, 선악관념은 도덕적 명분을 세울 때나 필요한 것이고 힘을 갖고 이긴 자 앞에서는 진 자가 복종해야 하는 것을 자연스럽게 받아들이는 거지요. 이러한 상명하복식 지배체계가 오랜 역사를 거치면서 당연한 것으로 몸에 배어 있다 보니, 일본인들은 국제관계에서도 힘이 센 국가에는 순종적인 반면 약한 국가에는 지배적인 태도를 보입니다.

　또 하나, 일본이 힘의 논리로 아시아를 식민지지배한 것은 서양의 제국주의 세력을 몰아내고 해방시켜 주기 위함이라며, 한반도와 대만의 식민지지배 때 좋은 일도 했다고 주장하는 것도 이러한 논리입니다. 즉 농지개량, 교통 및 통신, 산업설비를 도입해 이 지역의 근대화와 문명화에 기여했다고 하는 거지요.

　그래서 일본의 정치인들이 잊을 만하면 역사왜곡 등 망언을 지속해 와도 일본 내부에서는 자정 기능이 제대로 작동하지 않고 있을 뿐만 아니라 심지어 이를 정치적 위기에서 탈출하기 위한 이벤트로 활용하는 경우도 있지요. 일본의 장기 불황이 지속되고 국민들 사이에 민족주의적 우경화 바람이 불면서 망언과 침략전쟁을 부인하는 것이 어느덧 '애국 정치인'이라는 분위기마저 형성되었습니다. 그러다 보니 자신들의 선배 정치인들이 선언했던 고노담화(1993)와 무라야마담화(1995)마저 무시하는 망언을 늘어놓으면서 정치적 입지를 굳히는 효과적 수단으로 활용하는 것입니다.

그러나 이는 전범국가였던 과오를 청산하고 싶어 하는 명분을 만들기 위한 꼼수일 뿐, 식민지지배를 정당화할 논리가 될 수는 없습니다.

마이너에 불과한 자학사관(自虐史観)

진보주의적 지식인 또는 평화주의적 세계관을 갖고 있는 일본인들은 일본의 식민지지배와 15년 전쟁(1931~1945)● 이 제국주의적 침략전쟁이라는 인식을 갖고 있습니다. 천황에 대한 맹목적인 복종과 일본 국익만을 앞세워 주변국가와 국민들에게 심각한 피해를 입혔기 때문에 일본은 마땅히 이에 대한 보상과 사죄를 해야 한다며 일본의 잘못된 역사를 인정하는 사관입니다. 또한 이들은 헌법이 규정하고 있는 비무장과 전쟁수행 포기를 지지합니다. 그렇게 해야 일본이 세계평화주의 정착에 공헌할 수 있다는 거지요. 그러다 보니 대립각을 세우고 있는 자위전쟁관과 황국사관, 그리고 해방역사관을 주장하는 일본인들로부터 맹렬한 비판을 받기도 합니다.

2020년 3월 24일 일본 문부과학성 검정에 통과한 일부 중학교 교과서에 종군위안부 관련 내용이 게재되었을 때, 우익계열 산케이신문(産経新聞)은 일본이 자학사관에 빠지게 된다며 문제를 제기하

● 만주사변이 시작된 1931년부터 태평양전쟁이 끝난 1845년간의 전체 시기를 의미하며, 일본 학계에서만 사용하는 표현입니다.

기도 했지요. 우리가 역사를 기억하고 배우는 이유는 위기에 대처하기 위해서입니다. 단재 신채호가 '역사를 잊은 민족은 미래가 없다.'고 한 이유가 여기에 있습니다.

지금까지 지켜본 일본의 역사인식이나 정치적 행보를 살펴보면, 독일처럼 이웃 국가들의 신뢰를 얻기 위해서 과거사에 대해 보다 철저한 성찰과 반성, 그리고 이를 인정하는 것을 기대한다는 것이, 그저 우리의 바람(wishful thinking)일 뿐일지도 모르겠구나 하는 생각이 가시지 않습니다.

제2장

일본 천황제와
신토이즘 정치

1

일본 천황가의
확립

지금이 어느 때인데 …

전 세계가 하나가 되고 국경의 의미가 사라지는 글로벌 시대인 오늘날에도 일본인들은 왜 그토록 천황에 집착하고 있는지 이해가 안 간다며 궁금해 하는 분들이 많습니다. 맞습니다. 제2차 세계대전 후 히틀러나 무솔리니의 비극적 종말과 달리 초특급 전범 히로히토가 역사의 단죄를 받지 않고 '천황'으로 천수(天壽)를 누릴 수 있는 일본 사회를 이해하기는 쉽지 않습니다.

같은 섬나라인 영국과도 너무나 다르죠. 파파라치는 언감생심(焉敢生心), 소위 '기쿠 타부(聞くタブー, 묻는 것을 금지한다는 의미)' 때문에 천황가에 대한 어떠한 비판과 부정적인 뉴스가 허용되지 않고 침묵이 강요되는 사회가 바로 일본입니다. 우리는 서슬 퍼렇던 독재정

권 시절에도, 지금의 문재인 대통령도 막걸리 한잔에 안주 삼아 씹는 재미가 있지만, 일본은 천황가에 대해서만큼은 스스로를 검열할 정도이니까요. 그것은 바로 천황제가 일본의 역사와 문화, 사회, 그리고 일본 그 자체라고 이해하고 있고, 천황가는 바로 일본 사회의 정체성을 대표하고 상징하는 존재라고 믿고 있기 때문에 그렇습니다. 실제로 그렇게 믿고 있나요?라고 묻는 것은 큰 의미가 없습니다. 분위기가 그런 거니까요. 그래서 일본의 천황제는 일본이라는 나라 전체를 총괄적으로 이해하는 데 있어 매우 중요한 키워드입니다.

역사적으로 일본의 천황가는 일본 최초의 통일국가로 알려진 야마토 정권(大和政権, 300~710) 때부터 오늘날에 이르기까지 단 한 번도 왕권이 교체되는 역성혁명(易姓革命) 없이 단일혈통으로 지속되어 왔다고 믿고 있습니다. 그래서 단일민족이라고 하는 거구요.

천황가와 관련된 문서 기록은 일본 최고의 역사서인 『고사기』(古事記, 712)와 『일본서기』(日本書紀, 720)에 자세히 기록되어 있습니다. 신화에 따르면 하늘의 태양신 아마테라스 오오카미(天照大神)의 자손이 칼과 구슬, 거울로 상징되는 '삼종의 신기(三種の神器)'를 가지고 규슈(九州)의 미야자키(宮崎)로 내려왔고, 그 후손이 동쪽으로 정벌을 시작하여 기원전 660년 야마토(大和)에 조정을 세우고 1대 진무천황(神武天皇)으로 즉위했다고 합니다.

이를 기준으로 계산해 보면 2천6백80여 년이 지난 지금의 나루히토 천황(德仁天皇, 재위 2019. 5.~)은 태양신의 126대째 자손에 해당하는 셈이지요. 일본에서는 이를 두고 하나의 혈통이 끊이지 않고 대를 이어 왔다는 의미에서 '만세일계(万世一系)'라고 부릅니다. 그러나 기원전 660년 무렵은 일본에 문자가 없던 시대이고 고고학적으로도 유적 하나 발견된 것이 없기 때문에, 마치 단군신화를 팩트로 입증할 수 없는 것처럼, 일본 역시 자신들의 조상을 위대하게 장식하기 위해 꾸며 낸 신화일 뿐이라는 건 삼척동자라도 알 만한 스토리입니다. 쉰밥 먹으면 배탈난다는 것을 꼭 먹어보고 확인할 필요는 없잖아요. 그런데도 불구하고 일본에서 '천황'이라는 상품은 일상생활에까지 깊숙이 녹아 있습니다. 예를 들어 일본의 한 해 법정 공휴일 14일을 살펴보면 천황의 생일과 관련된 휴일이 6일이나 됩니다.

그럼 순서대로 살펴볼까요? 우선 제1대 천황인 진무천황이 즉위했다는 2월 11일을 우리나라의 개천절처럼 일본의 건국기념일(建国記念の日)로 숭배하여 공휴일로 지정했구요. 2020년부터는 현재 천황인 나루히토의 생일을 기념하여 2월 23일을 천황탄생일(天皇誕生日)●로 지정했습니다. 그리고 4월 29일은 히로히토의 생일로 국경일로 지내다가 그가 사망했던 1989년부터는 '미도리노 히(みどりの日, 우리나라의 식목일에 해당되며 5월 4일로 변경하여 공휴일로 지정했습니다)'로, 그리고 2006년부터는 쇼와노 히(昭和の日)로 다시 명칭을 바꾸어 하루를 쉽니다. 7월 셋째 주 월요일은 '바다의 날(海の日)'로 122대 메이지 천황이 처음으로 전국 시찰을 마치고 요코하마 항구에 도착한 날을 기념하기 위한 공휴일이고, 11월 3일 '문화의 날(文化の日)'은 메이지 천황의 생일이구요, 11월 23일은 천황가의 시조인 아

● 1948년에 제정한 '국민의 축일에 관한 법률'(国民の祝日に関する法律) 제2조 '천황의 탄생일을 축하한다(天皇の誕生日を祝う).'에 근거하여 현재 천황의 생일을 공휴일로 정합니다.

마테라스 오오카미(天照大神)에게 추수감사를 지내는 노동 감사의 날이고, 2018년까지는 현재 상황(上皇)으로 살아 있는 아키히토(明仁)의 생일인 12월 23일을 공휴일로 지정했습니다. 우리나라가 크리스마스와 석가탄신일을 법정 공휴일로 지정한 것과는 달리 일본은 양일 모두 휴일이 아니니, 예수님이나 부처님보다 천황이 우선한다고 생각하는 것 같습니다.

실존 천황부터 막부 시대까지

천황의 계보에서 실존하는 인물로 인정받는 천황은 일본 최초의 여왕인 스이코 천황(推古天皇, 595~628)부터입니다. 남편이었던 비다쓰 천황(敏達天皇, 538~585)이 백제인이라고 주장하는 학자들도 있습니다. 참고로 스이코 천황의 조카는 그 유명한 호류지(法隆寺)를 세운 쇼토쿠 태자(聖德太子, 574~622)입니다.

일본열도는 6세기 후반 나라현(奈良県)을 본거지로 최초의 통일정권인 야마토 정권이 들어섰지만, 이후에도 지배권 다툼이 계속되다가 672년 임신의 난(壬申의 亂)에서 승리한 덴무 천황(天武天皇, 673~686)이 한반도로부터 백제와 고구려의 수많은 유족을 받아들이면서 강력한 율령국가체제를 완성시켰습니다. 그리고는 스스로를 아키쓰카미(現つ神, 살아 있는 신)로 신격화하고는 자신을 천황으로 규정하며 이를 제도화하였지요. 그 전에는 천황이 아니라 대왕(大君, 오키미)이라고 불렀구요. 이때 이세 신궁(伊勢神宮)을 천황가 가문의 씨신(氏神)인 아마테라스 오오카미(天照大神)를 섬기는 신성한 신사로 만든 겁니다.

그러다가 9세기 헤이안 시대(平安時代, 794~1192)부터는 천황의 지위가 불안정해졌습니다. 왜냐하면 중앙 내 귀족세력이 득세하고 지방에서 독자적인 정치권력을 행사하던 무사계층이 중앙무대로 올라왔기 때문입니다. 이때는 두 명의 천황이 등장하기도 하고 여성 천황도 등장하는 등 천황가 계보가 복잡했습니다.

뒤이어 1185년 미나모토노 요리토모(源賴朝, 1147~1199)가 세운 가마쿠라 막부(鎌倉幕府, 1192~1338)가 들어서면서부터는 천황의 권력이 약화되고 막부의 지배권은 강화되는 역전현상이 생겼지요. 천황가 자손이 쇼군을 계승한 경우도 있고, 일부 쇼군은 권위를 앞세우기 위해 천황가와 정략결혼을 통해 혈연관계를 맺기도 했습니다.

무로마치 막부(室町幕府, 1338~1573) 시대에는 한때 쇼군이 천황의 지배력을 간섭하고 통제하면서 이에 대항하는 천황은 유배시키거나 폐위시킬 정도로 막부의 권력은 세지고 천황의 지배력은 점점 약화되어 갔습니다. 그러나 천황의 정치적 지배권이 대부분 상실되었다고 해서 종이호랑이에 불과했던 것은 아닙니다. 실질적인 정치적 지배자였던 막부의 쇼군(將軍)은 천황으로부터 정이대장군(征夷大將軍)이란 지위를 인정받아야 하기 때문에 공존의 관계를 유지하는 것이 정치적 목적을 달성하는데 유리하다는 것을 막부가 모를 리 없었겠지요. 이후 군웅들이 할거하는 전국 시대(戰國時代, 1470~1590)에 이르러 오다 노부나가(織田信長, 1534~1582)와 도요토미 히데요시(豊臣秀吉, 1536~1598)는 자신들의 지배를 정당화하기 위해 천황의 거처를 재건하고 천황의 영지를 회복시켜주는 등 천황의 권위를 부활시켰습니다.

도쿠가와 막부(德川幕府, 1603~1868) 시대로 접어 들어서는 천황의 전통적 권위는 인정하되 정치적 권한은 일체 인정하지 않았습니다. 도쿠가와 막부는 천황과 구게(公家, 황실에서 근무하는 상급 관리들)들을 통제하기 위해 금중병공가제법도(禁中並公家諸法度, 1615)를 제정하여 막부 말기까지 교토(京都)에만 머물게 하였습니다. 이 법규 제1조에 천자(天子)가 해야 할 일을 규정해 놓았는데, 그 내용을 보면 학문의 증진과 연구, 그리고 시(和歌)를 짓는 정도의 역할만 있을 뿐 정치에는 일체 관여하지 못하게 못을 박았지요. 그리고 조정과 구게(公家)를 정치로부터 격리시킨 후 다만 막부의 의도를 충실하게 실행하는 기관으로 만들고자 했습니다. 물론 천황으로부터 정이대장군(征夷大將軍)으로서의 승인을 받는 관례는 권위를 인정받기 위해 여전히 남겨 두었구요.

그러니까 에도 시대(江戸時代) 일본의 실질적인 군주는 천황이 아니라 쇼군이었다고 할 수 있겠지요. 당시에는 각 번(藩)마다 봉건 영주인 다이묘(大名)들이 독자적으로 지배체제를 운영하고 있었기 때문에 천황이 거주하고 있던 교토(京都)나 오사카(大阪) 등 긴키지역(近畿地域)을 제외한 지역의 백성들은 사실상 천황의 존재와 권위에 대해 잘 알지도 못했으니까요.

메이지 유신과 천황

도쿠가와 막부로부터 정권을 넘겨받은 제122대 메이지 천황(明治, 1867~1912)은 에도(江戸)를 도쿄(東京)로 고치고 새 정부의 정책 및 시행 방법을 공포하고, 세계 문화를 적극적으로 받아들여 일본의 근대화에 힘썼습니다. 메이지 유신으로 일본의 신분제가 확립되면서 이제 이들은 정치상 특권이 없는 황족(皇族)으로, 구게(公家)와 다이묘(大名)는 화족(華族)으로, 그리고 무사 계급은 사족(士族)으로 구별하고, 나머지 농민과 상인, 그리고 직인은 평민(平民)으로 구분하였습니다.

— 2004년 개봉작 톰크루즈 주연의 '라스트 사무라이'는 세이난 전쟁을 배경으로 펼쳐집니다

그런데 칼 쓰는 거 말고는 재주가 없던 사족계급은 어쩔 수 없이 먹고살기 위해 산업전선에 뛰어들었지만, 문제는 이들이 장사 경험이 없다 보니 망하는 경우가 대부분이었습니다. 급기야 사족들은 자신들이 존경해 왔던 사이고 다카모리(西鄕隆盛, 1827~1877)를 설득하여 정한론(征韓論)을 주장하면서 가고시마(鹿児島)에서 대규모 반란을 일으켰지요. 그러나 징병제로 잘 훈련된 신식 군대를 이길 수는 없었습니다. 이를 세이난 전쟁(西南戰爭, 1877)이라고 부르죠.

여러분 혹시 톰 크루즈 주연의 영화 '라스트 사무라이'(2004)•를 보셨나요? 이 영화가 세이난 전쟁을 배경으로 만든 영화입니다.

● 사무라이의 기원에 대해 여러 '썰'이 있습니다. 그중 재미있는 내용 하나 소개할께요. 백제에는 무사단체인 '싸울아비'가 있었는데, 신라의 화랑도와는 달리 중국과 일본에 진출하는 것을 기반으로 훈련된 무사들이지요. 이들이 백제가 멸망한 후 일본으로 건너갔고, 그래서 싸울아비에서 싸우라비로, 그러다가 사무라이로 변형되었다는 '썰'이 있습니다.

— 서양 흉내를 내며 어울리지 않는 제복을 입은 167cm
의 무쓰히토(睦仁). 대표적인 진보진영의 노무현재단 유시
민 이사장이 북한 김정은 위원장을 계몽군주라 지칭하면
서 보수진영의 따가운 시선을 받았는데, 16세의 어린 나이
에 메이지 천황으로 등극한 그가 일본의 근대화를 이끈 진
정한 계몽군주 아닐까요?

　한편 일본 천황의 가계를 연구한 학자들이 유교와 불교의 영향을
받기 이전의 일본 고대정신을 해명하려는 국학운동을 전개한 적이
있습니다. 태양신의 자손인 일본 천황가의 혈통이 한 번도 끊이지
않았고 일본은 신이 지켜주는 국가라고 주장하는 운동이지요. 이것
이 바로 세계 어느 국가와도 비교할 수 없는 일본민족의 독자성과
우수성을 나타내고 있다는 것입니다. 이러한 국학운동은 결국 메이
지 유신을 주도한 무사계층들에게 존왕양이사상을 심어 주었고 천
황제를 확립하는 계기가 되었습니다.

2

제국주의 일본과
천황의 계보

병약했던 다이쇼 천황(大正, 재위기간 1912~1926)

다이쇼 천황은 요시히토(嘉仁)라는 이름을 가진 메이지 천황의 셋째 아들로 태어나 제123대 천황으로 등극했습니다. 운이 좋은 건지 나쁜 건지, 위로 2명의 형이 모두 사망하면서 왕세자가 되었죠. 요시히토는 육군을 걸쳐 해군 소위에 임관하고 중장 계급을 달았을 때인 1912년, 아버지 메이지 천황이 사망하면서 그 자리를 이어받았습니다.

천황가는 일부다처제를 인정해 왔고 다이쇼 천황 자신도 아버지 메이지 천황의 정실이 아닌 측실(側室)에서 태어났지만, 본인은 4명의 아들을 둘 만큼 부부관계가 좋아 일부일처제로 만족했다고 합니다. 황실의 측실제도는 쇼와 천황 때에 이르러서야 법적으로 폐지되었지

— 1907년 방한 당시 아래열 우측 첫 번째부터 영친왕(이은), 다이쇼 천황, 순종이 앉아있고, 후열 좌측 끝이 이토 히로부미입니다.

만, 사실상 다이쇼 천황이 자체적으로 폐지한 거나 마찬가지이지요.

1907년 그가 아직은 황태자일 때 일본 천황가로서는 최초로 외국을 방문했는데, 그 외국이란 곳이 일본의 식민지지배 전이었던 바로 대한제국입니다. 이때 대한제국의 마지막 황태자인 영친왕 이은(李垠)을 만나고는 한글도 배우기 시작했다고 합니다. 문제는 태어날 때부터 뇌수막염을 앓아서 1921년, 장남인 히로히토(裕仁)를 섭정에 임명하고는 47세라는 젊은 나이에 사망(1926)하였죠.

초특급 울트라 A급 전범 쇼와 천황(昭和, 재위기간 1926~1989)

쇼와 천황은 히로히토(裕仁, 1901~1989)라는 이름을 가진 다이쇼 천황의 맏아들입니다. 그는 살아 있는 신으로 불리며 중일 전쟁에 이어 제2차 세계대전을 직접 명령했고, 연합국 측에 항복한 천황으로 기록되는 불운한 운명의 주인공이었습니다. 1946년 1월 1일, 연두 칙서에서는 천황의 신격(神格)을 스스로 부정한 '인간 선언'*을 해야 했고, 일본국헌법 개정(1946. 11.)과 함께 과거의 절대 천황에서 이제 는 상징적 국가 원수가 되는 당사자이기도 합니다.

"짐과 국민 여러분 사이의 유대는 시종일관 상호 신뢰와 경애로 맺어진 것으로, 단지 신화와 전설로 존재하는 것이 아니다. 천 황을 마치 '현존하는 신(現人神)'으로 간주하고 일본 국민을 다른 민족보다 우세한 민족으로 여김으로써 결국 세계를 지배할 수 밖에 없는 운명을 가지고 있다는 가공한 개념에 근거한 것 또한 아니다."

우리나라 역사에서 그를 평가하자면, 한글 말살과 창씨개명, 그리 고 지금까지도 현재형으로 진행되고 있는 위안부 및 징용 문제 등 식민 지배의 한복판에서 진두지휘한 주역으로 기억하고 있습니다.

일본은 1945년 6월 오키나와(沖繩)가 미군에게 함락된 단계에서 도 패전 후 천황제를 유지할 수 있을 것인가를 둘러싸고 막바지까 지 해결책을 찾지 못하여 결국 항복을 미루었다고 분석하는 학자들 이 많습니다. 원폭 투하로 인한 일본 국민들의 희생과 아시아 민중

●   원문은 『新日本建設に関する詔書』(신일본건설에 관한 조서)이며, 실제 본문에는 '인간' 이나 '선언'이란 단어는 없습니다. 다만 조서의 후반부에 천황이 살아 있는 신이 라는 것을 스스로 부정했다고 이를 해석하면서, 당시 매스컴과 출판사에 의해 대중화된 용어로 정착되었을 뿐입니다.

의 희생은 아랑곳없이 오로지 천황제를 연명하느냐 못하느냐가 패전 당시 천황과 지배층의 유일한 관심사였으니까요. 오늘날 일본이 '패전'이란 용어 대신 '종전'이라는 용어를 사용하고 있는데, 이 역시 전쟁이 일본의 패배로 끝난 것이 아니라 일본민족의 안위를 격정하는 천황의 결단인 '종전(終戰)' 선언을 통해 평화를 찾았다는 의미입니다. 이것은 단순한 용어상의 문제가 아니라 일본 국민들의 기본적인 역사인식을 보여주는 단면(斷面)이라고 할 수 있겠지요.

그래서 패전 후 미국 정부는 일본 제국주의 침략성의 근원이 천황제에 있다고 판단하고 천황제 폐지를 검토하였지만, 결론적으로 말씀드리면 GHQ 사령관인 맥아더는 천황제 폐지를 반대했습니다. 왜냐하면 당시 대다수 일본인들 사이에서는 쇼와 천황이 군부세력에게 이용당했다는 동정론이 우세했기 때문에, 만일 천황제를 폐지할 경우 일본인들의 저항이 만만치 않겠다고 예상했거든요. 그래서 점령정책 기간 동안 천황제를 유지하면서 천황의 지위를 활용하는 것이 유리하다고 판단했고, 그 대신 천황주권제는 폐지하고 정치적 실권도 모두 박탈하여 형식적인 역할만 인정하는 방안으로 결정을 내렸던 겁니다.

1988년 9월 19일, 88 서울올림픽이 개막된 지 이틀밖에 지나지 않은 이날, 일본 미디어는 하나같이 쇼와 천황의 중태를 보도했습니다. 이때부터 누가 강요한 것도 아닌데 전국 각지에서는 가을 운동회와 축제가 중지되는가 하면, 정부 관료들은 외국 출장 계획을 대부분 취소하였고, 텔레비전의 오락 프로그램도 대폭 축소되었습니다. 특히 방송에서는 건강과 관계되는 대부분의 광고가 사라져

버렸습니다. 마치 2020년 초에 발생했던 코로나바이러스감염증
-19 불황 때와 비슷하게 모든 일상생활이 멈춘 듯 보였습니다. 일
본인들도 스스로 놀랄 만큼 일본 사회 전체가 자숙 모드로 바뀐 겁
니다.

전국 각지의 신사(神社)에는 히로히토의 쾌유를 기원하기 위해 사
람들이 모여 들었고, 88 서울올림픽에 참가했던 일본 선수들은 시
합을 마치기 바쁘게 비행기를 타고 귀국하여 도쿄역에서 도보 10분
거리인 황거(皇居) 앞으로 몰려가 천황의 쾌유를 기원했지요.

그렇지만 쇼와 천황이 신이 아닌 것을 이렇게 증명할 필요가 없
는 것은, 사람은 누구나 죽음을 건너뛸 수 없기 때문입니다. 1989년
1월 7일 오전 6시 33분, 일본 사회의 바람과는 무관하게도 88세의
한 노인이 호흡을 멈추고는 역사의 저편으로 사라졌습니다. 그런데
다케시타 노보루(竹下登, 1924~2000) 전 일본 총리는 조의(弔意) 담화를
발표하면서 히로히토 천황의 전쟁책임을 부정하는 내용을 읽어 내
려갔습니다.

"쇼와 천황은 전화(戰禍)에 시달리는 국민의 모습을 보다 못해 전
쟁 종결의 영단을 내렸습니다."

인도네시아 등 동남아에서 자국인 2만여 명이 희생된 네덜란드는
조문 사절을 보내지 않겠다고 발표했습니다. 미국 워싱턴포스트지
는 동아일보 사설을 인용하여, '아시아 여러 나라에 대한 일본의 식
민통치가 그의 이름으로 이루어진 것은 엄연한 사실'이라는 주장을
소개했습니다.

— 승자와 패자의 모습, 모닝 정장을 차려 입고 GHQ 최고사령관 맥아더를 방문했 던 '살아 있는 신', 쇼와 천황의 경직된 부 동자세(1945. 9. 27.)가 초라하기 그지없습 니다. 29일자 일간지에 실린 이 사진은 불 경하다는 이유로 발매금지조치를 당했지 만 GHQ는 이를 철회하도록 명령했지요.

　　대부분의 일본 국민들은 그가 군부의 압력에 못 이겨 어쩔 수 없 이 침략전쟁을 결정했다는 동정론이 우세했지만, 도쿄 전범재판에 선 A급 전범 도조 히데키(東條英機, 1884. 7.~1948. 12.)는 "일왕이 시키지 않은 일을 하는 사람은 없었다."며 자신의 책임을 회피하기도 했습 니다.

　　독일의 히틀러가 베를린이 함락되기 직전 자살했고, 이탈리아의 무솔리니가 해외로 탈출하려다가 코모(Como) 호반에서 의용군들에 게 잡혀 사살된 것과 달리, 히로히토는 64년이라는 역대 천황들 중 최장 재위기간을 누렸을 뿐만 아니라 일본 역사상 가장 장수한 천 황으로도 기록에 남게 되었으니, 참으로 역사는 아이러니합니다.

이제 그의 뒤를 이어 장남인 아키히토(明仁)가 헤이세이(平成)라는 연호를 갖고 제125대 천황으로 등극했습니다. 그는 1956년 학습원대학(學習院大学) 정경학부 청강생 과정을 수료하고, 평민 출신이긴 하지만 재벌 닛신제분그룹(日新) 창업자의 손녀딸인 쇼다 미치코(正田美智子, 1934~)*와 결혼(1959)해서 2남 1녀를 두었습니다. 스스로 국가 원수가 아니라 '국민 통치의 상징으로서의 일왕'을 강조하면서 '열린 황실'을 표방해 온 인물이기도 합니다. 나아가 그는 평화주의자로, 그리고 한국에 대해서는 호의적인 것으로 알려져 왔습니다.

우선 평화주의자에 대해서 말씀드리자면, 그가 중국을 방문(1992)했을 때에 전쟁에 대한 깊은 반성과 평화국가가 되겠다는 결의를 발언했구요, 자신의 결혼 50주년 기념 기자회견(2009)에서는 천황의 지위에 대해 현행 헌법에서 규정하고 있는 상징성이 일본의 전통적인 천황의 지위에 맞다며 겸손한 태도를 보였습니다. 무엇보다 극우세력들의 권유에도 불구하고 천황 즉위 후 야스쿠니신사를 참배한 적이 단 한 번도 없다는 사실은 그의 철학과 사상의 근본에 평화란 단어가 실천으로 살아 있다는 증거이기도 합니다. 이제 상황(上皇)이 되었으니 앞으로도 평화주의 신념을 이어가길 바랄 뿐입니다.

● 1934년 도쿄에서 태어나 로마가톨릭교회학교인 성심여자대학(聖心女子大学) 문학부에서 영문학을 전공했고 졸업식에서 대표로 답사를 읽었다고 합니다. 1957년 가루이자와(軽井沢)에서 열린 테니스대회에서 황태자 아키히토를 만나 일본판 신데렐라가 된 케이스입니다.

— 주간아사히(週刊朝日ムック, 2018. 12.)
에서 발간한 헤이세이황실의 30년 완
전보존판 표지사진

그리고 한국에 호의적이란 말이 나온 것은, 노태우 전 대통령이 일본을 방문(1990. 5.)했을 때 천황가의 모계에 한국계 인물이 있다며 '일본에 의해 초래된 불행한 시기에 한국 국민이 겪었던 고통을 생각하면 통석(痛惜)의 염(念)을 금할 수 없다.'라고 발언한 적이 있구요. 또 김영삼 전 대통령의 방일(1994. 3.) 때에는 '한반도 여러분들에게 다대한 고난을 안겨준 시기가 있었다. 몇 해 전 이에 대한 나의 깊은 슬픔을 표명했고 지금도 변함없는 마음을 갖고 있다'고 발언을 했습니다. 그리고 김대중 전 대통령이 방문(1998. 10.)했을 때에는 식민지 시대에 한국인들에게 큰 고통을 안겨준 것에 대해 사과하는 발언을 했지요. 그런 그가 2001년 68번째 생일(12. 23.)을 맞아 기자회견을 했을 때에는 더 엄청난 발언을 했던 것, 혹시 기억 나시나요?

"한반도의 도래인들 중 초빙됐던 사람들로부터 일본에 문화와 기술이 전승되었습니다. 궁내청 악사 가운데 지금까지 그 자손들이 있습니다. 간무 천황의 생모가 백제 무령왕의 후손이라는 기록이 『속일본기』(續日本紀, 797)에 나와 있어 나 자신 역시 한국과의 인연을 느낍니다."

물론 이때의 발언이 2002년 한일 월드컵 개회식에 참석하고 싶어 했던 그의 립서비스였을지는 몰라도 천황 스스로가 일본 천황가에 한국인의 피가 흐른다고 인터뷰한 내용 자체에 대해서는 일본의 학자들도 인정하고 있다고 합니다. 그런데 이제 나이가 들다 보니 건강에 대한 염려도 있고 해서 맏아들인 나루히토 황태자에게 양위(2019. 4. 30.)하고 현재는 상황(上皇)으로 물러나 있습니다. 섭정도 아니고 아예 물러났다는 것은 욕심을 버렸다는 의미이기도 합니다. 그를 높게 평가하는 이유가 여기에 있습니다.

레이와 시대 루키, 나루히토 천황(令和, 재위기간 2019~)

아키히토(明仁)의 장남인 나루히토(德仁, 1960~) 왕세자가 2019년 5월 1일 천황을 세습받으면서 제126대 천황이 되었습니다. 지금까지의 왕위 즉위식은 상중(喪中)에 했지만, 이번만큼은 화려하고 여유로웠습니다. 레이와 관련 상품이 불티나게 팔렸고 각종 이벤트가 봇물을 이루었으며 아베 정부는 퇴위와 즉위를 전후해 역대 최장의 10일 연휴를 인심 쓰면서 축제 분위기를 극대화하는 포퓰리즘도 선보였습니다. 그런 가운데 나루히토 천황의 첫 번째 행사는 아베의 정치적 퍼포먼스에 발맞춰 도널드 트럼프 미 대통령을 만나는 일이었지요. 레이와 시대 1호 국빈으로 아베가 연출한 작품에 권력이 없는 황실은 좋든 싫든 따를 수밖에 없었을 겁니다.

그는 오와다 마사코(小和田雅子, 1963~)와 결혼(1993)하여 8년 만에 아주 어렵게 무남독녀 아이코(愛子)를 얻었는데요, 한때 아이코가 다니던 가쿠슈인(学習院)● 학교에서 남자 학우들에게 난폭한 이지메를 당해 장기 결석한 적이 있다는 뉴스가 나오면서 일본 사회를 충격에 빠트리기도 했습니다.

제가 유학시절 NHK 방송을 시청하던 중 정명훈 선생님이 지휘하는 도쿄 필하모닉 교향악단에 나루히토 황태자가 비올라 연주자로 참여한 것을 본 적이 있습니다. 바이올린도 아니고 비올라를 선택했다는 것에 의아해 할 수도 있지만, 제 개인적인 느낌으로는, 관중석에서 볼 때 돌출되어 보이지 않으려는 배려심 많은 분처럼 보여서 인상 깊었던 기억이 납니다.

그러나 저의 이런 사적(私的)인 감정과는 달리 나루히토 천황이 평화를 사랑하고 비올라를 연주한다고 해서 한국과의 관계를 개선할 수 있는 힘과 권력이 있느냐 하면 그렇지 않다는 겁니다. 이런 부수적인 부분은 왕세자였을 때의 모습일 뿐 한 나라의 왕으로서의 태도와 행동반경은 다르기 때문이지요. 바라건대 부디 일본의 극우세력들에게 정치적으로 이용당하거나 휘둘리지 않도록 중심을 잘 잡아 과거의 군국주의나 천황제로의 회귀를 방치하거나 묵인하지 않기를 바랄 뿐입니다.

천황가를 지근거리에서 보좌하는 궁내청이 총리대신 관할하에 있는 행정기구이고, 또 천황 역시 아무리 실권이 없는 허수아비에 불

● 가쿠슈인은 한적한 주택가인 메지로(目白)에 위치해 있으며 초등과는 조금 떨어진 요쓰야(四谷)에 있습니다. 메이지 유신 이후 황족과 화족 자녀들에게 근대식 교육을 시키기 위해 일본 정부가 1877년에 세운 학교입니다. 일제강점기 고종의 막내딸인 덕혜옹주도 이 학교를 다닌 것으로 알려져 있으며, 당시 친일파들이 자녀들을 이 학교에 유학 보내기 위해 조선총독부에 뇌물을 쓰기도 했답니다. 1945년 패전 후에는 일반 사립학교로 전환되었지만 지금도 여전히 황족들의 대부분은 유치원부터 대학원 과정까지 이 학교를 다니고 있습니다.

― 새로운 원호(元号) 레이
와(令和)를 공표하는 스가요
시(菅) 당시의 관방장관. 이 사
진 한 장으로 일본 국민들에
게는 '레이와 오지짱'이라는
별명이 붙으며 친근함을 선보
인 덕분에 총리자리까지 오르
게 되었지요.

과하더라도 국민들의 압도적인 지지와 존경을 받고 있기 때문에 그
의 한마디 한마디에는 엄청난 무게를 실고 파급력을 갖고 있습니다.

한편, 일본 왕족의 이름은 두 글자로 짓는 것이 전통입니다. 남자
아이 이름 뒷글자에는 인(仁)자를 넣고 여자 아이의 경우에는 자(子)
를 씁니다. 이 같은 왕실의 전통이 국민들 사이로까지 퍼져 한때 일
본에서는 여자 이름에 자(子)를 붙여주는 작명이 성행했고, 이는 일
제 침략시기에 우리나라에서도 유행하면서 아직까지 이어지고 있
습니다. 자(子)에는 여자 아이가 '작고 귀엽다.'라는 의미도 있지만
공자, 맹자처럼 존경스러운 대상에 사용된다는 점이 두루 배려된
것이라고 합니다.

3

일본인들의 신관과
신토이즘 정치

　두 명의 인물을 통해 일본인들의 신관을 소개하고자 합니다. 중간
자의 존재를 연구해 1949년 일본인 최초로 노벨상을 받은 유카와
히데키(湯川秀樹, 1907~1981)가 첫 번째 인물입니다. 그는 태평양전쟁
이 한창일 때 이런 말을 했습니다.

> "오늘날 과학자의 가장 큰 책무는 기존의 과학기술 성과를 가능
> 한 한 빨리 전력 증가에 활용하는 데 있다. 인간과 인간이 싸우
> 는 이상 현대의 전쟁이 과학기술전이라는 것도 당연하다. 이 책
> 이 출판될 수 있도록 해 주신 천황의 치세에 대해 감사함을 새삼
> 마음에 새길 따름이다." 『現代物理学をつくった人々』, 東京図書(1977)

— 도쿄 이치가야의 자위대 건물 2층 발코니에서 할복자살을 하기 전 자위대원들에게 전후 평화헌법 폐기와 헌법개정을 위해 궐기하라는 내용의 연설을 하고 있는 미시마의 모습입니다.

자, 이제 두 번째 인물을 소개하겠습니다. 1970년 11월 25일 오전 11시경, 도쿄에 위치한 육상자위대 동부 지부의 2층 발코니에서 총감을 인질로 잡고는 "칠생보국(七生保國)", 즉 '일곱 번을 다시 태어나도 나라에 보답하겠다.'라고 적힌 머리띠를 두르고 흰 장갑을 낀 손을 휘두르며 소리 높여 일장연설을 했던 45세의 소설가 미시마 유키오(三島由紀夫, 1925~1970) 사건을 기억하시나요?

"천황의 국가를 위해 자위대가 존재해야 한다."

"지금 일본의 얼을 유지하는 것은 자위대뿐이다. 일본을 지킨다

는 것은 피와 문화의 전통을 지키는 것이다. 너희들은 사무라이
들이다. 자신을 부정하는 헌법(헌법 제2장 제9조)을 왜 지키고 있단
말인가. 나를 따를 사람은 없는가."

하지만 당시 발코니 앞에 모여 있던 일천여 명의 자위대원들 중
에서 그를 따르겠다고 나서는 이는 없었습니다. 실망과 자괴감에
빠진 미시마는 미리 준비해 갔던 단검으로 그 자리에서 자신의 배
를 가르고는 끔찍한 신음소리를 내며 삶을 마감해야 했습니다. 마
치 일본 중세 시대의 사무라이들처럼 말이죠.

사실 할복(割腹)은 전쟁에서 패배한 수장이 이를 수치스럽게 여겨
사무라이들이 미리 정해 놓은 규칙에 따라 자신의 복부를 깊게 가
르고, 보조자가 뒤에서 무사의 머리를 베어주는 자살방법입니다.
할복 제도는 1873년에 공식적으로는 폐지되었지만 여전히 군인이
나 우익 인사들 중에서도 할복자살은 이어지고 있습니다. 그만큼
일본은 패배라는 것에 대해서 수치스럽게 생각하는 사고방식을 가
지고 있기 때문이지요.

그러나 이날의 할복은 이성적인 사람들의 비판이나 비웃음과 달
리 그렇게 헛된 것만은 아니었습니다. 적어도 군사대국 일본의 부
활을 외쳐왔던 극우주의자들이 음지에서 양지로 당당히 나설 수 있
는 계기를 만드는 데 성공하였다는 평가를 받고 있거든요. 그리고
일본인들의 이런 태도는 오늘날에도 동북아 국제외교관계에서 전
쟁의 책임 문제를 논하기 어렵게 만드는 요인이 되었습니다. 노벨
문학상 후보에도 올랐던 미시마의 잘못된 신관이 가져온 씨앗의 결
과이지요.

도(道)에 대해서도 일본인들은 한국과는 다른 사고체계를 갖고 있습니다. 모든 사물에는 그 자체에 정신 또는 영혼이 깃들어 있다고 믿는 물활론(物活論, animism)과 일본인들의 신관이 비슷합니다. 제가 우리학과 일본인 교수님에게 물어봤어요.

"보통 사람들은 시골의 한적한 도로를 운전하다가 붉은 신호등을 마주할 때 지켜보는 사람도 없고 경찰차도 없고, 달리는 차도 눈에 보이지 않는다면 살짝 신호위반을 하기도 합니다만, 일본인들은 이럴 때도 대부분 지키는데 그 이유가 뭘까요?"

일본 교수님은 '소우데스네 나제데쇼우(글쎄요. 왜 그럴까요?)'라고 하더니, 조금 후에 이런 말을 하더군요. '눈에는 보이지 않지만 아마도 어떤 가미사마가 보고 있을 수도 있지 않을까 해서 지키는 것 같다.'라고 말입니다. 여기서 말하는 가미사마는 기독교의 하나님이나 불교의 부처님이 아닙니다. 그냥 만물에 깃들여 있는 신이에요. 그리고 그 신이 반드시 선(善)할 필요는 없습니다.

그래서 일본에서는 모든 것이 신이라고 해도 문제가 안 되기 때문에 팔백만의 신, 야오요로즈노 가미(八百万の神)가 있다고 하는 것입니다. 모든 자연물에 신이 깃들어 있는 다신론적 신관을 갖고 있어서, 자연은 인간이 지배하고 이용할 대상이 아닌 것이지요.

만화영화 모노노케 히메(もののけ姫)를 보면 일본인들의 신에 관한 관념을 엿볼 수 있는데, 멧돼지나 들개, 사슴 등 모든 자연물에는

— 영화 모노노케 히메의 일본판
영화 포스터

신이 깃들어 있기 때문에 인간보다 못한 존재는 없다는 신 관념이 나타납니다.

엔도 슈사쿠(遠藤周作, 1923~1996)의 소설 『침묵』에서도 일본인들은 인간을 미화하거나 확장시킨 어떤 것, 다시 말해서 인간과 동일한 존재를 신이라고 믿고 있다는 것을 알 수 있지요. 그러니까 굳이 어떤 초월적 존재가 아니라 하더라도 귀신이 되고 한이 남으면 원령이 된다는 것입니다. 이렇듯 일본인들의 종교의식은 신앙 차원이라기보다는 생활 관습적이고 의례적인 의미로 받아들입니다. 그렇기 때문에 무언가를 행하거나 만들어 낼 때는 반드시 그에 걸맞는 정신적 수양이나 수련을 쌓아 가는 방법을 터득하고 다듬어 나가려고 합니다. 그리고 이것을 '도(道)'로 만드는 거예요. 그래서 차를 올바르게 마시는 것을 다도(茶道)라고 하고 검을 제대로 쓰는 것을 검도(劍道)라고 하며, 꽃꽂이는 화도(花道)로 승화시킵니다.

그렇다면 신은 어떨까요? 기독교나 불교는 교(敎)로 끝나는데 신도는 왜 신교(神敎)가 아니라 신도(神道)라고 하는지 생각해 보신 적 있으세요? 신도가 영어로 신토이즘(Shintoism)이라고들 말하는데 엄밀히 번역하자면 신의 길, 즉 'The way of Kami'입니다. 신(神), 즉 영적인 신비한 능력과 길(道), 다시 말씀드리자면 방법 또는 가르침을 의미하지요. 그러니까 신을 믿는 것이 신앙의 대상으로서의 사후세계를 위한 종교라기보다는 신을 믿는 것에도 도가 있다고 해서 일본이 만들어 낸 일본식 종교문화라고 생각하시면 됩니다. 즉 일본이라는 섬 안에 있는 일본인들만이 가질 수 있었던 독특한 역사적인 경험을 통해 형성된 종교입니다.

그래서 신도의 신은 기독교나 불교처럼 특정 대상이 따로 있는 유일신 개념이 아니라 각 가정이나 그 지방의 수호신이기도 하고 그 지역의 영웅이 신이 될 수도 있으며 신비로운 자연의 모습, 또는 돌이나 나무일 수도 있습니다. 그리고 이러한 섬김의 대상이 일본인들을 하나로 묶는 역할을 해 왔습니다. 그만큼 종교에 이르기까지 '도'에 대한 의미를 부여하는 겁니다. 즉 신을 믿는 것은 신앙의 대상이기보다는 수준 높은 정신세계를 지향하는 하나의 '도'라는 의미라고 할 수 있겠지요.

예를 들어 신도에는 불교나 기독교처럼 집단적으로 예배하는 교리가 없고 다만 신사의 의식을 중시합니다. 그렇다고 해서 복잡한 의식이 있는 것도, 특별히 정해진 시간이 있는 것도 아니고 그저 각자가 필요할 때 엄숙한 자세로 신사에 들어가서 합장을 하고 절을 한 다음 본당 앞에 비치된 헌금함에 돈을 넣기만 하면 됩니다.

교회의 목사나 불교의 스님처럼 신사에서 근무하는 신관도 아무나 하지 않습니다. 비록 민간자격이긴 하지만 신사본청에서 수여하는 자격이 있어야만 합니다. 보통 신관이 되기 위해서는 도쿄 시부야구(渋谷区)에 있는 고쿠가쿠인대학(国学院大学)이나 미에현(三重県) 이세시(伊勢市)에 있는 고우각칸대학(皇学館大学)의 신도학과를 졸업해야 자격이 주어지지요.

그런데 우리는 신도의 대상, 즉 기독교의 하나님처럼 신도는 일본 천황을 믿는 종교라고 생각하고 있습니다. 일부분은 맞는 말이지만 전부는 아니죠. 왜냐하면 천황을 신도로 끌어들여 온 것은 1868년 일본이 메이지 유신을 단행한 이후 천황의 권위를 유지하기 위해 국가 종교로 장려하면서부터 시작된 것이기 때문입니다. 그래서 제2차 세계대전 당시 가미카제 특공대가 천황이 하사했다는 사카즈키(杯) 한 잔에 자신의 목숨을 사쿠라 꽃잎 떨어지듯 버리는 것이 가능했던 것이구요.

일본에서 기독교가 하나의 서구 문화로 인식될 뿐 아직도 종교로 받아들이지 않고 있는 가장 큰 이유는, 자신의 죄를 회개하면 용서받는다는 점이 사무라이 문화에서는 무책임하게 보이기 때문입니다. 게다가 현실에 대한 중요성보다는 사후세계의 천국을 말하고 있는 것도 책임을 강조하는 일본식 무사도 정신과 맞지 않았던 거지요. 그렇다면 불교는 왜 일본에 정착했을까요? 황당하게 들릴지 몰라도 그건 일본의 무사도 정신이 아직 형성되기 전인 6세기경에 백제를 통해 전파되었기 때문이라네요.

신토이즘 정치

메이지 정부는 천황과 황실의 재정이 의회에 의해 좌우되는 것을 방지하기 위해 1884년 정부 소유의 일본은행 주식을 황실로 이관하고, 국유림을 황실 소유지로 이전하여 막대한 규모의 재산을 마련해 놓았습니다. 이들은 일본을 근대국가체제로 개혁한 후 근대화와 산업화를 추진하고 부국강병을 실현하기 위해 강력한 중앙집권식의 국가체제와 국민 통합이 필요하였고, 이 과정을 위한 이데올로기로서 천황제를 도입했습니다.

이때 주도적 활동을 한 인물이 바로 이토 히로부미(伊藤博文, 1841~1909)입니다. 이토는 서양의 근대국가들이 산업화에 성공을 거두고 부국강병을 가능하게 했던 사회통합으로서의 정신적 지주가 바로 기독교라는 사실을 인식하고는, 일본 역시 국민을 하나로 만들 수 있는 정신적 지주가 필요하다는 판단하에 천황제를 도입하였습니다. 나폴레옹이 '종교에서의 기적은 믿지 않지만 사회통합으로서의 기적은 믿는다.'고 말한 까닭이, 바로 종교가 가진 사회통합과 통치 수단으로서의 의미를 정확히 이해했기 때문이지요.

이렇게 천황가는 일본민족의 조상이며 신의 자손으로서 일본열도와 일본민족을 지배해 온 논리가 만들어졌고 천황은 현인신(現人神)이라는 창작신화를 교육시켰습니다. 즉 일본국의 군대는 천황의 통솔하에 있다는 내용의 군인칙유(軍人勅諭, 1882)를 전국 군인들에게 하달하였고, 교육칙어(教育勅語, 1890)●를 제정하여 이를 학생들이 암송하도록 강요한 겁니다. 이렇게 하는 이유는, 천황을 정치적 주관자로 한정하기보다는 국민의 도덕적 사상의 중심에 들어선 절대주의적 천황제 이데올로기를 확산시키기 위함이었습니다.

더 나아가 불교의 영향하에 있던 신도를 분리하고 독립시켜서 신도에 의한 국민교화와 천황의 신격화를 본격적으로 전개하였습니

● 가족주의적 국가관을 기초로 하는 교육칙어는 국가주의사상과 전통적인 유교사상을 융합한 교육이념으로, 충군애국(忠君愛國)과 충효일치(忠孝一致)를 강조하고 있습니다.

다. 1889년에는 메이지헌법(대일본제국헌법)을 선포하면서 천황주권과 천황의 절대 권력을 제도화하였습니다. 이 법은 절대군주제하에서의 흠정헌법으로 신성하고 절대적인 권력자인 천황이 신민(臣民)들에게 권리 의무사항을 하사하는 형식의 헌법입니다.

제1조 : 일본은 만세일계의 천황이 통치한다.

제3조 : 천황은 신성불가침한 존재이다.

제4조 : 천황은 국가원수로서 통치권을 총괄하며 그 권한은 헌법규정에 따라 행한다.

이것은 일본민족 전체가 하나의 가족이고 천황가가 종가(宗家)에 해당하며, 천황은 일본민족 전체의 가장(家長)이라는 의미이기도 합니다. 그리고 천황 중심의 사상체계를 만들기 위한 발판으로 신사를 종교 활동에서 분리하여 신도를 확립했습니다. 이는 신사에 참배하는 것이 종교 활동이 아니라 일본민족의 관습이고 국민의 도의라며 신사에 대한 행정을 정부가 맡고 신도의 수양을 가르치는 수신(修身) 과목을 필수과목으로 지정하는 국가신도(国家神道) 이데올로기를 만들기 위해서였죠.

신사에 가면 자식의 합격을 비는 부적, 사업을 번성케 하는 부적 등 갖가지 기원문이 적힌 상징물들이 있는데, 일본인들은 이것을 사서 집에 장식하거나 신사 내의 지정된 장소에 걸어 두기도 합니다.

일본은 메이지 유신 때 음력설을 과감히 폐지했기 때문에 우리나라와 같은 구정은 없고 모두가 신년 설을 세는 하쓰모우데(初詣)를 하는데, 보통 신년 1일에서 3일까지 대부분의 일본 사람들은 신사

— 가와사키다이시에서 팔고 있는 몸에 지니고 다니는 교통안전부적

— 자동차 내에 달고 다니는 부적으로 뒷면에 차 번호가 적혀 있습니다.

출처:가와사키다이시 홈페이지

를 방문하기 때문에 연초에는 모든 신사들이 그야말로 문전성시를 이룹니다.

제가 일본에서 13년이나 살았던 가와사키시(川崎市)에는 가와사키다이시(川崎大師)●라는 신사가 있는데, 이곳은 자동차 사고를 예방해 준다는 부적이 유명해서 자동차 면허를 딴 사람들은 일부러 이곳에 자동차를 몰고 와 한 대당 5천 엔(한화 5만 2천 원 정도)를 지불하고 부적 하나 받아 자동차에 달고 다닙니다. 그렇게 하면 무사고 운전을 한다고 믿기 때문이지요.

한편 일본 문부성(文部省教学局, 1941)에서는 신민의 도(臣民の道)를 이

● 매년 정월의 하쓰모우데가 되면 단 3일 만에 200여만 명이 참배하러 오는 곳이 기도 합니다.

렇게 말하고 있습니다.

"일상적으로 우리가 사생활이라 부르는 것도, 필경 신민의 도(道)
를 실천하는 것이며, 천업(天業)을 떠받드는 신민이 해야 할 일로
서 공적인 의의를 갖는 것이다. 그리하여 우리는 사생활에서도
천황에게 귀일(歸一)하여 국가에 봉사한다는 생각을 잊어서는
안 된다."●

저는 예전에 콘스탄티누스(Constantinus, 306~337)가 기독교를 공인
한 황제여서 왠지 엄청 인자할 것 같고 하나님의 은혜를 독차지할
만큼 신앙심도 좋을 것이라고 생각한 적이 있습니다. 그가 스스로
태양신에서 기독교로 개종하고, 극소수의 기독교도를 위해 황제의
공적 재산을 교회에 기증하였으며, 성직자에게는 세금을 전액 면제
해 주었을 뿐만 아니라 니케아 공의회를 열어 삼위일체를 인정한
역사적 인물이라고 배웠기 때문이었죠.

그러나 콘스탄티누스는 권력을 독점하기 위해 자식에게까지도
상상 못할 고문을 가하여 아버지의 두 번째 부인과 간통했다는 억
지 자백을 받아 내려 했던 비정하고 냉혹한 정치인이었다는 사실을
알고 나서는, 그가 전체 인구의 5%에도 미치지 않던 기독교를 공인
한 이유가 뭘까 궁금해졌습니다. 제가 왜 이 이야기를 하냐면, 일본
이 국가신도를 도입한 이유와도 일맥상통하기 때문입니다.

첫째, 로마의 종교는 다신교이지만 기독교는 유일신(唯一神) 사상

● 마루야마 마사오, 『현대정치의 사상과 행동』(1997), p. 50.

이기 때문입니다. 유일신 사상이 통치자에게 매력적인 이유는 자신이 믿는 종교의 신이 한 명이듯이 왕(황제)도 자신 한 명이어야 한다는 점 때문입니다. 마치 예수님은 한 분뿐이며 그 나머지는 모두 예수님의 어린양이듯 황제도 한 명뿐이고 나머지는 모두 황제의 신하일 뿐이라는 논리가 성립됩니다. 서양을 지배해 왔던 헤브라이즘처럼 일본의 신도 역시 천황을 정점으로 하는 신토이즘과 맞아 떨어지거든요.

둘째, 예수의 뜻을 전하는 주교와 교황을 황제가 임명하면 황제는 곧 하느님의 대리인이 되기 때문입니다. 하느님의 대리인이 된 황제는 신성불가침한 존재이고, 황제를 살해하는 것은 하느님의 대리인을 살해하는 것이므로 황제를 섣불리 살해하지 못할 것이며, 황제의 아들이 제위(帝位)를 세습하는 것도 신의 뜻이니 세습도 정당화 할 수 있습니다. 실제로 동로마는 황제 세습제가 정착되면서 정치는 안정되고 서로마에 비해 천년 이상이나 더 지속 가능한 국가로 유지해 왔습니다. 신도 역시 마찬가지입니다. 정치적 권력자인 쇼군(將軍)이 종이호랑이에 불과한 천황으로부터 정이대장군(征夷大將軍)을 임명받아 권력에 대한 정통성을 인정받았듯이, 오늘날에도 변함없이 일본국헌법에 따라 일본 총리를 임명하는 것을 천황의 주요 업무 중 하나로 규정해 놓았습니다.

한 나라를 통치하고자 할 때에 하책(下策)은 군대에 의해 무력으로 다스리는 것이고, 중책(中策)은 법에 의해서 다스리는 것이지만, 상책(上策)은 종교로 다스리는 것이라고 합니다. 일본 역시 서양 역사에서 기독교를 공인한 것과 엇비슷한 절차를 밟아 왔습니다.

고사기(古事記)와 일본서기(日本書紀)에 전해지는 신화를 바탕으로 천황을 신격화하고 천황에게 절대 권력을 부여하여 신성불가침한 통치자로서의 천황의 이미지를 일반 대중에게 침투시킨 과정을 보면, 저는 메이지 정부가 콘스탄티누스의 정치를 벤치마킹하여 신토이즘 정치로 만든 것이 아닌가 생각됩니다.

4

일본의 국기와
국가

일본 국기인 히노마루(日の丸)와 국가인 기미가요(君が代)는 일본인들의 삶과는 전혀 무관한 내용들입니다. 그래서 일반 민중들에게 흡수되지 못하고 군국주의에 이용당하기만 한 것이지요. 메이지 유신 이후 전 세계가 제국주의화되는 과정에서 일본이 서구 열강의 침투로부터 스스로를 지키기 위해서는 내부적으로 단단히 결속시킬 수 있는 어떤 매개체가 필요했는데, 그게 바로 히노마루와 기미가요였던 거지요.

일장기의 배경은 이렇습니다. 천황이 신의 혈통을 이어받았다고하는 '가미노쿠니(神国)', 즉 신의 나라를 만들고 이를 제도화해서 근대국가의 지배적 이념으로 내세울 필요가 있는데, 그런 이미지가 바로 태양을 나타내는 히노마루와 일치하는 겁니다. 서양 세력에 맞설 수 있는 동양에서 떠오르는 태양만큼 좋은 표식이 없다고 생각한 거지요. 현재 천황가가 바로 태양의 신 아마테라스 오오카미로부터 시작되었잖아요. 그래서 연필 한 자루만 쥐면 유치원생도 그릴 수 있는, 전 세계에서 가장 간단한 국기가 만들어졌습니다. 국가(国歌) 역시 마찬가지로 천황의 처세를 염원하는 용비어천가일 뿐, 일본 국민들의 삶이나 격려 또는 용기를 주는 가사가 아닙니다.

> 君が代は千代に八千代にさざれいしのいわおとなりてこけのむ
> すまで
> 님의 시대는 천 대 팔천 대에 걸쳐 작은 조약돌이 큰 돌이 되어
> 이끼가 낄 때까지

이렇게 시작한 천황의 신격화는 마치 거짓말이 거짓말을 낳고 그 거짓말을 덮기 위해 다시 거짓말을 만들어 내면서 코만 길어지는 피노키오처럼, 모든 전쟁과 침탈의 과정에 천황의 이름으로 합리화시켜 나갔고 이때부터 전쟁과 군국주의 이미지가 천황과 결합된 것이지요.

일본에서 히노마루와 기미가요가 공식적으로 인정된 것은 1999년 8월 9일에 제정된 『국기 및 국가에 관한 법률』이 통과된 이후부터입니다. 그 전까지는 학교 등 공공기관에서의 제창이 필수적이지 않았고 또 이 노래를 잘 모르는 일본인도 많았습니다. 이 법령의 제정 당시 일본 내부에서도 반대 세력이 있었고, 지금도 대립각을 세

우는 단체들도 많습니다. 특히 일장기와 기미가요 제창을 의무화하고 있는 교육현장에서 그렇습니다.

우리 같으면 국기와 국가에 우리나라의 역사와 전통을 가미하고 나아가 우리 민족의 얼과 힘을 심어주는 메시지로 해석하잖아요. 저 같은 386 세대는 '동해물과 백두산이~' 가사만 나와도 울컥할 정도로 가슴이 뭉클합니다만, 일본은 다릅니다. 제가 일본에서 약 13년간 살다 왔는데, 국경일이라고 해서 아파트 베란다나 집 앞에 국기를 게양한 것을 한 번도 본 적이 없으니, 한민족의 나라사랑과 야마토민족의 나라사랑은 표현하는 방법에 있어 한참 다르다는 것을 알 수 있지요.

제3장

일본 정당정치의
탄생

1

자민당의 탄생과
집권연립여당

자민당의 탄생

　패전 직후 일본 내 정당시스템은 사회당이나 공산당 등의 무산정
당들이 합법화되고, 다양한 보수정당들이 난립하는 다당제적 시스
템이었습니다. 1945년 8월 15일 일왕 히로히토의 포츠담선언 수락
방송을 끝으로 일본은 메이지 유신 이래 70여 년에 걸친 침략의 역
사를 마감하고, 이후 미국 주도의 점령정책에 따라 새로운 전후정
치 질서가 형성되었습니다.

　미국은 대일점령정책의 기본목표를 비군사화(demilitarization)와
민주화(democratization)로 설정하고 이를 달성하기 위해 정치와 경
제, 사회 모든 분야에 걸쳐 광범위한 제도개혁을 추진하면서 일본
사회는 엄청난 변화를 가져왔지만, 한편으로는 국제관계가 미소 양

대 진영의 이데올로기 대립으로 양분되면서 아시아 지역에서 일본의 지정학적 가치가 급상승했습니다. 당시 대한민국은 남과 북이 갈라져 있고, 중국 대륙에서는 공산당이 승리할 가능성이 높아지면서 일본이 반공거점으로서의 전략적 가치가 상승한 겁니다.

미국은 일본을 군사적으로, 그리고 경제적으로 재무장시켜 극동 아시아 지역의 안전보장과 더불어 일본을 경제 자립 시키겠다는 의도로, 대일강화조약을 조속히 체결하고자 했습니다. 결국 평화헌법 체제와 미일안보체제라는 모순된 이중구조하에서 보수세력의 결집체인 자민당이 출현하게 된 것이죠. 따라서 자민당에 대한 이해는 곧 일본 정치를 이해하기 위한 항등식과도 같습니다.

당시 사회당은 좌파와 우파로 분열되어 있었지만, 보수정권의 정책 추진에 대항하기 위해 재통합(1955. 10.)하면서 일본 최대 정당으로 부상했는데, 여기에 위기감을 느낀 보수계열의 일본민주당과 자유당도 이에 뒤질세라 통합(1955. 11.)하면서 만든 정당이 바로 자민당입니다. 그리고 이를 일본에서는 '55년 체제'라고 부르죠. 이후 일본의 정당정치는 보수 자민당과 혁신 사회당의 2대 정당 체제가 1993년 8월 비자민연립정권(호소카와 내각)에 의해 붕괴될 때까지 38년간이나 지속되었습니다.

그런데 자민당과 사회당의 양당체제는 사실 2대 정당이라기 보다는 압도적인 자민당 1당 우위체제라는 특징이 있습니다. 왜냐하면 일본 중의원의 야당의원 수가 여당의 2분의 1이라고 해서 그 존재감도 2분의 1이 아니기 때문입니다. 실제 야당인 사회당의 역할은 10분의 1도 안되었거든요. 그러니까 일본의 진짜 야당은 진보 사회당이 아니라 자민당 내에 존재하는 파벌이라고 할 정도로 야당이 야당 역할을 못하고 있다는 평가를 받았습니다. 그래서 이를 1과 2분의 1 정당체제, 또는 1.5당 체제라고 하는 것이지요. 한편 자민당의 정강 제6조를 보면 '현행 헌법의 자주적 개정'을 명시해 놓았는데, 끊임없이 평화헌법을 개정하려고 하는 극우적인 모습을 보이는데 주저함이 없는 이유가 여기에서도 보입니다.

'55년 체제'와 자민당 정치 시스템

그렇다면 55년 체제는 어떤 특징이 있을까요?

일본의 전형적인 정치시스템은 누가 뭐라 해도 '55년 체제'입니다. 외견상으로는 일본이 양대 정당제처럼 보이지만, 실제는 보수 세력의 결집체인 자민당이 압도적인 우위를 점하는 일당우위 정당체제입니다. 자민당 55년 체제는 서서히 정(자민당), 관(고급관료), 재(대기업) 3자의 이익유도형 정치(Pork barrel politics) 형태로 정착되면서 선심정치가 횡행하고 이것이 결국 정치의 부정부패로 이어진 것이죠. 이익집단들이 자민당 정권에 지지를 보내면 자민당의 핵심 세력들은 다양한 예산 인허가권을 확보하여 특정 선거구, 특정 기업에 배분하는 영향력을 행사하면서 정관재 삼각동맹을 맺습니다. 지지층으로부터 표를 얻는 대신 자민당은 경제적 이익을 제공해 주는 유착구조로 정착해 버린 거지요.

그리고 이때 국회의원들이 이권 쟁취를 위한 연결고리가 되면서 거액의 돈을 챙겼고, 이 과정은 다시 자민당 내의 파벌정치를 만들고 자민당의 지지기반을 유지하기 위해 재생산되는 과정을 반복합니다. 그리고는 체제 유지비용으로 막대한 정치자금을 요구하고, 정치부패를 초래하는 체제로 변질되어 갔습니다.

1993년 7월 18일, 이날은 전후 일본 정치의 최대 전환점이 된 날입니다. 미야자와 내각(宮澤喜一, 재임 1991. 11.~1993. 8.) 불신임안의 표결 결과 자민당이 패배하면서 55년 체제 성립 이후 38년 만에 최초로 정권이 교체된 날이기 때문입니다. 다시 말하면 무소불위의 자민당을 야당으로 전락시킨 역사적인 정변이자 자민-사회당의 공생관계가 일거에 붕괴된 날이 바로 이날이기 때문이지요.

이제 과반수 의석을 확보하지 못한 자민당은 단독집권이 불가능해졌고, 공산당을 제외한 사회당, 신생당, 공명당, 일본신당, 민사당, 신당 사키가케, 사민련의 7당과 민주개혁연합의 1회 파로 구성된 비자민 연립내각이 호소카와(細川護熙, 재임 1993. 8.~1994. 4.)를 수상으로 지명하면서 55년 체제는 붕괴하는 수순을 밟았습니다. 그러나 호소카와는 도쿄사가와큐빈 스캔들과 관련하여 정치자금을 받았다는 것이 문제가 되어 1년도 못한 채 사임했습니다.* 그리고 다시 반주류파의 사회당과 사키가케가 연립정권에서 이탈하여 자민당과 연립정권을 구성하면서 하타 내각(羽田 孜, 재임 1994. 4.~1994. 6.)을 퇴진시켜 버렸습니다. 군대에서 초코파이 준다고 교회에 가는 것만큼 가볍게 선택한 거지요. 정당들의 이합집산과 합종연횡이 빈번해지던 시대였으니까요.

이로써 자민당이 사회당과 연립하면서 다시 정권을 되찾아왔지

● 자세한 내용은 215페이지를 참조하세요.

만, 이때는 정책이나 이념보다는 정권 회복에 중점을 두었기 때문에 연립내각의 수상으로 사회당의 무라야마 도미이치(村山富市, 재임 1994. 6.~1996. 1.)를 추대하였죠. 사회당으로서는 가타야마 데쓰(片山 哲, 재임 1947. 5.~1948. 3.) 이후 47년 만에 총리를 배출한 셈이어서 기쁜 일이긴 합니다만, 문제는 이념과 정책면에서 공통점이라고는 찾을 수 없는 자민당과 사회당이 오래 갈 수는 없을 거라는 건 누구라도 짐작할 수 있는 점입니다.

이렇게 자민당은 사회당에 총리자리는 양보하였지만, 중요한 각료의 지위는 자민당이 차지하고 있어 실질적인 정국의 주도권은 자민당이 꽉 쥐고 있었지요. 결국 자민당 주도의 연립정권하에서 정국 운영에 어려움을 느낀 무라야마 수상은 1996년 1월 사임을 표명하였고, 3당 연립은 그대로 유지한 채 자민당 총재인 하시모토 류타로(橋本龍太郎, 1937~2006)가 차기 수상에 취임하면서, 자민당은 다시 정계의 수면으로 올라오게 됩니다. 그런데 이때의 자민당 복귀는 이전의 '55년 체제'와는 성격이 달라졌습니다.

그렇다면 '포스트 55년 체제'가 어떻게 달라졌는지 그 특징을 요약해 보도록 하겠습니다.

첫째는 각 정당이 지향하는 이념이나 노선이 대동소이(大同小異)하여 포괄정당의 특징을 보이고 있고, 무원칙한 이합집산이 계속되고 있다는 점입니다. 앞서 언급했던 것처럼 사회당이 자민당과의 연립을 이루면서 '진보'라는 당의 정체성을 잃고 방황하다가 보수화되었고, 새롭게 출현한 신당들도 대부분 그 뿌리를 자민당에 두고 있어서 보수의 한계를 넘지는 못했습니다. 그래서 이 시기에는 정당

간의 이념이나 노선보다는 정권의 획득만이 목적이라는 특징을 보이고 있습니다.

둘째는 위와 같은 이유로 인해 처음부터 연립정권의 기반이 늘 불안정하고, 잦은 정권 교체가 이루어지는 과도기적인 현상이 지속되었다는 점입니다. 1년도 채 못 되는 시간에 반자민 여권은 두 번씩이나 총리가 바뀔 정도로 분열되었고, 1996년 하시모토 자민당 내각(橋本龍太郎, 재임 1996. 1.~1998. 7.)이 재집권했을 때는 사민당, 사키가케와 연립내각을 구성하였었는데, 1998년 오부치 내각(小渕惠三, 재임 1998. 7.~2000. 5.)에서는 또다시 자유당과 공명당이 함께하는 연립내각을 구성하여 정권을 획득했으며, 2000년 모리 내각(森 喜朗, 재임 2000. 4.~2001. 4.)과 2001년 고이즈미 내각(小泉純一郎, 재임 2001. 4.~2006. 9.)에서도 공명당과 연립내각을 구성하는 등 손쉽게 이합집산하는 양상을 보였습니다.

공명당(중도정당)

공명당은 1964년 종교단체인 창가학회(創価学会)를 모체로 창립된 정당으로, 지금 자민당과 연립정권을 구성하고 있는 여당입니다. 신자의 절반 이상이 여성이기도 한 창가학회는 일본의 13개 불교종파 중 하나인 일련정종(日蓮正宗)● 신도들이 창립(1930. 11. 18.)한 종교

● 천태종과 선종에 실망을 느낀 니치렌(日蓮, 1222~1282)이 일본에서 세 번째로 문을 연 토착 불교 종파입니다. 니치렌은 국가의 이익보다는 개인의 신념이 우선되어야 하고, 법화경만이 깨달음을 준다고 주장하면서 나무묘법연화경(南無妙法蓮

법인으로, 정식 명칭은 국제창가학회이고 영문명은 SGI(Soka Gakkai International)입니다. 현재 192개 국가와 지역에 약 5천여만 명의 회원이 있고, 한국에도 약 150만 명 정도의 신자가 활동하고 있다고 합니다.

창가학회의 창가(創価, Soka)란 가치를 창조한다는 의미이고, 학회(学会, Gakkai)는 배우는 모임이라는 의미이니, 이 둘을 합하면 가치를 창조하고 배우기 위한 모임이라는 뜻이 되겠지요. 도쿄의 시나노마치(信濃町)역을 나서면 '창가학회 타운'이 나타나는데, 이곳에는 창가학회 본부를 비롯해 산하에 부인회, 청년회, 신문사 등이 몰려 있습니다. 창가학회에서 발간하는 세이쿄신문(聖教新聞)은 1951년 창간 당시 1년에 4번 고작 2페이지에 불과했지만, 지금은 12페이지로 발행하고 있습니다. 한국에서도 화광신문을 발행하는 등 적극적인 활동을 벌이고 있지요.

창가학회는 820여만 가구의 회원을 보유하고 있고, 한 가정당 둘씩만 계산해도 일본 전체 인구의 10%에 해당하는 숫자입니다. 이 정도라면 선거 당락을 뒤바꿀 정도의 막강한 힘이라고 할 수 있겠지요? 그래서 선거철만 되면 자민당은 공명당과 창가학회에 'SOS'를 칠 수밖에 없습니다. 그렇지만 이렇게 확고한 지지기반이 있다는 건 제약요인으로 작용할 수도 있습니다. 왜냐하면 공명당이 종교정당이라는 인식이 강하기 때문에 창가학회 회원 이외의 세력을 끌어모으는 데는 무리가 따르거든요. 게다가 다른 종교를 인정하지

華經)을 암송하고 법화경을 믿으면 진리에 귀의한다고 설법하였습니다. 한국에서는 '남녀호랑이교'라고도 알려져 있습니다만, 이는 '나무묘법연화경'의 일본식 발음인 "나무묘호렌게쿄"에서 온 것일 뿐, 호랑이를 믿는 종교는 아닙니다.

않는 원칙에 따라 총리들의 야스쿠니신사 참배에 대해서 부정적인 시각을 갖고 있다는 점도 일본 우익세력들로부터 공격받을 빌미를 제공하는 셈이지요.

한편, 일본 군부는 제2차 세계대전 당시 전쟁 동원을 위해 신도(神道) 중심으로 사상통일을 추진하였는데, 이때 일련정종의 승려들이 겁을 먹고 '아마테라스 오오카미가 근본이고, 부처는 그 그림자이다'라는 신본불적론(神本佛迹論)을 지어내고, 이에 반하는 구절 14곳을 스스로 삭제하는 추태를 부린 역사가 있습니다. 이 과정에서 창가학회의 초대 회장인 마키구치 쓰네사부로(牧口常三郎, 1871~1944)와 그 제자인 도다 조세이(戶田城聖, 1900~1958)는 신념을 굽히지 않고 군국주의에 정면으로 저항하며 신찰을 거부했다가 '치안유지법' 위반과 '천황에 대한 불경죄'라는 두 가지 혐의로 투옥 중 감옥에서 병사했습니다. 조선의 많은 독립운동가들도 '치안유지법'이라는 죄명하에 잡혀 들어갔던 그 유명한 악법입니다.

창가학회가 일본의 군국주의에 반대했다는 사실이 알려지면서 패전 후 재일동포들이 가입을 했고, 1960년대 고국으로 돌아온 교포들 가운데 신자들이 창가학회를 전파하는 주역이 되면서 한국에서도 회원을 확보하는 데 큰 힘이 되었다고 하네요.

아무튼 패전 후 창가학회에는 군국주의와 공산주의를 거부하는 일본인들이 대거 몰려들면서 전국적으로 빠르게 성장하였습니다. 그런데 이를 못마땅하게 여긴 일본의 우익성향 월간지 '문예춘추(文藝春秋)'●가 창가학회를 공격하는 기사를 게재했고, 여타 우익 잡지들로부터도 잇따라 공격을 받게 되자 창가학회는 정치활동을 할 필요가 있다고 판단을 했던 겁니다.

이때 32세의 혈기왕성했던 청년 이케다 다이사쿠(池田大作, 1928~)가 3대 회장으로 선출(1960)되면서 1964년 드디어 공명당(公明黨)을 창당했습니다. 창가학회의 현재 회장은 하라다 미노루(原田稔, 1941~)이지만 한국에는 거의 알려져 있지 않아 소개는 생략하기로 하구요, 대신 지금 명예회장으로 활동하고 있는 이케다를 공부하는 게 더 나을 듯 합니다.

이케다는 '현세(現世)에서의 이익'을 강조해 오면서 SGI를 오늘날 거대한 정치세력으로 키워 낸 인물로, 약 240여 개의 박사학위를 갖고 있다고 합니다. 짐작하셨겠지만, 과학이나 물리, 수학 등의 분야에서 학위를 받은 아인슈타인급 천재는 아니구요, 대부분 명예박사학위입니다. 우리나라에서도 경희대(1998. 5.)와 제주대(1999. 5.), 그리고 동아대(2002. 12.), 경남대(2015. 9.)에서 명예박사를 받았고, 경주대에서는 명예교수직을 수여받았습니다. 또 제주도와 강원도, 충남 부여시, 경북 포항시, 경남 통영시, 부산 진구청 등 숱한 자치단체로부터 명예 도민증과 명예 시민증, 명예 구민증도 받았습니다.

우리나라에서 이렇게 대우를 받는 이유는, 그가 제2차 세계대전 당시 일본의 잔학행위를 규탄하는 한편, 한국은 일본에게 있어 형님의 나라라고 칭송하기 때문입니다. 한국은 문화적 스승이어서 그 은혜에 감사하다는 발언도 거침없이 말하고, 또 유관순 열사는 한

● 문예춘추는 군국주의를 지지했던 소설가 '기쿠치 칸(菊池寬, 1888~1948)'이 만든 우익성향의 잡지입니다.

국의 잔 다르크로, 안중근 의사와 이순신 장군은 한국 구국의 영웅으로 떠받습니다. 그래서 한국의 독립운동 단체에서 이케다 회장에게 표창패를 수여했다고도 하네요.

한편 SGI는 1975년 6월, 한국에 중앙사무국을 만들었지만 한국 사회에 팽배한 반일(反日) 정서 때문에 종교단체로 등록하지 못하다가 2000년 4월 15일, 김대중 정부 때 문화관광부에 재단법인 형태의 종교단체로 정식 등록했고, 이를 계기로 한국 SGI에 대한 이단시비는 잠잠해졌다고 합니다. 2005년 5월 15일 서울 잠실경기장에서 '나라사랑 대축제'를 개최했을 때는 '독도는 우리 땅'이란 카드 섹션을 선보이기도 했지요. 물론 한국 불교에서는 경쟁상대로 인식해서 그런지 아직까지는 색안경을 끼고 왜색종교로 간주하는 경향이 강해요.

그렇다면 이제 공명당의 성장 과정에 대해 알아보겠습니다. 공명당은 1966년 처음으로 참의원 선거에 참여하여 9명이 당선되었고, 이듬해인 1967년에는 중의원 선거에서 25석을 확보하면서 돌풍을 일으켰으며, 1979년 선거에서는 57석을 차지해 제3당의 지위를 확보하면서 중견 정당으로 성장하는 계기를 마련했습니다. 이후 공명당은 오늘날에 이르기까지 정부의 정책 결정에 조타수의 역할을 할 정도의 영향력을 갖게 되었어요.

1969년에는 공명당 강령에서 종교색이 강한 조항을 제거하고 정교 분리를 선언하면서 공식적으로는 창가학회와의 관계를 정리했다고 합니다만, 누가 봐도 양자는 떼려야 뗄 수 없는 관계라는 걸 의심하는 사람은 없습니다. 왜냐하면 선거철만 되면 창가학회는 회

평화헌법의 개헌에 신중론의 입장을 표명하고 있는 공명당 대표 야마구치 나츠오(山口那津男)의 기자회견 장면(2019. 8. 16. KBS 뉴스 캡처).

원 명부를 공명당에 제출하는 등 계속 협조하고 있고, 또 창가학회 회원들은 거의 100%라고 할 만큼 공명당을 지지하거든요.

공명당은 1993년 발족한 호소카와(細川護熙, 1938~) 연립내각 당시 처음으로 여당의 구성원이 되었구요, 그 후로는 자민당과 연립여당을 구성해 오늘날에까지 이르고 있습니다. 공명당이 아직까지도 자민당과의 연합을 깨지 않고 있는 이유는 야당으로 있는 것보다는 연립여당 내에서 야당 역할을 하는 것이 훨씬 더 강한 힘을 발휘할 수 있다고 판단했기 때문입니다.

예를 들어 자민당과는 달리 외국인, 특히 재일한국인의 참정권에 대한 법률개정안을 가장 적극적으로 발의하고 추진해 온 것이 공명당이구요, 반군국주의와 평화를 지향하는 창가학회의 이념을 모토로 평화헌법 9조의 개정을 반대하거나 군국주의 국가로의 회귀를 억제하는 역할도 공명당의 몫입니다. 평화헌법의 개헌을 지지하고 있는 자민당과는 달리, 공명당은 후원단체인 창가학회가 호헌을 지지하고 있기 때문에 미묘한 입장이지요. 그러나 자민당은 창가학회 지지표가 필요하고, 공명당은 자민당의 권력을 필요로 하는 공생관계이기 때문에 앞으로도 연립정권이 붕괴될 가능성은 극히 희박할 것으로 보입니다. 이렇게 공명당은 연립여당 내에서도 자민당이 극우로 치닫지 않도록 브레이크의 역할을 하고 있다는 점에서 공명당의 영향은 절대 무시할 수 없습니다.

일반 법안에 대한 의결정족수는 과반수 찬성이 필요하고 헌법개정안(개헌안)을 통과시킬 때는 3분의 2 이상 의원들의 찬성표가 필요합니다. 그리고 참의원에서 부결된 법률안을 중의원이 재가결(repass)시킬 때에도 '3분의 2 이상 찬성'을 기준으로 하기 때문에, 공명당이 어떤 노선을 취하느냐에 따라 결과가 달라질 수도 있는 캐스팅보트(Casting Vote)를 가지고 있다고 할 수 있지요.

우리나라와의 관련성을 몇 가지 찾자면, 2017년 광복절을 일주일 앞둔 8월 6일, 일본공명당 대표인 야마구치 나쓰오(山口那津男, 1952~) 의원이 주요 정당 대표 최초로 히로시마(広島)의 평화기념공원 내에 있는 한국인 원폭 희생자 위령비를 찾아 헌화한 적이 있고, 이틀 후인 8월 8일에는 공명당 의원들이 서울을 방문하여 서대문형무소역사관 순국선열 추모비에 헌화 후 묵념을 한 적이 있습니다. 2020년 11월 현재, 공명당 의원은 중의원 29명, 참의원 28명, 총 57명이 포진해 있습니다.

2

진보정당의
탄생

사회당(현 사회민주당 – Social Democratic Party of Japan, SDP)•

사회당은 1945년 11월, 일본의 사회민주주의 정당을 표방하며 창
당한 진보정당입니다. 당시 일본은 제2차 세계대전 패전으로 물자
가 부족해서 수많은 사람들이 고통을 받았던 때였고, 심리적으로는
신이라고 굳게 믿어 왔던 천황이 자신의 정체성을 부정하는 '인간
선언'을 라디오의 육성으로 들어야 하는 치욕을 맛보았던 시기였습
니다.

그런 가운데 사회당은 자신들의 정치신념을 지켜온, 최소한 지키
려고 고군분투하였다는 점에서 국민적인 인기를 얻기 시작했어요.

●   오늘날 사민당은 평화헌법의 수호와 헌법 이념의 실현을 호소하며, 자위대가 평
      화헌법에 위반된다고 주장하고 있습니다.

—미나마타병의 참혹함을 전 세계에 알린 미국 유진 스미스의 사진입니다. 사진 속 어머니 료코 우에무라 씨는 임신 중일 때 메틸수은에 중독된 상태에서 딸을 출산했습니다. 작가는 미나마타병의 희생자가 된 딸 토요코를 목욕시키며 한없는 사랑으로 안타깝게 쳐다볼 수밖에 없는 그녀와 미나마타병의 참혹함을 고발하고 있습니다.

오히려 전쟁 참여를 독려하고 전쟁에 앞장섰던 보수세력보다는 순수한 형태의 사회주의 노선을 견지하면서도 나름의 목소리를 냈던 사회당에 더욱 호감을 느꼈던 것이죠.

사회당의 인기는 선거에서 증명되었습니다. 평화헌법이 제정된 직후인 1947년의 중의원 선거에서, 과반수까지는 아니어도 144석을 차지하면서 사회당의 가타야마 데쓰(片山 哲, 1887~1978)가 총리를 맡았습니다. 이후 당내에서 좌파 사회당과 우파 사회당으로 분당(分黨)되는 내분을 겪기는 했지만, 유권자들에게는 꾸준한 지지를 받으면서 보수정당인 자민당에 대항하는 정치세력으로 자리매김을 해나갔습니다. 그러나 사회당의 황금기는 1958년 167석을 정점으로 하향세를 보이면서 점차 흔들리기 시작했습니다. 이때부터 사회당의 몰락은 충분히 예견된 길로 들어섰습니다.

그렇다면 일본사회당은 왜 몰락했는지, 그리고 그 과정에서 나타난 일본사회당의 취약점은 무엇인지 알아보도록 합시다. 그리고 일본사회당이 앞으로 발전 가능성은 있는지, 변화의 방향은 모색하고 있는지 등에 대해서도 공부해 보자구요.

일본사회당은 창당 초기에 미일안보조약(1951. 9. 8.)을 계기로 좌우 양파로 분열되고 서로 대립하는 가운데 일본식 '사회주의로의 길'을 주창하면서 점차 좌경화로 흘러갔어요. 1960년대 자민당의 이케다 하야토 내각이 소득배증계획을 내세워 경제성장을 밀어 붙이는 과정에서 미나마타병●과 같은 환경오염 문제가 불거지자 사회당은 시민단체와 손잡고 환경오염 반대 운동을 펼쳤습니다. 또한 노동자계급의 강력한 지지를 얻고 이념성 강한 사회당의 정체성을 유지하면서 자민당을 견제할 수 있는 제1야당으로서의 역량을 발휘했습니다.

그러나 고도성장시대와 맞지 않는 이념 대립과 군사 안보적 이슈를 추구하다 보니 지지자들이 하나둘씩 떨어져 나갔습니다. 더 중요한 점은 3저호황이라는 행운의 시대를 만난 자민당의 경제정책이 성공하면서 사회당이 선거에서 내세울 만한 적절한 캐치프레이즈가 없어진 겁니다. 사회당은 본래 노동조합 중심으로 정치적 기

●　미나마타병(水俣病)은 1958년 5월에 공식 발견된 구마모토현(熊本県) 미나마타시(水俣市)에서 발생한 병으로, 미나마타시의 한자를 한국식으로 읽을 때의 발음을 그대로 하여 수오병이라고도 합니다. 신일본질소비료공장에서 냇가로 흘려보낸 메틸수은 화합물을 마신 물고기를 주민들이 잡아먹으면서 수은에 중독되고 이로 인해 중추신경 마비, 언어장애, 정신착란, 그리고는 사망에 이를 정도의 심각한 사회문제로 대두되었던 공해병입니다.

— 사민당 20주년 교류의 밤 행사(2016년), 사민당 홈페이지 캡처

반을 다져 왔는데, 이제는 예전과 달리 민주화 시대가 되었는데도 여전히 노조의존 체질을 탈피하지 못했다는 점도 성장의 발목을 잡았습니다. 한마디로 시대의 변화를 읽지 못한 착오였지요.

사회당 내의 좌파와 우파 간 갈등도 문제였습니다. 우파가 현실주의적인 입장에서 정치와 외교 현안에 대해 목소리를 냈다면, 좌파는 사회주의적 이념에 더 관심을 쏟았습니다. 다시 말하면, 서구 좌파정당이 추구했던 복지체제에 대해, 이를 사회주의로 가는 길을 차단하고 오히려 자본주의 체제를 옹호하는 반혁명적인 정책이라고 비난했습니다. 그래서 복지에 대한 관심보다는 군사안보정책에서 평화헌법 수호, 미일안보체제 반대, 자위대 폐지, 비무장중립 등 '평화 4원칙'을 더 중시했습니다. 그러니 유권자 입장에서는, 사회당이 자신들의 이념에만 관심을 가질 뿐 사회변혁을 따라오지 못하는 꼰대 정당이 아니냐는 자연스러운 비아냥이 나오게 된 것이지요.

그런 반면 집권 자민당은 사회당의 정책과 차별화하기 위해 정치적 어젠다(agenda)보다는 경제성장에 관심을 두고 복지정책을 채택하며 사회경제적 이슈를 선점하였습니다. 그래서 유권자들은 자신들의 삶과 직접적인 관련이 없는 이데올로기를 주장하는 사회당보다는, 경제성장을 통해 배고픈 보릿고개를 넘어 고도성장을 추구하고자 하는 자민당에 더 관심을 보냈던 거지요. 결국 사회당의 최종적인 몰락은 1995년, 사회당의 당수였던 무라야마 도미이치(村山富市, 재임 1994. 6.~1996. 1.) 총리의 집권 이후에 찾아왔습니다.

당시 상황으로 볼 때 무라야마 내각은 자신이 총리이면서도 그동안 사회당이 주장해 왔던 정책을 국정에 반영할 생각조차 못하고, 결국 기미가요(君が代)와 일장기(日の丸)를 일본의 국가(国歌)와 국기(国旗)로 인정하고, 나아가 미일안보조약도 인정하는 등 이념 정체성마저 변질된 모습을 보였습니다. 그나마 남아있던 사회당 지지자들이 떠나는 것은 당연한 순서였습니다. 결국 1996년 1월 당대회에서 당명을 사회민주당(사민당)으로 변경하고 「서기장」, 「위원장」 등 사회당에서 사용해 왔던 당직명도 「당수」, 「간사장」으로 바꾸면서, 당조직과 당헌(정당의 강령이나 기본방침 등)을 정비하였지요. 이로써 일본사회당은 1945년 11월에 결성된 이후 반세기에 걸친 역사에 종지부를 찍고 맙니다.

2020년 11월 기준 사민당 의원은 중의원 2명, 참의원 2명으로 고작 4명에 불과해 명맥만 유지할 뿐 재기 불가능할 정도의 영세 정당으로 전락해 버리고 말았습니다.

‘반공이 국시’인 우리나라에서는 공산당은 곧 빨갱이라는 등식이 성립하지만, 일본에서의 공산당은 보통 우리가 생각하는 휴전선 너머에 존재하는 북한이나 마오이즘에 빠져 있던 중국의 공산당과는 조금 양상이 다릅니다.

일본 정당 역사에서 가장 이데올로기적이라는 평가를 받아 왔던 일본공산당을 이해하기 위해서는 19세기 말엽부터 20세기 초반, 일본에서 사회운동의 일환으로 시작된 공산주의운동에 대해서 먼저 알고 가야 합니다. 당시는 마르크시즘, 기독교적 휴머니즘, 사회주의, 무정부주의가 혼합되어 있을 만큼 다양한 이념을 토대로 전개되던 시대였거든요. 이때 초기 공산주의자들 가운데는 러시아 혁명의 결과에 자극을 받아 러시아의 공산주의 사상에 심취하였던 부류도 있었지만, 1922년 7월 도쿄에서 비합법적인 정당으로 공산당을 결성했을 때의 정치 슬로건은 천황제 폐지가 우선이었습니다. 이후 일본공산당은 지하운동을 통해 세력을 확장해 나갔고, 제2차 세계대전 이전까지는 모스크바로부터 직접 지령을 받으며 활동영역을 넓혀 나갔습니다. 그러나 일본의 군국주의 성향이 강해지면서 상당수 공산당원들은 체포되거나 전향을 강요받아야만 했어요. 이렇게 초창기 대부분의 공산당원들은 엄청난 탄압을 받았을 뿐만 아니라 지도자들은 해외로 탈출하는 어려움까지 겪었습니다.

패전 이후에는 합법적으로 정당을 창당하여 1946년 중의원 선거에서 6명이 당선되었고 1949년 선거에서는 무려 35석의 의원을 배출하면서 전후 일본 정치의 무대 한가운데로 올라서게 됩니다. 그러나 점령군 맥아더가 공산당을 탄압하기 시작하면서 세력이 약화되어, 1952년 선거에서는 공산당 소속 의원 35명 전원이 재선에 실패하고 맙니다. 이유는 여러 가지 있겠으나 공산당의 목표가 패전 전에는 천황제 타도, 기생지주제 폐지, 노동자, 농민에 의한 정부수립 등을 외치다가, 전후에는 무장투쟁노선, 반독점 민주혁명노선 등 거칠고 무겁게 바뀐 것이 결정적인 요인으로 풀이됩니다.

— 일본공산당 발행 아카하타신문 광고 팜플릿

일본공산당은 1976년 선거에서 또다시 의석수가 절반 정도로 급격히 감소하였는데, 이때의 원인은 당시 일본의 고도경제성장 과정에서 일본 국민들 대부분이 자신을 중류층으로 규정하고는 보수정당에 투표하는 성향이 강해졌기 때문이었죠. 더군다나 1989년에는 베를린 장벽이 무너지고 1991년 소련마저 해체되면서 일본공산당 세력은 더욱 위축되고 말았습니다. 오늘날 일본공산당의 어젠다는 평화헌법개헌 반대, 최저임금 증가, 천황제 유지와 관련한 국민 총투표 등을 주장하고 있습니다.

우리나라와 관련한 이슈 중에는 한반도 식민지지배와 위안부문제에 대해서 금전적 보상과 사과를 해야 한다고 주장하는 등 한국국민 입장에서는 우호적인 정당처럼 보이기도 합니다. 그러나 독도와 관련해서는 이야기가 조금 다릅니다. 독도문제를 해결하기 위해 우선 전제되어야 할 것은 일본의 한반도 식민지지배가 불법이었다는 것을 인정해야 하지만, 독도가 역사적으로도 국제법적으로도 일본영토라는 명확한 근거가 있다는 주장을 공산당 홈페이지에 올려놓았더군요.

일본공산당에서는 아카하타신문(赤旗)을 발행하고 있는데, 월 3,497엔의 구독료를 내야 하고 당원은 의무적으로 구독해야 합니다. 최근 뉴스에 의하면 일본이 경기침체를 벗어나지 못하는 상황이 지속되면서 일본공산당에 가입하는 청년들이 늘고 있다는 보도도 나오고 있습니다. 2020년 11월 현재, 중의원 12명, 참의원 13명으로 미니정당이긴 하지만 사민당보다는 우세한 편입니다.

3

민주당과 국민민주당에서
입헌민주당으로

　사회당 내 우파와 개혁 정당인 사키가케 일부 의원들이 중도개혁
정당으로 창당(1996)한 정당이 민주당입니다. 이때 당 대표도 전후
세대의 젊고 깨끗한 이미지를 갖고 있는 간 나오토(菅 直人, 1946~)와
하토야마 유키오(鳩山由紀夫, 1947~)가 공동으로 취임하였지요. 이들은
자민당과 신당 사키가케에서 탈당한 분들입니다.

　이렇게 탄생한 민주당은 2007년 참의원 선거에서 야당 역사상
최대 의석을 획득하고 연이어 2009년 8월 일본 헌정사상 처음으로
중의원 선거에서 최대 의석수인 308석을 획득하면서 정권 교체를
할 수 있었습니다. 당시 민주당이 내세운 선거 공약들을 보면, 예를
들어 월 2만 6천 엔의 아동수당을 지급하겠다던가, 세계에서 가장

비싼 일본의 고속도로 통행료를 무료화하겠다던가, 또 75세 이상 고령자에게는 무상의료를 실시하겠다는 등 포퓰리즘적인 캐치프레이즈를 내세웠지요. 당연한 결과이지만 이러한 무리한 공약은 지킬 수가 없었습니다.

여러분들은 2011년 3월 11일을 기억하시나요? 영화에서나 나올 만한 지진과 쓰나미(津波) 장면이 후쿠시마(福島)와 미야기현(宮城県)을 중심으로 일본을 강타했던 당시를 생각하면 아찔합니다. 그런데 이때 집권 민주당은 위기관리에 무능하게 대처하면서 리더십이 부재한 정부로 국민들에게 낙인찍히고 말았습니다. 결국 그렇게 화려했던 민주당 정권도 2012년 중의원 의원 총선거에서 패배한 후에 자민당 아베에게 정권을 넘겨주어야만 했지요.

이후 민주당의 인기는 신기루처럼 사라지면서 2016년 3월에 해산하고 유신의당과 합당하여 민진당(The Democratic Party)으로 명맥을 이어오고 있습니다. 민진당의 출발은 중의원 96명, 참의원 60명 등 총 156명으로 나름 선방했지만, 이합집산을 반복하면서 2018년 5월 7일, 당명을 다시 국민민주당으로 바꾸어 창당하였습니다.

그러던 중 2020년 9월 15일, 다시 구 입헌민주당과 합당하면서 최종 당명을 입헌민주당으로 신설합당을 하는 과정을 거쳐 이제 겨우 안착하고 있는 중입니다. 그리고 입헌민주당과의 합당을 반대하는 구 국민민주당 반대파 13명은 신 국민민주당을 창당할 예정이어서, 앞으로 일본 정계도 복잡하게 흘러갈 것 같습니다.

입헌민주당은 창당하자마자 2020년 11월 현재 중의원 107석, 참의원 43석의 중도 좌파 성향의 정당으로 거듭났지만, 앞으로 스가 내각의 자민당 독주를 어떻게 제동 걸지에 따라 제1야당의 지위를 유지할지 어떨지가 결정되겠지요.

오자와 이치로(小沢 一郎, 1942~)와 보통국가론

현재 입헌민주당 소속의 오자와는 아버지의 지역구인 이와테 현(岩手県)을 세습받아 27세의 젊은 나이로 자민당 소속 의원 배지를 달고 나가타초(永田町)에 입성한 후, 지금까지 17선이라는 기록을 갖고 있는 현역의원입니다. 만약 노벨정치학상이 있다면 단연 오자와가 받았을 거라는 말이 나올 정도로, 일본에서는 정치 9단이란 별명을 갖고 있는 인물입니다.

오자와는 한때 제주도의 땅을 사느니 마느니 하는 오해를 살 만한 근거 부족한 발언으로 물의를 빚은 적이 있지만, 한국 정치가들 사이에서는 평판이 좋은 편입니다. 그는 게이오기주쿠대학(慶応義塾大学) 경제학부를 졸업하고 사법시험 공부를 위해 니혼대학(日本大学) 대학원에 재학 중(1969) 중의원에 당선되면서 정치에 입문하였죠. 1991년 가이후 도시키(海部俊樹, 재임 1989. 8.~1991. 11.) 수상이 총사직했을 때 가네마루 신(金丸信, 1914~1996)을 시작으로 많은 의원들이 오자와를 총리로 옹립하고자 하였지만, 자신이 지나치게 젊다는 이유로 고사를 할 만큼 겸손했던 적이 있습니다. 그의 나이 불과 49세 때이니까요.

오자와는 1993년 12월 10일, 미야자와 내각을 끝으로 55년 자민당체제가 막을 내리자 자민당을 탈당하면서 『일본개조계획』(日本改

造計画, 방인철 외 역, 1994)이라는 저서를 출간했는데요, 이 책은 발행 3개월 만에 30만 부가 팔리는 베스트셀러가 되면서 일본 국민들의 관심을 모았습니다. 오자와가 책에서 주장하는 바는 '일본은 이제 경제대국이 되었으니, 정경유착의 부패정치를 청산하고 국제적 안정과 자유시장 경제체제를 위하여 응분의 기여를 해야 하며, 일본의 경제력에 걸맞게 국민생활도 쾌적한 환경 속에서 여유롭게 만들자'는 겁니다. 오자와의 일본개조계획은 일본의 정치개혁, 국제사회에서의 일본의 역할, 일본인의 의식과 생활개조 등 3가지의 항목을 내세우고 있습니다.

오자와는 또 이 책에서 다음의 두 가지 조건을 충족시켜야 절름발이 국가가 아닌, 보통국가가 된다고 했습니다.

첫째, 국제사회가 당연하다고 받아들이는 사실을 당연히 받아들이고 그 책임을 회피하지 않아야 한다.

둘째, 안전보장에도 일본의 책임에 걸맞는 공헌을 할 수 있도록 체제를 정비하지 않으면 안 된다.

그는 냉전 종식을 계기로 일본이 소극적이고 비정상적인 국가에서 탈피하여 국력에 걸맞는 외교, 안보적 역할을 담당해야 한다고 주장했던 것입니다. 그리고 보통국가에서 주장하는 외교정책들은 국제연합의 분쟁방지와 평화유지활동의 전면적 참가, 국제연합 및 지역의 집단 안전보장체제에 협력하자는 것입니다.

오자와는 또 일본이 보통국가가 되기 위해서는 전후 50년이 되는 1995년을 기점으로 과거 의식을 청산하고 국가적 자아를 회복해야

하며, 인접국들에 대한 죄의식 콤
플렉스에서 벗어나 미국에 의존하
지 않는 대미 자주외교를 펼쳐야
한다고 주장합니다. 그렇다고 일
본이 군사력을 증강시켜 군사적
패권주의 국가가 되자는 것은 아
닙니다.

— 오자와의 권력론을 주제로 출간
한 책(2017) 표지

　오자와는 때때로 과격한 발언
도 서슴없이 합니다. 일본의 비무
장중립과 평화헌법수호를 주장하
고, 군수산업과 유엔평화유지활
동(PKO)은 반대하는 사회당은 없어져야 할 전후 시대의 유물이니
사회당을 배제하고 일본의 보통국가 건설에 공헌할 정치인과 정치
제도를 만들어야 한다고도 주장했지요.

　신진당은 1995년 7월 참의원 통상선거에서 40석을 획득하고는,
같은 해 12월 오자와를 당수로 임명했지만, 선거 직후 투표자 명부
가 파기되는 등 선거 결과가 불명확해 당내에서 균열이 생기고 1년
뒤 중의원 총선거에서 사실상 패배하자 1997년 12월 신진당을 해산
하고는 새롭게 자유당을 창당하면서 오자와가 당수에 취임하였습
니다.

　2002년, 당시 민주당 대표였던 하토야마 유키오는 당내의 구심
력을 강화하기 위해 야당을 결집하고자 오자와에게 접근하였고, 오
자와 또한 자유당의 지지층에 한계를 느끼고 있었기 때문에 두 정
당이 합당(2009. 9)하면서 오자와가 당대표 대행으로 취임했습니다.

제가 볼 때 오자와는 마치 권력을 놓지 않기 위해 2인자의 실세를 유지해 온 김종필 같기도 하고, 자민당에서 시작해 아홉 번이나 당을 이리저리 옮기거나 창당해 온 것을 보면 이인제 같기도 하다는 생각이 듭니다. 그런데도 이 거물급 정치인을 철새라든지 일본정치계를 혼란에 빠트렸다는 비난보다는, 대일본제국을 재건하기 위해 자신의 정치적 신념을 버리지 않은 정치인으로 평가받고 있다는 점은 부정할 수 없을 겁니다.

오자와는 2009년 12월 한국에 왔을 때 조훈현 9단과 넉 점 깔고 바둑을 두었다고 합니다. 아마추어 바둑 6단 실력이거든요. 그리고 이때 국민대학에서도 특강을 한 것이 인연이 되어 2014년 국민대학으로부터 명예 정치학 박사학위를 받기도 했습니다.

지금도 건강하게 현역으로 뛰고 있는 79세 나이의 오자와를 보면서, 한편으로는 한국에서 이만한 인물의 현역 정치가를 찾기 힘든 점이 영 아쉽기만 합니다. 우리가 너무 쉽게, 그리고 너무도 빠르게 정치인들의 공과(功過)를 판단하고 정죄하는 잣대를 들이대는 건 아닌가 생각하면서, 노장을 인정해 주고 존경해 주는 일본의 정치무대가, 이 부분에서만큼은 부럽기도 합니다.

제4장

일본의 의회제도와
선거의 특징

1

헌법의
탄생

대일본제국헌법

일명 메이지헌법이라고도 불리우는 대일본제국헌법(1889. 2. 11. 공
포)은 이토 히로부미(伊藤博文, 1841~1909)가 3년여간에 걸쳐 헌법 작업
에 참여하여 제정한 헌법입니다. 이토는 독일에서 헌법강의까지 들
었고 비스마르크(Bismarck, 1815~1898)와의 대화를 통해 군주의 권한
이 강화된 독일식 입헌제를 도입하고자 했습니다.

'유럽 헌법정치의 기초에는 종교가 있었다.'

이것이 메이지헌법에서 천황을 절대자로 만들어 낸 근거이기도
합니다. 천황이 국민에게 하사하는 형식으로 이루어진 흠정헌법(欽

定憲法)으로, 천황을 정치 및 군사의 최고 권력자로 규정하고 국민의 자유와 권리는 부분적으로만 인정하는 헌법으로 만든 것입니다.

헌법은 전 7장 76조로 구성되어 있고, 제1조에서 "대일본제국은 만세일계의 천황이 통치한다."라고 되어 있는데, 이는 일본의 통치자가 천황임을 밝히는 대목으로 천황이 바로 '국가의 원수로서 통치권의 총람자'란 의미이지요. 즉 국가통치권, 군대통수권, 선전포고권, 강화조약체결권, 관리임면권, 긴급칙령발포권 등 광범위한 권한을 보유하고 있는 천황주권을 명문화한 법입니다. 이렇듯 주권이 천황에게 있기 때문에 국민은 천황의 신민이 되고 당연히 국민의 기본권은 부정되었지요.

일본국헌법(현행 헌법)

일본국헌법은 크게 두 가지 키워드를 중심으로 살펴보면 어디 가서 한마디 정도는 아는 척 하실 수 있을 겁니다. 상징천황제와 평화헌법이 바로 그것입니다.

그렇다면 첫 번째 키워드인 상징천황제에 대해 알아보겠습니다.

대일본제국헌법이 절대천황제였던 것과 달리 일본국헌법(1946. 11. 3. 공포)은 일본 국민을 통합하는 상징천황제를 표방했다고 할 수 있습니다. 과거 국민주권을 부정한 대일본제국헌법하에서는 천황을 전면에 내세운 메이지 정부로 권력의 집중화가 가능했고, 그래서 주변국에 대한 제국주의 침략정책이 가능했던 겁니다. 그러나 패전 후에는 포츠담선언에 기초하여 일본군대의 완전무장해제, 민주주의의 부활강화, 언론·종교 및 사상의 자유, 기본적 인권의 존중, 전 일본군대의 무조건 항복 등을 포함시켜 다음과 같이 헌법개정을 실시했습니다.

현행 일본국헌법은 전문(前文)과 전 10장 99조, 그리고 4개조의 부칙으로 이루어졌고, 그중 제1장은 천황의 지위와 국민주권에 대해 규정하고 있습니다. 이전의 메이지헌법과 비교해 보시면 어떻게 달라졌는지 금방 눈치 채실 겁니다.

> 1조. 천황은 일본국의 상징이자 일본 국민 통합의 상징이며, 이 지위는 주권이 존재하는 일본 국민의 총의에 근거한다.
>
> 2조. 황위는 세습되며, 국회가 의결한 황실전범이 정하는 바에 의하여 이를 계승한다.
>
> 3조. 천황의 국사에 관한 모든 행위는 내각의 조언과 승인을 필요로 하며, 내각이 그 책임을 진다.
>
> 4조. 천황은 이 헌법이 정한 국사에 관한 행위만을 행하며, 국정에 관한 권능을 가지지 아니한다. 천황은 법률이 정하는 바에 의하여 그 국사에 관한 행위를 위임할 수 있다.

제정 이래 지금껏 한 번도 개정한 적이 없는 현행 헌법은 천황을 최고의 통수권자로 인정했던 메이지헌법과 달리, 지금은 국정참여의 권한은 부정되고 국가적 행사(國事)를 주최하는 권한만 있습니다. 예를 들어 총리 임명과 최고재판관 임명, 그리고 헌법 공포와 중의원 해산 등이 이에 해당하며 천황은 아무런 책임이 없고 내각이 책임을 집니다.

오늘날 일본 천황의 지위는 메이지헌법에서 규정했던 만세일계의 종가로서 신성불가침하거나 절대부동의 지위가 아니라 일본 국민의 총의에 따라서 부여된 것이라고 명시하고 있기 때문에 변할 수도 있고 새롭게 규정될 수도 있다고 해석할 수 있습니다. 또한 천황의 계승과 관련한 사항을 국민의 대표기관인 국회에서 결정할 수 있습니다. 현행 일본헌법체제하에서는 공식적으로 국가원수가 존재하지는 않지만, 천황이 국가원수의 역할에 해당하는 국사를 행한다는 제3조의 규정이 그 의미를 대신한다고 할 수 있습니다. 2019년 10월 22일, 일왕 즉위식에서 나루히토가 던진 메시지를 한번 볼까요?

"여기에, 국민의 행복과 세계의 평화를 항상 바라며, 국민에게 다가서면서, 헌법에 따라, 일본 및 일본 국민 통합의 상징으로 임무를 다할 것을 맹세합니다."

"ここに，国民の幸せと世界の平和を常に願い，国民に寄り添いながら，憲法にのっとり，日本国及び日本国民統合の象徴としてのつとめを果たすことを誓います。"

사실상 평화의 메시지처럼 보이는 즉위식 선언문을 갖고 아베를 견제했다느니, 아버지 상황보다 평화의지가 약하다느니 하며 온갖 해석을 달아 분석하는 분들도 계시지만, 그렇게까지 가치를 찾을 필요는 없다고 봅니다. 왜냐구요? 앞으로 나루히토 천황이 해야 할 일은 1년의 4분의 1 이상을 제사지내는 일과 그 제사의 중심에서 천황이라는 존재를 확인하는 정도에 의의가 있을 뿐 정치적 권력이 없다는 걸 여러분들도 다 아시는 바와 같기 때문입니다.

두 번째 키워드는 평화헌법입니다. 일본에는 다른 나라 헌법에 없는 독특한 조항이 있는데, 그것이 소위 '평화헌법'으로 상징되는 헌법 제9조의 내용입니다. 헌법 9조에는 전쟁의 포기, 전력의 불보유, 교전권의 부인 등으로 요약되는 조항이 포함되어 있어서 일본 헌법을 평화헌법이라고 부르는 것이지요.

⑴ 일본 국민은 정의와 질서를 기조로 하는 국제평화를 성실히 희구(希求)하며, 국권의 발동인 전쟁과 무력에 의한 위협 또는 무력의 행사는 국제분쟁을 해결하는 수단으로서는 영원히 이것을 포기한다.

⑵ 전항의 목적을 달성하기 위해서 육해공군 및 기타 전력을 보유하지 않는다. 국가의 교전권은 인정하지 않는다.

헌법 제9조의 내용은 주변국에 대한 침략을 두 번 다시 허용하지 않겠다는 미국의 의지가 강력히 반영된 결과입니다. 그러나 동서 냉전과 한국전쟁을 계기로 평화주의는 크게 후퇴하고 말았습니다. 1950년 맥아더 총사령관이 연두기자회견에서 일본국헌법은 자위권을 부정하지 않는다는 취지의 회견을 했을 때, 요시다 수상 역시 '전쟁포기는 결코 자위권을 포기하는 것을 의미하는 것이 아니다.'라고 헌법제정 당시의 견해를 번복하기도 했습니다. 이러한 일본의 평화헌법을 왜 자꾸 개정하려고 난리법석을 떠는지, 이에 대해서는 제9장 '아베의 헌법개정'에서 자세히 다루도록 할 테니 조금만 기다려 주십시오.

2

의회제도

양원제(bicameral system)

정부형태의 전통적 표본은 입법과 행정의 관계에서 기본원리를 달리하는 대통령제와 의원내각제로 구분할 수 있습니다. 오늘날 대부분 국가의 정부형태는 이 두 제도의 요소를 혼합 또는 변형시킨 것이지요.

일본은 의원내각제 국가로 중의원 465석(소선거구 289석, 비례대표 176석)과 참의원 245석(지역구 147석, 비례대표 98석)으로 총 710석의 양원제를 채택하고 있습니다.• 양원제를 채택한 국가는 미국을 비롯

• 일본 국회의원은 일본국헌법 제49조의 세비 기준에 따라 연봉 약 2,200만 엔을 받지만, 영수증 없이 쓸 수 있는 1년 경비(문서, 통신, 교통체제비) 1천2백만 엔과 사무 경비 780만 엔 등을 포함하면 연 4천2백만 엔 정도의 규모로 세계 최고 수준입니다. 게다가 비서 연봉 3명분 2천6백만 엔, 사무실 대여료, 기타 각종 비용 등을 합할 경우 연간 1억 엔에 가까운 혈세가 들어갑니다.

하여 영국, 프랑스, 이탈리아, 일본 등 70여 개국에 이릅니다.

일본은 1872년 이와쿠라 사절단이 제안한 영국식 양원제를 천황이 받아들이면서 양원제 정치가 시작되었습니다. 당시의 국회의원 선거 자격은 납세자에 한해서만 투표권을 부여했기 때문에 선거권을 가진 유권자가 전체 일본인의 1%에 불과할 뿐이었고, 또 이들은 토지세를 내는 지주들이 대부분이어서 자신들의 이익을 대표하는 후보에게 표를 몰아주는 폐단이 생겼습니다. 이런 모순을 시정하기 위해 1925년 납세자격을 폐지하고 보통선거법으로 개정했습니다.

그러나 패전 후 일본을 점령한 GHQ는 일본이 민주국가가 된 이상 전전(戰前)과 같이 특권계급을 옹호할 필요가 없고 더욱이 연방제 국가도 아니어서 단원제를 제안하였지만, 일본 정부는 제1원에 대한 견제기능으로 제2원이 필요하다고 강력히 제기하였고, 결국 GHQ가 이를 받아들여 오늘날에까지 이르고 있습니다.

사실 양원제는 의안의 심의에서 신중과 공정을 기할 수 있고 국회다수파의 전제와 횡포를 방지하여 국민의 권익을 옹호할 수 있는 장점이 있습니다만, 이중절차를 거치는 과정에서 심의가 지연되고 국고가 낭비되며, 책임소재가 불명확하고, 정부에 대한 의회의 지위가 상대적으로 약화된다는 단점도 있습니다.•

한편, 일본에서의 안정 의석은 한국처럼 과반 의석 한 가지가 아

• 우리나라 독일, 대만 등은 단원제입니다. 단원제는 국정을 신속하고 능률적으로 처리할 수 있기 때문에 의회경비, 즉 국비를 절감할 수 있고 또 의회의 책임소재를 분명하게 해 주며 국민의 의사를 직접 반영한다는 장점이 있습니다. 이러한 장점 때문에 제2차 세계대전 후 많은 신생국가들이 단원제를 선호하는 경향이 강했지요. 그렇지만 한편으로는 국정심의가 소홀해 질 수도 있고, 행정부에 대한 의회의 횡포를 방지하기 어렵다는 점 등은 단원제의 단점이기도 합니다.

닙니다. 예를 들어 중의원이 의결한 법안을 참의원에서 과반의 반대로 거부할 수 있지만, 참의원에서 거부된 법안을 중의원에서 다시 의결하고자 할 때는 중의원의 3분의 2 의석수가 있어야 통과됩니다. 그래서 '참의원 과반에 중의원 3분의 2 이상'이면 절대 안정 의석이라는 말이 나오는 거지요. 참의원에서 과반의 의석수를 확보하지 못하더라도 중의원에서 3분의 2가 넘으면 참의원에서 아무리 반대해도 원하는 법률안을 통과시킬 수 있거든요. 하지만 참의원이 과반이 안 되는데 중의원마저 3분의 2가 안 되면 여당이 할 수 있는 일이 별로 없게 되겠죠.

귀족원(1890. 11. ~ 1947. 5.)

오늘날 참의원의 전신이자 양원제의 상원격에 해당하는 귀족원은 황족+화족+칙임의원 등 특권계급으로 구성되어 있습니다.

황족이란 일본 천황의 가까운 친척들로, 만 20세 이상이 되는 황족 남자는 정원과 상관없이 자동적으로 귀족원의 종신 의원이 되었습니다.

1884년에는 화족제(華族制)를 제정하여 천황과 국가에 대한 충성도와 공헌도를 기준으로 공후백자남(公侯伯子男)의 5개 작위를 부여하고, 이중 공후(公侯) 작위는 자동적으로 종신임기의 귀족원 의원이 될 수 있도록 특권을 주고 세습도 가능하게 하였습니다. 백자남(伯子男) 작위의 경우는 선거를 통해 귀족원으로 선출될 수 있도록 했고 임기는 7년입니다. 이 제도는 1947년 신헌법에 의해 폐지될 때까지 유지되었습니다.

칙임의원이란 국가에 공헌한 바가 크거나 학식이 높은 30세 이상의 남자, 또는 국세를 많이 낸 자 등을 말하는데, 식민지 조선에서도 한상룡(이완용의 조카), 송종헌(백작), 이기용(고종의 생질, 자작), 윤치호 등 7명이 귀족원으로 임명된 케이스입니다.

메이지 유신 이후 정치에 입문하지 못한 지방 다이묘들과 사무라이 계급들이 불평을 갖게 되자 270여 명의 다이묘와 500여 명의 사무라이를 달래주기 위해 귀족원 자리를 내준 적도 있다고 합니다. 이때는 귀족원의 동의 없이 정부조직을 변경하는 것은 불가능했기 때문에 귀족원의 지위가 꽤 괜찮았을 것 같습니다.

참의원

제2차 세계대전에서 패배한 일본에 점령군으로 들어온 GHQ는 귀족원을 폐지하고 참의원이란 이름으로 변경하였습니다. 그러나 명칭만 바뀌었을 뿐 초기의 참의원들은 전국적인 명성을 가진 학식 경험자가 무소속으로 출마해 당선되는 경우가 대부분이었기 때문에 당파성은 강하지 않았지만, 1982년 비례대표제로 변경하면서 참의원은 정당 간 정쟁의 장으로 변했습니다.

한편, 오늘날 참의원은 법률상 내각불신임안을 제출할 수 없을 뿐만 아니라 국회 내에서 중의원과 참의원의 의견이 충돌하면 중의원의 의견이 우선입니다. 또한 각종 예산과 조약, 내각총리 대신의 지명에서 중의원과 의견이 일치하지 않을 경우, 그리고 참의원이 일정기간 내에 의결하지 않을 경우에도 중의원의 의사만으로 국회의 의사가 성립 가능합니다. 그러다 보니 일본 국회에서 참의원의 중의원에 대한 견제기능은 거의 상실되었고, 지금은 오로지 신중한 심의진행이라는 측면만 남아 있어서 '참의원 무용론'이 부각되기도 했습니다. 그러나 중의원이 해산 중이고 내각이 긴급 국회를 요구할 경우에는 참의원이 대신해서 국회의 기능을 수행해야 하기 때문에, 그나마 명분이 살아 있다고는 할 수 있겠지요.

참의원은 중의원과 달리 6년의 임기를 절대 보장받습니다. 그러나 6년 후 참의원 전원을 선출하는 게 아니라 3년에 한 번씩 2분의 1을 정기적으로 교체 선거하기 때문에 이를 총선거라고 하지 않고 통상선거라고 부릅니다. 그리고 입후보의 난립을 막기 위해 지역선거구 입후보자는 3백만 엔, 비례대표구 입후보자는 6백만 엔을 공탁하는 제도를 두었습니다.

중의원

중의원은 참의원보다 강력한 권한을 갖고 있습니다. 예를 들어 예산안을 심의하거나 신임 수상의 지명과 조약체결에 관한 심의에서도 참의원보다 우선권을 가집니다. 중의원에서 가결된 법안이 참의원에서 부결되었다고 곧바로 중의원으로 다시 넘어가는 것은 아닙니다. 우선 양원협의회라는 기구를 통해 의견을 조정합니다만, 여기서도 양원 간에 의견이 일치하지 않을 경우에는 중의원 출석의원 3분의 2 이상이 다시 가결하여 통과시키면 그때는 법률로 확정할 수 있습니다. 이렇게 되면 참의원 입장에서는 허탈해질 수밖에 없겠지요.

한편 의원내각제는 입법부와 행정부의 관계가 밀착되어 있어 삼권분립의 취지가 퇴색될 우려가 있기 때문에, 이를 보완하기 위해 국회에는 '내각 불신임권'을, 내각에는 '의회해산권'을 인정하여 상호견제를 통한 균형을 유지하고 있습니다.

만일 집권당과 총리가 리더십을 제대로 발휘하지 못하거나 민심이 악화되었다고 판단할 경우, 중의원은 내각을 신임하지 않는다는 의사표시로 불신임안을 가결하여 내각 구성원 전원을 사퇴시킬 수 있습니다. 그럴 경우 내각은 10일 이내에 총리부터 장관들 모두가 총사직을 할지, 아니면 중의원을 해산하고 총선을 실시할지 정해야 합니다. 사실 내각이라고는 하지만 결국은 여당 당수인 총리의 정치적 판단에 따라 결정한다고 보는 것이 맞습니다.

반대로 내각이 갖고 있는 국회해산권은 의회의 내각 불신임권에 맞서 내각과 의회 간 힘의 균형을 위해 부여된 권한입니다. 그런데 내각이 국회를 해산한다는 의미는 중의원을 해산하는 것이지 참의원을 해산한다는 의미는 아닙니다.

보통은 총리가 정국을 돌파하기 위해 중의원 해산 카드를 만지작거리기 때문에 총선에서 승리할 자신이 없으면 꺼내기 힘든 카드이지요. 일본 헌법에서는 내각의 승인 아래 국가원수인 천황이 중의원을 해산할 수 있도록 규정하고 있지만, 천황이 정치행위의 상징적인 존재임을 감안하면 국회해산권은 총리의 권한입니다. 그러다 보니 지금껏 중의원 임기 4년이 제대로 지켜진 적이 거의 없이 하고한 날 정치적 이슈만 부각되고 해산만 하니 엄청난 재정낭비만

— 1936년에 완공된 일본 국회의사당. 오전 9시 30분부터 예약 없이 투어가 가능합니다. 중앙홀에는 이토 히로부미, 오쿠마 시게노부, 이타가키 타이스케 등 세 명의 동상이 있고, 건물 좌측이 중의원, 우측이 참의원으로 배치되어 있습니다.

소요되는 거지요.

중의원이 해산되면 사실상 전원이 의원직을 상실하기 때문에 해산한 날로부터 40일 이내에 총선거를 실시해서 새로운 의원을 선출해야 합니다. 지금까지 일본 정치를 뒤돌아보면 국회에 의한 내각불신임보다는 내각에 의한 중의원 해산이 압도적으로 많습니다. 특히 요시다 시게루의 경우 재임기간 동안 네 차례나 국회를 해산했을 정도였으니까요. 그러나 중의원을 해산하고자 할 때 각료 중 한사람이라도 반대를 하면 해산을 포기하든가 아니면 각료를 해임시킨 후에 해산을 해야 하는 번거로움은 있기 때문에, 심심하다고 해서 해산하지는 않겠지요.

제2차 세계대전 이후 70여 년이 흐르는 동안 23번이나 중의원이

해산되었다는 것이 일본 정치의 특징이기도 합니다. 그리고 이것이 자민당의 장기집권을 가져온 배경이기도 하구요. 중의원 임기만료로 실시된 총선거는 1976년 미키 다케오(三木武夫, 1907~1988) 내각 때 정도이고 대부분은 국회해산에 따른 총선거였습니다.

총리

일본 총리는 국회에서 과반수 이상의 득표를 얻은 국회의원을 내각총리대신으로 지명하고 이후 천황이 임명하는 절차를 밟습니다. 이해하기 쉽게 우리나라로 비유하자면, 국민이 대통령을 뽑는 것이 아니라 집권 여당인 더불어민주당 의원들이 문재인을 대통령으로 지명하는 것이라고 보면 되겠습니다.• 그렇지만 일본에서 국회의 지명이라는 건 형식적일 뿐 실제로는 다수당의 당수인 총재가 지명된다고 보는 것이 더 정확한 답입니다.

> ● 현재 우리나라 총리제는 1948년 헌법제정 당시 이승만 대통령의 주장과 한민당의 내각제 주장을 혼합한 기형적인 제도입니다. 정치적 타협에 의해 권력 갈라먹기의 수단으로 도입된 제도가 무려 60여 년 동안 유지되어 온 것이죠. 헌법상 총리는 대통령을 보좌하며 행정에 관해 대통령의 명을 받아 행정 각부를 통할하는 직무를 부여받았고, 또 국무위원 임명제청권과 해임건의권(헌법 제86조와 87조)을 갖고 있어 겉으로 볼 때는 거창해 보이지만, 실제로는 인사권도 예산권도 없습니다. 정권에 따라 다르긴 하지만 국무위원 임면은 대통령이 거의 주도한다고 보면 됩니다. 그러니 총리는 얼굴마담, 방탄총리, 의전총리로 전락할 수밖에 없습니다. 실제로 부처 간 정책조정이 총리실의 핵심 업무인데 부처들이 저마다 청와대 심기에 안테나를 맞추고 있기 때문에 예나 지금이나 말발이 잘 안 먹힙니다. 354명 직원(장관급 1명, 차관급 3명 포함), 500억여 원의 예산을 쓰는 총리제도를 폐지하자는 주장이 그래서 나오는 것이죠. 보완책으로는 과거 이해찬 총리 때 시도해 봤던 이른바 책임총리제가 명실상부하게 작동될 수 있도록 제도적으로 뒷받침해 주는 것이 어떨까 합니다.

총리 지명에서도 혹시나 중의원과 참의원의 의견이 대립되면 중의원에서의 의결이 우선되기 때문에 중의원에서 다수석을 확보한 정당의 당수가 총리에 지명되는 것이 일반적입니다. 그래서 여당의 총재는 곧 차기 총리감이라고 봐도 무방합니다. 그런데 국민이 직접 총리를 뽑는 것이 아니기 때문에 당리당략에 따라 소수당의 대표도 얼마든지 총리가 될 수 있습니다. 과거 무라야마 총리가 대표적인 예이지요.

문제는 총리가 되면 곧바로 각료를 임명하여 내각을 조직해야 하는데, 이때 총리는 절반 이상을 반드시 국회의원 중에서 뽑아야 합니다. 그렇기 때문에 입법부와 행정부가 밀착될 수밖에 없어 삼권분립의 취지가 퇴색될 우려가 있습니다. 국회에서 총리를 지명하고 그 총리가 다시 행정부를 운영하다 보니 칼로 두부 베듯 분리되기 어려운 구조가 되어 버리는 겁니다.

그렇다면 어떻게 해야 총재가 되는 걸까요? 가장 빠른 지름길은 집권 여당의 유력 파벌에 속한 후 그 파벌의 보스가 되는 겁니다. 일본에서의 파벌은 '정당 안의 정당'에 가까운 개념으로, 우리나라의 친박, 친문, 반문 등과 같이, 일본에서도 정치적 이해관계를 축으로 당내에서 영향력을 가진 지도자를 중심으로 형성된 집단이 파벌입니다.

각 파벌의 보스는 파벌을 팽창시키는 데 힘써야 하고, 필요할 때는 다른 파벌들과 합종연횡을 자유롭게 할 수 있을 만큼의 재주를 보여줘야 합니다. 또한 소속의원들에게는 정치자금을 배분하고 선거에 협력해 주면서 소속의원을 관리하는 역할도 해야 합니다. 그리고 이 모두에는 엄청난 돈이 들구요. 대신 소속의원들은 파벌보스가 총리에 취임하여 정치력을 유지할 수 있도록 적극 지원하는 역할을 분담하지요.

파벌정치는 특히 자민당에서 강한데, 이 때문에 자민당 내부에서 어느 정도 권력을 갖게 되면 나름대로 상호 통제하는 권력 메커니즘이 생기는 것입니다. 또한 자민당이 장기집권을 하다 보니 정계 진출 의욕을 가진 사람들이 자신의 정치적 신념과는 무관하게 자연스럽게 영향력 있는 파벌로 들어가기도 합니다.

사실 파벌정치는 폭넓고 다양한 의견 수렴이 가능하고 또 당내에서 중요한 정책을 합의할 때에 시간을 단축하는 긍정적인 측면도 있습니다만, 파벌 내에서는 조직체계가 수직적으로 이루어지기 때문에 의원 간 수평적 의사소통을 방해한다는 점, 그리고 연공서열 의식이 강하다 보니 신인 정치인의 출세를 가로막아 충성심을 기대하기 어렵다는 부정적 측면도 있습니다.

그렇다면 파벌은 왜 생길까?에 대해 자민당을 중심으로 설명드리겠습니다.

첫째, 자민당의 당 총재 선출은 1972년까지는 매 2년마다 당 대회에서 선출해 왔지만, 이후 오늘날에 이르기까지는 3년 간격으로 선출하고 있습니다. 이때 중요한 점은 당 총재는 반드시 중의원 가운데 절대 다수파의 지지를 얻어야 하는데, 이와 같은 총재 선출을 둘러싸고 각 정치파벌 간에 협상과 흥정이 이루어집니다. 이것은 여러 정치파벌이 선거운동이라는 공동의 목표를 달성하기 위한 통합된 연합체로 존재하는 것과도 무관하지 않습니다. 파벌 보스의 총재 당선을 위해서는 당내 몇몇 파벌과 이합집산을 해서라도 연립전략을 펴야 하기 때문이지요.

둘째, 자민당 의원들이 가장 격심한 경쟁을 벌이는 대상이 바로 내각의 정무차관이나 각료대신 등 당의 중요 보직 자리거든요. 그런데 이게 주류 파벌에 속하지 않고서는 그 차례가 돌아오지 않습니다. 실제로 대부분의 자민당 의원들은 파벌 내 서열에 따라서 다양한 보직을 추천받기 때문에 파벌에 들어가야 출셋길을 보장받을 수 있고, 또 주류 파벌에 속해야만 의회나 당 내 수많은 위원회의 위원장도 될 수 있습니다. 보직 배분에의 참여 동기야말로 파벌의 생성요인을 부채질하고 있다고 보는 거지요.

셋째, 정치자금원으로서의 기능과도 관련이 있습니다. 실제로 정치활동 현장에서는 장마철 곰팡이 피듯 정치자금이 여기저기 끝없이 들어갑니다. 특히 재선을 노리는 현역의원뿐만 아니라 처음 정계에 진출하고자 하는 입후보자들이 개인 차원에서 정치자금을 조달하기에는 한계가 있기 마련이어서, 자금력이 부족한 정치인이나 신인은 특정파벌의 실력자에게 자금원조의 손길을 기대할 수밖에 없겠죠.

이렇게 총리로 임명되면 헌법에 총리의 임기가 규정되어 있지 않기 때문에, 이론적으로는 중의원 선거와 맞물려 있다고 보면 됩니다. 그래서 임기가 짧아질 수도 있지만, 아베 전 총리처럼 정치적 카리스마를 갖고 있다면 3연임도 가능했던 거지요.

3

정책결정
과정

　정치의 핵심은 곧 정책결정이라는 말이 있습니다. 한 나라의 정치
현상을 연구하고 싶다면, 바로 그 나라의 정책결정 과정에서 일어
나는 권력자들의 알력과 충돌, 그리고 패턴을 알아보는 것이 포인
트입니다. 일본은 55년 체제 이후 '족의원, 관료, 이익단체'가 각각
삼각형의 한끝을 차지하는 '철의 삼각동맹'(iron triangle)이라고 불
리는 강력한 연합체 중심으로 정책들이 결정되어 왔습니다. 말씀드
렸던 삼각동맹의 각각을 설명하면 다음과 같습니다.

　첫째, 족의원입니다. 족의원은 참 특이한 은어(隱語)인데요, 장기
간에 걸쳐 특정 분야의 정책결정에 참여하면서 고도의 전문성을 갖
게 된 여당의 베테랑 의원을 말합니다. 이들은 필요하다 싶을 때에
관료들과 협력도 하고 또 때로는 경쟁도 하면서 정책형성에 강력한

영향력을 발휘합니다. 경제계에서는 자신들에게 유리한 방향으로 정책이 결정되도록, 그리고 족의원들에게는 정치자금이나 득표에 도움이 되도록 로비를 하고 반대급부를 제공받습니다. 그래서 족의원에 대한 이미지는 부정적입니다.

둘째, 관료입니다. 관료들은 정치가의 의향을 받아들이는 대신 예산 획득이나 권력경쟁이 발생할 때에 족의원들이 자신들에게 힘을 실어줄 것을 기대합니다. 이러한 상호의존적인 관계는 거의 모든 관청에서 일반화되었고, 각 성청(省庁)의 관할마다 족의원과 이익단체가 조직되어 있다고 봐도 과언이 아닐 겁니다.

셋째, 이익단체입니다. 가장 규모가 큰 이익단체는 경제 4단체입니다. 우선 게이단렌(経団連)은 일본 최대의 경제단체로, 정치자금의 모금을 일원화하는 역할을 수행하면서 정부의 무역정책이나 우주개발 등에 대해 정부의 자문에 응하는 자문기관과 상임위원회로 구성되어 있습니다. 그 외 노동협상과 노동문제와 관련하여 경영자 측의 단합을 도모하는 닛케이렌(日経連, 2002년에 게이단렌과 통합)과 재계의 여론을 형성하는 경제동우회(経済同友会), 그리고 일본상공회의소(日本商工会議所)도 있습니다.

이 철의 삼각동맹 관계에 대해 우치야마는(内山融, 2010) 다음과 같이 해석했습니다. 먼저 '이익단체'는 '족의원'에게 표를 모아주거나 후원금을 주고, 족의원은 이에 대한 보답으로 '이익단체'의 이익을 위해 정책을 추진하며 이때 '족의원'은 '관료'의 정책형성에 압력을 가한다는 겁니다. 이렇게 표와 돈의 거래를 통해 정책을 거래하는 것을 '정치적 교환'이라고 하지요.

프로세스는 이렇습니다. 관료가 주도하여 만들어 낸 정책을 당 내부에서 사전합의를 통해 입안(Bottom-up, 下意上達)한 후 국회에서 이를 통과시키면 이제 족의원과 이익단체는 입안된 정책에 협력하거나 영향력을 발휘하는 동일한 이해관계로 묶이게 됩니다. 그래서 이를 '하위 정부(Sub-government)'라고도 불렀습니다.

이러한 하의상달 방식의 정책결정은 관료제 운영의 경직화를 초래한다는 문제가 있어, 2001년 고이즈미 준이치로(小泉純一郎, 1942~) 정권 이후 탑다운(Top-down, 上意下達) 방식으로 바뀌면서 수상관저가 주도하는 정책결정이 도입되었습니다. 각 성청의 중견 관료들이 지혜를 모아 정책을 기획, 입안하고 여러 프로세스를 거쳐 각의 결정하는 바텀업 방식에서 벗어나 지금은 탑다운 방식으로 바뀐 것이죠.

2009년 9월, 민주당이 정권을 잡았을 때 '관료주도, 관료의존으로부터 정치주도, 국민주도로 쇄신'하겠다고 선언한 적이 있습니다. 관료의 사전 조정을 받는 과정을 폐지하고 총리 직속기관으로 내각관방에 국가전략실을 설치하여 관저주도(官邸主導)의 세재정(稅財政)의 골격과 경제운영의 기본방침 등을 결정한다는 것이었습니다. 그러나 국가전략실이 투명성과 공개성 면에서 기대에 미치지 못하였고, 민주당은 정치가가 주도해야 한다며 고집을 부려 방위성과 외무성 관료들의 전문지식과 정보를 충분히 활용하지 못해 혼란을 겪어야만 했습니다. 결국 민주당은 집권 3년 만에 다시 자민당에 정권을 넘겨주고 말았지요.

2012년 말, 아베정권이 들어선 이후에는 어떠한 공지도 없이 중

요 정책들이 수상이 생각하
는 방향대로 결정되어 발표
되는 관저주도의 탑다운 방
식의 정책결정이 이루어져
왔습니다. 아베가 전통적인
자민당의 정치수단과는 성
격이 다른 '측근정치'를 시
작했기 때문이죠. 자민당
특유의 파벌정치가 퇴색해
가고 총재 중심구조로, 그
러니까 소수의 지인들만으

— 고이즈미와 포스트고이즈미 아베
(출처 2020. 4. 1. 산케이신문)

로 중요한 정책을 결정하는 겁니다. 그 과정에서 정보를 철저히 관
리하기 위해 관료들도 관여하지 못하게 했습니다.

대표적인 예를 들어 볼까요? 2019년 한국에 대한 수출규제 당시
주무부처인 경제산업성은 일본 기업에게도 피해 가능성이 있고 무
역 분쟁의 소지도 있다며 수출규제에 대한 신중론을 펼쳤지만, 결
과론적으로 보면 아베의 최측근 참모들로만 이루어진 총리관저 주
도로 '싸움은 첫 한 방이 중요'하다며 극비리에 결정된 것으로 보
도되었습니다(아사히신문, 2019. 10. 18.).

2020년 2월에도 비슷한 뉴스가 나왔습니다. 일본 요미우리신
문(読売新聞)은 일본 정부가 일본산 수산물금지와 관련하여 WTO 분
쟁에서 패하자, 아베의 총리관저 주도로 한국의 조선산업 구조조정
을 문제시하여 WTO에 재차 제소한 것이라고 보도했습니다. 한국

정부가 경영난을 겪고 있는 조선기업들에게 금융지원을 해서 시장 경쟁을 왜곡했다는 이유입니다.

물론, 특수 전문 분야만큼은 전문 관료들과 전문가들이 정책을 결정할 수 있는 퇴로를 만들어 놨다고는 하지만, 이럴 경우 야당은 제쳐두고 자민당 내에서라도 최측근만의 정보 독점에 대한 비판의 목소리가 나와야 하는데 그렇지도 않습니다. 이제 일본의 엘리트 관료들은 정책을 입안하는 곳이 아니라 단지 실행기관으로 전락한 듯 보입니다. 밀실정치가 되어 버린 것이죠.

4

일본 선거의
특징

후원회

정당은 헌법상 국민의 정치적 의사형성에 참여하는 중대한 임무를 부여받고 있지만, 정당이 이러한 임무를 수행하기 위해서는 인적, 물적 자원이 필요하고 또 이를 유지하는 데에는 막대한 경비가 필요합니다. 그래서 일본에서도 '정치에는 돈이 든다'라는 말이 일반적인 상식이지요.

그런데 이 말에는 돈 없는 사람이 정치하기 어렵다라는 상식 정도가 아닌, 또 다른 의미가 함축되어 있습니다. 보통 사람이 정치에 발을 들여놓지 못하게끔 하는 보다 근원적인 메커니즘이 작동하고 있기 때문입니다. 이것이 바로 금권정치가 노리는 바이기도 하거든요. 다시 말해 선거비용을 높여서 정계 진출의 루트를 좁힌 후 사다리를 걷어치우면 자신들만의 특수사회를 형성할 수 있습니다. 일종의 속임수인 거지요. 이렇게 하면 보스에게 잘 길들여진 고급관료나 2세 정치가, 또는 정치인 비서들에게만 정계 입문의 길을 터주게되는 것과 같은 효과를 얻습니다. 그리고 이와 같은 단순·명쾌한 구조를 무너뜨리지 않도록 유지하기 위해 절대적으로 필요한 것이 바로 정치자금이겠지요.

일본에서는 이러한 정치자금을 공식적으로 걷을 수 있는 후원회가 있습니다. 후원회는 후보자 개인이 가지고 있는 선거운동 조직으로, 공직선거법 제199조 규정에 따라 정치자금 기부를 목적으로 선관위에 등록된 정치단체입니다. 후원회 지정권자는 국회의원 및 국회의원 선거 후보자, 예비후보자와 시도지사 선거의 후보자, 당 대표경선 후보자 등이 지정권자 대상으로, 법으로 규정하고 있습니다. 또한 후원회는 정당과는 직접적인 관련이 없지만 사실상 정당의 하부조직을 기능하고 있다고 볼 수 있구요, 한 번의 모임에 1인당 3만 엔 이하로 세금계산서를 발부해 줍니다.

원래 후원회란 유권자들이 후보자의 당선을 돕기 위해 금전적인 지원을 하거나 선거운동을 돕기 위해 자발적으로 조직한 단체이지만, 유권자의 '자발적' 후원회란 것은 명분에 불과하고 실제로는 후보자 자신이 출신지, 현주소, 친척, 동창회, 직장 등의 인맥을 이용해 조직하는 것이 일반적입니다. 그래서 후원회가 많다는 것은 정치적 영향력과 그에 따른 기대감도 크다는 의미입니다.

현직 국회의원은 물론이고 국회의원을 지망하는 대부분의 후보자들은 후원회 조직을 갖고 있습니다. 후보자는 후원회 회원의 관혼상제에 참석하고 각종 회식이나 운동회, 단체여행 등을 주선하기도 하고 입학, 취직, 융자, 각종 사고수습도 맡아야 하기 때문에 선거구민에게 다양한 사적 서비스를 제공한다는 비판을 받기도 하지요. 비서관이 선거구에 상주하는 것이 일반적이어서 이것이 정치가들로 하여금 부정부패를 저지르게 하는 원인이 되기도 해서 금권정치로 타락할 수밖에 없는 구조이기도 합니다.

후원회의 회장이나 간부는 경제적 타산에 민감한 후보자 지역의 건설회사 사장이나 부동산업자가 주로 차지합니다. 일본의 건설업계는 철저한 하청방식이기 때문에 지역 건설업자들이 중앙의 대규모 건설업체로부터 공사를 하청 받도록 거기에 맞춰서 관료들은 개발 공사를 발주합니다. 돌잔치 때 아이가 잡기 바라는 걸 제일 가까운 곳에 놓듯이 그런 식으로 여러 혜택을 주는 거지요. 그래서 후원회에서는 공공사업이나 보조금 등의 이권을 다른 후보자에게 건네주지 않도록 하기 위해, 그리고 다른 기업에 주지 않기 위해 그 의원이 은퇴하거나 사망할지라도 후원회가 계속해서 의원의 친족을 후보로 내세워 지원해 주는 겁니다. 거액을 투자해 키워 놓은 이익유도형 기반을 타인에게 건네주는 밑진 장사를 하고 싶지 않겠지요.

일본에서 국회의원이 되기 위해서는 지반(地盤, ジバン), 간판(看板, カンバン), 가방(鞄, カバン) 등 세 가지 조건을 갖추어야 하는데, 이를 각각 일본식 발음의 뒷글자를 가져와 3방이라고 합니다. 그렇다면 3방의 각각을 살펴볼까요?

첫째, '지반'이란 선거구의 일부 지역을 자신의 확실한 지지기반으로 확보할 수 있는 후원회 같은 조직적 기반을 의미합니다. 지역구에서 확실하게 득표하기 위해서는 지연, 혈연, 학연 등으로 연결된 인적 네트워크를 확보했느냐가 결국은 선거 당락에 결정적 역할을 하기 때문이겠죠.

둘째, '간판'이란 지명도를 의미합니다. 후보자의 학력과 경력, 정당의 추천 등 선거운동에 유리한 개인적인 조건을 갖추어야 유리하지 않겠어요? 가장 좋은 간판은 말할 필요도 없이 도쿄대 졸업 후 재무성(구 대장성)에 근무한 경력이구요, 여기에 자민당의 공천을 받은 아무개 의원의 아들이라면 퍼펙트한 간판입니다. 세습 후보는 그 브랜드가 도쿄대만큼이나 강력하기 때문에 인지도를 높일 수 있는 기회로 활용할 수 있으니, 자민당의 공천을 받기가 훨씬 수월해지구요. 반면 간판이 약한 후보의 경우 돈과 시간을 쏟아부어야 간신히 인지도를 높이겠지요. 그러니 출발선부터 기울어진 운동장에서 경쟁하는 겁니다.

셋째, '가방'은 돈가방을 의미합니다. 선거에는 막대한 자금이 필요한데, 후보자가 이를 감당할 수 있을 정도의 넉넉한 정치자금을 갖고 있느냐, 그렇지 않으면 조달할 능력이라도 있느냐가 당락을 결정할 거라는 겁니다. 여기서도 세습의원이 훨씬 유리합니다. 왜냐하면 정치자금도 같이 상속받을 수 있거든요. 어떻게 그러냐구요? 앞서 말씀드렸던 후원회의 정치자금을 상속받을 경우 상속증여세 등 세금부과가 일절 없는 일본의 정치자금법을 적극 활용할 수 있기 때문입니다.

이러한 3방은 신인 정치인이 갖추기 어려운 조건들이어서 권력의 대물림이 계속되고 있는 겁니다. 아마도 선거법이 개정된다 해도, 혹은 정치개혁을 한다 해도 이렇게 강력한 정치관습이 쉽게 사라질 것 같지는 않습니다.

장인정신으로 둔갑된 일본의 세습의원

세습의원이란 아버지, 조부, 삼촌 등 3등친(等親) 이내의 친족 중에 국회의원을 지낸 사람이 있는 금수저 출신의 현역의원을 말합니다. 우리나라도 남경필 의원, 정진석 의원 정도가 아버지로부터 지역구를 물려받았던 적은 있지만 드문 케이스이지요. '세습의원 NO, 아빠 찬스 OUT'이 기본인 우리나라의 정치풍토와 달리 일본의 정치세습은 그만큼 대중화되어 있고, 마치 일본 문화의 한 축인 양 암묵적으로 인정하는 사회입니다.

그렇다면 일본은 왜 세습의원이 많고, 또 이를 인정하는 분위기가 정착된 걸까요?

― 초특급 다이아몬드 수저 나카소네의 아버지와 할아버지 3대가 함께 한 인스타그램 사진

첫째, 인간관계를 중시하는 일본식 정치문화의 영향도 있지만, 후원회 중심의 이익유도형 정치의 결과라고 할 수 있습니다. 즉 지역 주민은 후원회 활동을 통해 지지의원을 국회에 보내고, 다시 지지 의원으로부터 각종 편의를 제공 받기 때문에 혹시라도 자신들이 지지하는 의원에게 무슨 일이 생기면 기존에 공들여 쌓아온 편의를 계속해서 제공받기 어려울 수 있잖아요. 그러니 비세습 후보가 세습 후보의 장벽을 넘기란 아주 어렵겠지요. 이전의 아베 내각도 그렇고 현 스가 내각도 당이나 국민과의 소통보다는 내편이 누구인가가 더 중요하다 보니 내각을 자신과 가까운 인사들로 기용하는 '오토모다치나이카쿠(お友達内閣)'를 만들었습니다. 군이 우리말로 번역하자면 '끼리끼리 내각'이 '딱'일 겁니다. 자신을 향해 용비어천가를 불러주는 사람들만 기용하는 거지요.

둘째, 앞서 설명한 3방을 부모로부터 물려받기 때문에 선거에서 유리한 고지를 선점할 수 있습니다. 일반인들이 3방을 갖추기란 쉽지 않은데, 세습의원들은 이를 '이미' 갖추고 있기 때문에 선거에

서 당선될 가능성이 높습니다. 정치인 집안 사람들에겐 대를 이어 정치를 해 왔기 때문에 남다른 정치 DNA가 흐를 것이라고 주장하는 사람들도 있지요. 그래서 세습의원이 증가할수록 정치가 사유화할 가능성이 높다는 비판이 나오는 겁니다.

2020년 3월 30일, 코로나19가 전 세계를 휩쓰는 팬데믹 상황에서 한국의 우수한 진단키트 명칭을 '독도'로 하자는 청와대 홈페이지의 청원에 32만 명이 찬성하는 언론기사가 일본에서도 화제가 된 적이 있습니다. 당시 이를 묵과하지 않겠다고 망언을 한 자민당 소속 중의원인 나카소네 야스타카(中曽根康隆, 1982~)는 다이아몬드 수저 세습의원이지요. 총리를 지냈던 할아버지 찬스(나카소네 야스히로, 中曽根康弘, 1918~2019)와 참의원을 지냈던 아빠 찬스(나카소네 히로후미, 中曽根弘文, 1945~)카드를 모두 사용한 케이스입니다.

와세다대학 문학부 출신으로 해수욕장의 라면집 아저씨란 별명을 가진 오부치 케이조(小淵恵三, 재임 1998. 7.~2000. 4.) 총리가 재임 중 갑작스럽게 사망했을 때, 불과 26세의 둘째 딸 유코(小渕優子, 1973~)

가 아버지 지역구에 출마하여 선거유세 때 이렇게 말했습니다.

> "우리 아버지가 갑자기 돌아가셔서 말할 수 없이 슬프지만 아버
> 지의 뜻을 받들기 위해 이 지역구에 나왔습니다. 저는 정치를 모
> 릅니다. 선거법도 모르고 우리나라 장래에 대해서도 잘 모릅니
> 다. 그러나 전 여러분을 사랑하고 우리 아버지도 사랑합니다."

결과는 어떻게 되었을까요? 당연히 당선했지요. 왜냐구요? 자민
당 소속의 총리까지 역임한 '아빠 찬스'를 물려받았으니까요. 그리
고 현재 중의원 7선을 달리고 있습니다. 이것이 경제 선진국 일본에
서 일어나고 있는 후진 정치국 일본의 모습입니다.

그렇다면 일본의 세습의원은 어느 정도일까요? 한국의 20대 국
회의 세습의원은 5%, 영국은 3%, 미국도 6%에 불과하지만, 일본
은 중의원에서만 우리보다 5배나 많은 26%, 집권 자민당은 무려
40%에 육박합니다(매일경제신문, 2020. 4. 12.). 그런데 얼핏 숫자상으
로 보면 여러분들께서 생각하신 것보다 높지 않은 것처럼 느낄 수
도 있겠지만 거기엔 더 깊은 함정이 있습니다. 왜냐하면 내부를 들
여다보면 일본의 국회에는 어쩌면 다른 나라보다 더 철저할지 모를
'계급'이 존재하기 때문입니다.

예를 들어 군대에는 사령관도 있고 지휘관도 있지만, 소총수나
돌격부대도 있잖아요. 세습의원이 아닌 의원들은 어느 정도 경력이
쌓일 때까지 나이가 몇 살이건 어느 학교를 나왔건 간에 소총수부
터 시작해야 합니다. 그리고 그 길은 요단강을 건널 만큼 멀고도 험

난하지요. 그런데 세습의원들은 소총수를 경험할 필요가 없습니다. 장교부터 시작하거든요. 출발선이 다르지요.

결국 당에서 발언권을 갖고 당을 움직이는 것은 세습의원들이 될 수밖에 없는 구조입니다. 그래서 민주당은 2009년 8월 중의원 선거 매니페스트(선거공약)에서 다음 총선부터는 세습의원을 공천하지 않겠다는 선거구 상속을 금지하여 내부규정을 마련했지만, 자민당에서는 직업선택의 자유에 저촉된다는 이유로 법적 규제는 불가하다는 입장입니다.

일본 국민들은 우리나라 사람들보다 훨씬 더 정치에 무관심할 뿐만 아니라 알게 모르게 자기 신분과 신세를 인정하는 습성이 남아있습니다. 그러니 코로나19 정국에서 아베의 실정이 지속되는 것을 지켜보면서도 이를 신랄하게 꾸짖는 정치학자나 시민단체 하나 찾아보기 힘들지요. 물론 일부 있기는 한데 언론에 등장할 만큼의 목소리가 나오지 않는 사회가 바로 일본입니다. 이건 피지배세력에겐 약점으로 작용하지만 지배세력에겐 강점입니다. 그러니 일본만큼 정치하기 쉬운 나라도 없다는 말이 나오지요.

세습에 대해서도 마찬가지입니다. 변화를 두려워하는 일본인들의 보수적인 성격이 어떻게 작용했는지 한번 볼까요? 마치 오래된 우동집이나 라면집, 여관 등이 3대 4대에 걸쳐, 때로는 몇백 년에 걸쳐 운영하는 것을 일본에서 쉽게 볼 수 있듯이, 정치도 마치 카스트제도처럼 세습 관행이 어느 정도 허용되는 건 아닌가 싶기도 합니다.• 아마도 엄격한 신분제 사회였던 봉건시대의 영주 세습을 연상시키는 이러한 일본식 정치 세습은 당분간 지속될 가능성이 높습니다.

그러나 세습정치가 무조건 나쁘다고 볼 수는 없습니다. 세습정치인이라는 이유로 그들의 능력과 자질을 의심하는 건 오히려 역차별일 수도 있으니까요. 정치가 가문에서 자라면서 일찍부터 정치에 눈을 떠 뛰어난 정치 수완을 발휘할지 누가 알겠습니까? 문제는 정치 세습이 안착될 경우 신인 정치인의 도전정신이 좌절될 뿐만 아니라 정치 활력의 역동성마저 사라질 수 있다는 점입니다. 보통의 가정에서 정치에 뜻을 품고 있는 젊은이가 자신만 노력하면 얼마든지 정치적 성장이 가능한 것이 민주주의 시스템이라고 한다면, 일본 정치는 적어도 민주주의가 작동하지 않는다고 봐야죠. 그러니까 세습의원 관습이 일본의 민주주의를 후퇴시킨다고 할 수 있겠지요.

그렇다면 이번에는 반대로 일본 국민들은 우리나라 국회의원들을 어떻게 생각하고 있을까요? 우리나라가 일본의 세습을 이해하기 힘들 듯 일본인들도 우리나라의 국회의원 구성에 고개를 갸우뚱거립니다. 한국처럼 조금만 유명해진다 싶으면 정치판을 기웃거리

• 2020년 1월 12일, 당시 국회의장 문희상의 아들인 문석균씨가 총선 출마에 나서면서 보수세력으로부터 '지역구 세습'이라며 사퇴 공격을 받았죠. 이에 대해 문석균씨는 아버지로부터 어떤 도움도 받지 않았고 정치인의 길을 선택한 것은 전적으로 자신이 결정한 것이라고 항변했습니다. 기업도 세습하고 교회도 세습하는데 왜 정치는 문제 삼느냐며 서운한 마음을 드러내기도 했지요. 이에 대해 진중권씨는 문석균씨를 겨냥해 "나이 50에 아직도 아버지로부터 독립을 못 했다니. 한심한 줄 알고 일단 자아 정체성부터 형성하라"면서 독침을 던졌습니다. 결국 더불어민주당의 오영환 후보에게 뒤처지며 그의 도전은 수포로 돌아갔습니다.

다가 국가 권력과 낯 뜨거운 동거를 하고 있는 폴리페서들을 일본에서는 찾아볼 수가 없습니다.˙ 그러나 이 정도는 또 아무것도 아닐 겁니다. 갑자기 유명해진 시인이 정치권에 들어와 있지 않나, 천하장사가 되었다고 씨름꾼이 공천을 받거나 탈북자가 국회의원 되는 것을, 바다 건너에 있는 일본 사람들이 어떻게 이해할 수 있겠습니까? 일본에서는 이런 한국 국회를 코미디로 보고 있다는 점입니다. 일본인들 생각에는 교수가 유명해지고 싶으면 학문적으로 뛰어나야 하고, 시인이 이름을 남기고 싶으면 죽을 때까지 명예롭게 시를 쓰면 되지 웬 정치? 이게 일본인들의 직업관입니다.

● 제가 알고 있는 한 분이 계시긴 합니다. 고이즈미 정권 때 개혁의 사령탑으로 다케나카 헤이조(竹中平蔵) 게이오대학 교수를 임명해 경제재정과 금융 총무장관 등의 요직을 맡겨 우정민영화를 진두지휘했지만, 본인의 임무가 끝나고는 곧바로 대학으로 복귀했습니다.

제5장

패전 이후
일본을 이끈 총리들

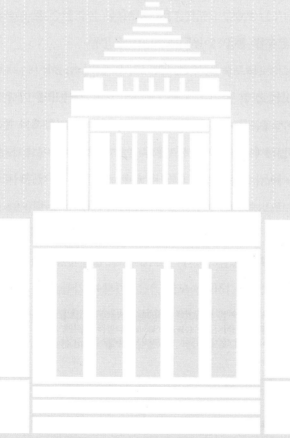

1

점령기간의
수상들

1945년 3월 10일, B29기 300여 대가 야간공습으로 도쿄 시내를 초토화시키면서 10만여 명의 사망자가 나왔습니다. 일본 주요 도시는 연일 계속되는 공습으로 행정기구와 통신, 그리고 교통망은 거의 마비상태에 이르렀고, 5월 25일에는 황궁의 일부가 불타면서 일본인들은 패닉에 빠졌습니다. 이런 상황에서 일본의 패배를 인정하고 전쟁을 종결하기 위해 필요했던 정치인이 바로 스즈키 간타로(鈴木貫太郞, 재임 1945. 4. 7.~1945. 8. 17.)입니다. 수상직을 허락할 때의 나이가 79세였다고 하니 역대 최고령자로서의 기록도 남겼죠.

당시 일본은 석유 수입의 80%를 미국으로부터 들여왔기 때문에 미국의 석유 금수조치는 일본에게 죽음이나 마찬가지였을지 모릅니다. 패배의 여운이 짙어가는 상황에서 일본은 미국의 경제제재와 ABCD 봉쇄망(America, British, China, Dutch)의 위력을 인정하고 항복했어야 했지만, 일본 군부세력은 그 알량한 자존심을 내세워 제로센 전투기를 1만 939대나 만들어 태평양전쟁에 투입합니다. 이제 미국의 트루먼대통령, 영국의 처칠수상, 그리고 중국의 장제스 등 3국 수뇌가 전쟁 종결을 위해 일본군의 무조건 항복을 촉구하는 포츠담선언(Potsdam Declaration, 1945. 7. 26.)을 발표하였습니다. 연합군은 일본이 이를 거부할 경우 '신속하고 완전한 파괴(prompt and utter destruction)'를 경고했지만, 일본 육군이 강력히 반대하면서 스즈키 총리는 다음과 같은 담화문을 발표했습니다.

'정부로서는 포츠담선언을 중요시하지 않는다. 묵살할 뿐이다.'

사실 스즈키가 전달하고자 했던 '묵살'이라는 단어는 '이를 문제삼지 않겠다'(No Comment) 정도의 의미였지만, 당시는 미국과 전쟁 중이어서 적국의 언어인 영어를 사용할 수 없었기 때문에 이를 방송한 통신사들은 묵살을 'ignore'로, 그리고 미국은 'reject'로 번역하여 보도했습니다. 이때 원폭실험에 성공한 미국이 자국을 무시하는 듯한 이 단어를 구실로 원폭 투하를 결정했다는 확인되지 않은 뒷말이 있습니다.

결국 1945년 8월 6일 오전 8시 15분, B-29가 히로시마(広島) 공중으로 날아가 원폭을 투하해 20여만 명의 사상자와 행방불명자가 나왔구요, 3일 후인 8월 9일에는 나가사키(長崎)에도 원폭이 투하되면서 3만 5천여 명이 사망했습니다. 그래서 오늘날 일본인들에게 원폭은 이론이나 가상이 아닙니다. 시체를 하나하나 다 찾아내 그 수를 계산하고 나서야 매장할 정도로 미국에 대한 와신상담(臥薪嘗膽)을 품었던 시대였습니다.

— 스즈키를 소개하는 문고판 서적(2015)

　그렇다고 미국이 비겁하게도 사용하지 말았어야 할 원폭을 떨어뜨렸다고 비난할 필요는 없습니다. 전쟁에는 선악의 개념이나 반칙이 없기 때문에 무슨 수를 쓰든 이겨야 하니까요. 이럴 때 신사도니 무사도니 하는 건 개나 줄 일이지요. 그리고 일본도 미국에 할 말이 없기는 마찬가지잖습니까? 진주만 공습 때 선전포고 없이 쳐들어갔으니, 제가 보기에는 미국이나 일본이나 오십보백보입니다.

　이제 패전을 결정하기 하루 전인 8월 14일, 천황주재로 무거운 회의가 진행되었습니다. 전쟁 종결 내용의 각의 결정에 전원 서명을 하고는 그 다음날인 15일 정오, 천황 히로히토의 종전칙서가 라디오를 통해 전국방송으로 흘러나온 후 스즈키 내각은 총사직합니다. 비록 재임 4개월에 불과했으나 '종전내각'의 역할을 충실히 달성한 거지요.

　스즈키는 죽을 때까지 '묵살'이란 단어를 실로 유감스럽게 생각한다고 그의 자서전에 기록했다고 하니, 정치인들의 한 마디 한 마디는 그만큼 무게가 실려 있다는 것을 명심해야겠지요.

유일한 천황의 친척… 히가시쿠니노미야 나루히코우

장기간의 전쟁으로 흉흉한 민심을 수습해야 하는 시점에서, 더구나 무조건 항복에 반발하는 군 내부의 일부 강경파를 달래기 위해서는 황실의 권위가 절대적으로 필요한 시기였습니다. 히로히토 천황은 황족(皇族)이었던 히가시쿠니노미야(東久邇宮稔彦王, 재임 1945. 8. 17.~1945. 10. 9.)에게 내각을 구성해 줄 것을 간곡히 부탁했습니다.

6년간이나 프랑스에 유학하는 동안 현지 애인을 사귀면서 자유주의사상에 빠지기도 했던 히가시쿠니노미야는 총리직을 수락하고는 1942년에 설치했던 대동아성(大東亞省)을 폐지하고 1943년에 설치했던 군수성도 해체하는 등 행정기구를 재정립하는 데 노력했습니다.

한편 히가시가 총리로 임명된 지 2주 만인 1945년 9월 2일, 도쿄만에 상륙한 미함대 미조리함에서는 항복 조인식이 거행되었습니다. 이날 일본은 천황을 살려준다는 조건하에 무조건 항복에 서명했습니다. 당시 조인식에는 시게미쓰 마모루(重光 葵, 1887~1957) 외무장관이 일본대표로 참석했습니다. 1932년 4월 윤봉길의사가 상하이 홍구공원에서 열린 일본 천황 생일(천장절) 축하행사 때 투척한 도시락폭탄에 맞아 왼쪽 다리를 잃은 외교관입니다. 롯데 신격호 회장(일본이름 시게미쓰 다케오, 重光武雄)의 일본인 부인인 시게미쓰 하츠

— 미조리함에서 지팡이에 의지한 채 항복문서 조인식(1945. 9. 2.)에 참가한 시게미쓰 마모루 외무상

코(重光初子)의 외삼촌이기도 합니다.

히가시쿠니노미야는 사실 경제 재건과 관련한 민생 문제에서는 총리로서의 무능함을 보였습니다. 게다가 전후 일본이 어떤 방향으로 나아가야 할지에 대한 새로운 비전을 제시하지 못하고 오히려 첫 라디오 방송에서 '일억 총 참회론(一億總懺悔論)'을 주장하면서 전쟁에 관한 책임을 국민들이 평등하게 책임지고 반성하자는 발언을 하고 말았지요.

'이다지도 깊이 천황의 마음을 괴롭혀 드린 것은 신하로서 정말 황송한 일입니다. 이렇게 민초들을 걱정해주시는 천황의 마음에 대해 우리 국민은 그 인자하심을 깊이 마음에 새겨 자숙하고 반성해야 합니다. 국민 모두 조용히 반성하고 지금이야말로 우리는 총 참회하여 신(神)의 어전에서 일체의 사심을 씻어내야 합니다.'

결국 그는 국민들로부터 신임을 얻지 못하고 두 달도 채우지 못한 채 그해 10월에 총사직하였습니다. 정치학자 마루야마 마사오(丸山眞男, 1914~1996)는 이를 '무책임의 체계'라고 비판하였습니다. 그는 54일이라는 역대 최단명의 내각 재임기간을 기록했지만, 아이러니하게도 역대 총리 중 최장수하면서 102살까지 천수를 누리고 1990년에 사망했습니다.

GHQ에 안성맞춤… 시대하라 기주로

히가시 총사직 이후 후임 수상은 아무래도 미국으로부터 반감이 없는 친미 인물로 임명해야 한다는 암묵적인 기류가 흘렀습니다. 당연히 전쟁책임의 혐의도 없어야 하겠고 외교에도 능한 인물이면 금상첨화겠지요. 여기에 안성맞춤인 인물이 바로 시데하라(弊原喜重郎, 재임 1945. 10. 9.~1946. 5. 22.)였어요.

그는 동경제국대학 법학부를 졸업한 후 외무고시에 합격하여 외무성에 입성하였습니다. 그리고 식민지 시절에는 인천과 부산 영사관에 근무한 적이 있고, 이후 영국과 네덜란드를 거쳐 주미대사를 지냈으며 제1차 세계대전 후에는 외무장관을 역임한 인물입니다. 이후 제2차 세계대전 때는 일본 군부에 저항하면서 미국과 영국에는 협조적이었던 것이 GHQ 입장에서는 '딱'인 인물이었죠. 그의 부인은 미쓰비시 자이바쓰(財閥)의 창립자인 이와사키 야타로(岩崎弥太郎, 1835~1885)의 넷째 딸입니다.

시데하라는 전쟁책임의 혐의가 있는 정치가와 고위관료, 그리고 군 지휘관에 대한 공직추방을 실시했습니다. 1946년 1월 1일, 천황의 소위 '인간 선언'을 발표할 초안을 능숙한 영문으로 작성한 후에 일본어로 번역할 정도로 영어실력이 뛰어났다고 하네요.

— 1931년 10월 12일, 타임지 표지 인물로 게재된 시데하라

그가 폐렴에 걸렸을 때에 맥아더는 상용화된 지 2년밖에 안된 귀한 페니실린을 보내줘 평생의 은인으로 만들었고, 이에 대한 감사함을 표시하기 위해 맥아더를 방문했을 때, 헌법제정에 전쟁포기와 관련된 조항을 삽입하자는 발언을 했다고 합니다.

패전을 수습한 주역… 요시다 시게루[•]

요시다(吉田茂, 재임 1946. 5. 22.~1947. 5. 24., 1948. 10. 19.~1954. 12. 10.)는 1906년 도쿄대 법대 정치학과를 졸업한 후 외교관 시험에 합

• 요시다는 생후 18개월 만에 요코하마의 무역상인 요시다 겐조 집안의 양자로 입적되었는데, 요시다가 11살 때 양아버지가 병사하면서 어마어마한 유산을 상속받았습니다. 그래서 그는 영국의 유명 양복점에서 주문한 옷이 아니면 입지 않을 정도로 평생 돈에 구애 받지 않고 살았다고 합니다.

격하면서 중국 펑톈에서 영사관보로 외교관 생활을 시작했습니다. 1909년에는 외교계의 거장인 마키노 노부아키(牧野伸顕, 1861~1949)의 장녀인 유키코(牧野雪子)와 결혼하였고, 1928년 외무차관을 거쳐 이탈리아대사(1930), 영국대사(1936) 등 외교관으로 승승장구하면서 주요 직책을 두루두루 역임하였죠. 그런 요시다에게 패전 후 뜻밖의 행운이 찾아왔습니다. 일본자유당 총재였던 하토야마 이치로(鳩山一郎, 1883~1959)가 공직에서 추방되면서 요시다가 총재로 영입된 겁니다.

그는 히가시쿠니노미야 내각 당시 외무대신의 경험을 최대한 살려 천황과 맥아더의 회견을 실현시켰고, 미일 친선관계를 구축하기 위해 노력하는 정치적 수완을 발휘하기 시작했습니다. 또한 '전쟁에서는 졌지만 외교에서는 이기자'라면서 적극적인 외교활동을 전개했지요. 그래서 일본이 패전한 이후 독립을 회복할 때까지의 주역은 맥아더와 요시다 두 명이었다고 평가받을 정도입니다. 그렇지만 그의 정치적 행보가 누군가에게는 미국을 추종하는 굴종적인 외교로 비추기도 하여 비판을 받기도 했습니다. 결국 국회에서 야당 의원에게 공격을 받자 그만 화를 참지 못하고 "바카야로"라고 욕을 내뱉은 것이 빌미잡혀 총리직에서 쫓겨났지요.

하지만 요시다는 패전의 절망 속에서 갈피를 잡지 못하고 있던 일본을 경제대국으로 발돋움할 수 있도록 밑그림을 설계한 인물로 회자되고 있습니다. 1946년부터 1953년까지 5차례나 총리에 올랐던 그의 국가적 좌표는 '군사력 없는 경제대국'이었습니다. 그는 태평양 시대의 개막과 동시에 '팍스 아메리카나'가 펼쳐질 것으로 예측하고는 미국과 안보조약을 체결했고, 그 덕분에 일본은 국가 안보를 미국에 맡기고 모든 힘을 경제 재건에 집중할 수 있었습니다. 이후 가타야마 데쓰(片山 哲, 사회당 위원장)*, 아시다 히토시 내각(芦田均, 재임 1948. 3.~1948. 10.)이 단명으로 끝나면서 재집권하게 되는 행운까지 누렸죠.

이 무렵 미소 양대 진영 간의 냉전이 점점 격화되면서 아시아 정세도 불안정해졌습니다. 중국에서는 공산당이 국민당과의 내전에서 승리하면서 중화인민공화국이 수립(1049. 10.)되었고, 한반도의 분단은 점점 고착화되어 갔습니다. 이런 정세는 미국에게 일본의 역할을 고민하게 만들었습니다. 미국은 일본을 아시아에서의 공산세력 팽창을 막는 방벽으로 만들어야겠다고 생각한 겁니다. 그래서 점령정책을 전환(reverse course)하여 일본을 자유진영의 일원으로 편입시키면서 한국전쟁 수행을 위한 군수기지로 활용하였고, 이로 인해 일본 경제는 전쟁특수경기로 전후 최대의 호황을 누리게 되었습니다.

요시다의 상황판단은 빨랐습니다. 미국과의 독립협상과 군사협정을 체결하면서 요시다 독트린이라는 뛰어난 전략을 구사하였죠.

1) 안전보장 문제는 미국에 의존하겠다.

2) 군비는 최소한의 비용만 사용하고 모든 자원을 경제성장에 투입하는 전략을 취하겠다.

● 가타야마 데쓰(片山 哲, 1887~1978)는 어머니로부터 기독교적 사랑과 어려운 이웃에 대한 자비, 봉사정신을 배웠습니다. 처음엔 노동자들로부터 큰 환영을 받았지만, 전쟁 후의 인플레이션, 식량위기 등으로 노동자를 실망시키면서 물러나야 했지요. 일본 정치인들이 대부분 그렇듯 가타야마도 장수해서 90세까지 살았습니다.

3) 일본은 안전을 장기간 보장받기 위해 일본영토에 미국의 육해공군 주둔지를 제공하겠다.

요시다 독트린 이후 지금까지도 대부분의 일본 총리들은 이 노선에서 크게 벗어나지 않고 있습니다. 한편으로는 일본의 대외정책과 안보 면에서 지나치게 대미 의존성을 고착화시켰다는 비판도 있지만, 요시다의 일관된 현실주의적 전략의지 덕분에 일본이 고도경제성장의 혜택을 누렸다는 평가가 압도적입니다.

1951년 1월 25일 미국의 덜레스(John F. Dulles, 1888~1959) 특사가 방일하여 3주간 머무르면서 요시다 정부와 일본의 재군비 교섭에 들어간 적이 있었죠. 당시 한반도에서는 유엔군이 중국 인민의용군에게 밀려 서울을 빼앗기는 상황이었기 때문에 미국은 일본의 재군비가 자유세계의 강화에 공헌할 수 있다고 설득했지만, 요시다는 경제발전에 국가 역량을 총집중하기 위해서는 경무장을 하는 정도로 군사예산을 최소화하겠다며 덜레스의 요구를 거절하였습니다.

경제중심주의를 외교정책의 핵심으로 설정한 요시다로서는 무장은 최소한으로 억제하고 방위는 미국에 의존함으로써 일본의 군사비 지출을 줄이겠다는 의지를 접을 생각이 아예 없었던 겁니다. 이후 요시다는 사토 에이사쿠, 이케다 하야토 등 후배 총리들을 발탁하면서 전후 일본의 국가형성에 중추적 역할을 감당해 가는 '보수본류'라는 타이틀까지 얻었습니다. 둘 다 요시다 독트린의 모범생이자 일본이 고도성장하는데 주역으로 활동했기 때문입니다.

한국전쟁이 한창이던 1951년 9월 8일, 샌프란시스코 오페라하우

스에서 48개국이 참가한 가운데 대일강화조약(The Treaty of Peace with Japan, 평화조약 또는 샌프란시스코 강화조약이라고도 합니다)이 체결되었습니다. 이때 소련과 체코슬로바키아, 그리고 폴란드 등 3국은 조약을 거부했습니다. 당시 전승국 명단에서 한국을 빼달라는 요시다의 강력한 로비가 통했는지, 우리나라는 조인식에 참가하지 못했습니다.

일본은 강화조약 조항에 독도가 한국땅이라는 명문 규정이 없다는 이유로 오늘날까지도 독도의 한국 영토 주장을 애써 무시하고 있습니다만, 사실은 1947년 미 국무성이 작성한 초안에는 독도가 한국 영토로 규정되었다가 일본의 강력한 로비와 요청으로 최종판에서 독도를 누락시켰다고 합니다.

샌프란시스코 강화조약의 주요 내용은 다음과 같습니다.

① 일본과 연합국과의 전쟁상태는 종료되었으며 일본은 주권을 회복한다.

② 일본은 한국의 독립을 인정하고 제주도, 거문도, 울릉도를 포함한 한반

도와 그 부속도서에 대한 모든 권리, 자격, 영유권을 포기한다.

③ 일본은 타이완과 펑후제도, 쿠릴열도와 사할린에 대한 일체의 권리를 포기한다.

일본 정부로서는 관대한 조약이라고 평가했지만 공산당, 사회당, 노동당 등에서는 일본이 서방 진영에 편입된다는 이유로 조약을 비판했습니다. 조약체결 2시간 후에는 미일안보조약(The USA-Japan Security Treaty, 구안보조약)이 조인되었습니다. 그러나 이 조약은 단순히 제2차 세계대전을 종결하는 정도의 내용이 아니라 공산주의를 방어하기 위해 일본을 재무장시키고 일본 내 미군주둔을 위한 기지 사용을 보장하는 방안이 포함되어 있습니다. 게다가 일본 내 기지를 제3국에 대여할 경우 미국의 동의권이 필요하고 일본에 대규모 내란이나 소요가 발생하여 일본 정부의 요청이 있거나 일본이 외부로부터 공격받을 때는 미군이 출동할 수 있도록 되어 있어, 사실상 불평등조약이라는 불만이 꾸준히 제기되어 왔습니다. 그렇지만 일본은 경제성장 우선정책이 더 중요했기 때문에 드러내 놓고 재교섭을 요구하는 분위기는 아니었습니다.

미일안보조약의 유효기간은 10년이었지만, 현재까지도 유효할 뿐만 아니라 폐기의사를 통보하기 전까지는 반영구적으로 효력을 지니는 조약입니다. 제 생각에는 명분보다는 실리를 얻겠다는 요시다의 현명한 선택이라고 봅니다. 그래서 후세들은 그를 '슈퍼현실주의자' 혹은 '안보무임승차론자'라고도 부르죠.

"지금 일본은 힘이 없어, 방위는 필요하지만 그 방위라는 것이 돈
이 들어가기 시작하면 한이 없지, 지금은 경제력을 갖춰야 할 시
기라네, 미군이 돌아가면 일본이 방위를 맡아야 하겠지만 지금
은 그럴 능력이 없다는 걸 인정해야지. 그래서 미국에게 첨병역
할을 부탁했다고 생각하면 되네, 지혜없는 자들은 이런 일본을
두고 점령상태에 있다고 생각하겠지."

"그렇지만 말이야. 미군이 영원히 주둔하진 않을 걸세, 계속 이용
당하리라고 생각하는 건 착각이야, 미군이 철수하겠다고 말할
시기가 반드시 올 걸세, 그때가 바로 미국과 일본의 지혜싸움이
벌어지는 때이지."

그가 89세의 나이로 사망했을 때 일본은 그의 죽음에 대한 예의
로 패전 후 처음 국장(国葬)을 치렀습니다. 연합군 점령부터 독립까
지의 기간 중 일본의 전후 부흥의 토대를 닦고 정치와 외교를 책임
졌던 요시다 시게루는 그렇게 한 시대를 풍미하고 떠났습니다.• 아
소 다로(麻生太郎, 1940~) 현 재무상이자 부총리가 그의 외손자입니다.

• 에피소드 하나 소개할게요. 요시다는 만나는 사람들에게 항상 'I am Sorry'라
고 말하며 다녔답니다. 그의 비서가 "왜 자꾸 미안하다고 하십니까."라고 묻자,
'난 나중에 총리가 될 거거든.' 총리의 일본식 발음이 'souri'입니다. 재미있지
않나요?

2

고도성장기의
총리들

자민당을 창당한 셀럽… 하토야마 이치로

하토야마(鳩山一郎, 재임 1954. 12. 10.~1955. 11. 22. 민주당내각, 1955. 11.
22.~1956. 12. 23. 자유당내각)는 동경대 법대를 졸업한 수재이면서 자유
당과 민주당을 창당한 인물이지만, 그를 유명하게 만든 것은 어쩌
면 그의 집안일지도 모릅니다. 아버지가 와세다대학 총장에 중의원
의장을 역임한 변호사였고, 어머니는 공립여자대학 창립자인 일본
최상류층 자녀였거든요.

그는 1945년 자유당을 결성하고는 1946년 제22회 총선에서 진보
당과의 연립내각을 구성하여 일본자유당 수상으로 내정되었습니다
만, 1937년 중일전쟁 직후 약 7개월간 국민사절로 독일과 이탈리아

— 손자와 함께 있는 하토야마
(사진출처: 하토야마회관)

를 여행하면서 여행기를 남긴 것이 발목 잡혀 패전 후 QHG에 의해 공직에서 추방당했습니다. 그래서 대미협조적이었던 요시다와는 달리 하토야마는 자신을 추방했던 미국과 대립각을 세우고 자주외교, 자주헌법, 자주방위라는 입장을 취했습니다. 그런 점에서 일본 국민들은 그를 '비운의 정치가', '국수주의자'라는 별명을 달아 주었지요.

하토야마는 그래서 일소국교회복에 정치생명을 걸었는지도 모릅니다. 소련은 샌프란시스코 강화조약 당시 체코슬로바키아, 폴란드와 함께 조인하지 않았기 때문에 법적으로는 일·소 간에 전쟁상태가 종결되지 않았다고 보고, 이를 탈피하고자 모스크바에서 평화조약을 조인(1956. 10.)했습니다. 지금껏 소련이 반대해서 UN 가입을 못했던 일본은 국교회복을 계기로 UN에도 가입했지만, 미국 입장에서는 적국인 소련과 일본이 국교 정상화를 했다는 자체가 불쾌했을 겁니다.

그렇다고 해서 일본이 소련과의 국교 정상화에 100% 만족했던 건 아닙니다. 일본은 패전 이후 소련과 북방4영토(쿠릴열도)에 대한 문제를 해결하지 않은 채 방치해 두었다가 이번에 수교를 계기로 실마리를 풀기 위한 노력을 했습니다만, 세상이, 아니 소련이 그렇게 호락호락하지 않다는 걸 깨닫게 됩니다.

북방4영토는 홋카이도 북쪽 끝에 나란히 펼쳐져 있는 4개의 섬이구요, 크기는 제주도의 2배 반 정도, 경기도의 절반 정도에 해당하는 면적으로, 원래 이 섬들은 아이누족의 섬이었지요. 그런데 러일전쟁 이후 사할린과 함께 일본 수중에 들어갔다가 패전 후 다시 소련 영토로 반환된 역사가 있습니다. 일본은 소련과 평화조약체결 후 반환받기로 약속받았지만 4년 뒤 일본이 미국과 미일안보조약(1960)을 체결한 것이 소련의 눈엣가시가 되면서 반환을 거부한 것입니다.

일본은 자체적으로 독도의 날을 지정한 것처럼 북방영토의 날(1981. 2. 7.)을 지정해 기념하고 있습니다. 2017년 8월 러시아가 쿠릴열도를 경제특구로 지정하면서 일본이 촉각을 곤두세우고 있는 상황입니다. 일본 교과서에는 독도뿐만 아니라 중국과 영토분쟁을 벌이고 있는 센카쿠열도(尖閣, 중국명 댜오위다오釣魚島)와 쿠릴열도 4개 섬까지 일본의 영토로 표기하고 있어 3국으로부터 공격을 받고 있는 셈입니다.

와세다대를 졸업한 이시바시(石橋湛山, 재임 1956. 12. 23.~1957. 2. 25.)는 총리가 될 만한 정치인은 아니었습니다. 패전 후 많은 정치인들이 정계에서 추방되는 바람에 인물이 없다 보니 동양경제신보(東洋經濟 新報) 편집인으로 경제 및 정치 관련 글로 명성을 얻은 이시바시가 정치 루키로 떠오른 거지요.

이시바시 역시 하토야마에 이어 자주외교 추진과 경제정책을 제시하면서 미국의 점령정책에는 저항을 했기 때문에 친중국파라는 미국의 비난을 들어야만 했습니다. 사실 이시바시는 권력지향형 인물이라기보다는 명확한 정치적 견해를 갖고 정면에서 승부하는, 일본 정계에서는 보기 드문 정치가로 평가받습니다. 특히 그는 '모든 것을 버릴 각오'와 '소일본주의'라는 이상향을 내세워 과감하게 군국주의를 비판한 것으로도 유명하지요. '소일본'이란 힘이 약한 나라라는 의미로, 오자와 이치로의 '보통국가론'과 대척점을 이루는 개념어입니다. 한마디로 식민지 경영은 실속없는 국력낭비를 하면서 적만 만들고 군비 확장은 망국의 지름길이라고 주장했습니다.

신문사 편집인으로 재직했을

— 이시바시의 정치 색깔을 소개한 책(2000).

때는 야스쿠니신사를 폐지할 것을 주장(1945. 10. 22.)한 적도 있습니다. 전쟁에 패한 전몰장병을 신으로 모신다는 것은 국가 체면상 손해일뿐더러 이로 인해 동아시아 국가들과 심각한 외교문제를 일으킬 것이라는 거지요. 대동아전쟁은 만대에 걸쳐 씻을 수 없는 오욕의 전쟁이라고 호소하기도 했어요. 오늘날 집권 여당인 자민당은 당시 자민당 총재였던 이시바시의 이런 발언을 애써 감추려고 합니다.

하나 더 말씀드리자면, 그는 메이지 천황에게 대항하여 진구(神宮) 건설을 반대하고 그보다는 노벨상처럼 메이지상금을 만들자고 주장하기도 했던, 실용주의 노선을 취한 정치가이기도 했습니다. 안타깝게도 뇌경색으로 쓰러져 불과 65일 만에 총리를 그만두었으나, 일·중국교회복(1972. 9.)을 목격한 다음 해인 1973년 4월 사망하였지요.

지옥에서 천당으로 올라온 A급 전범… 기시 노부스케

기시(岸 信介, 재임 1957. 2. 25.~1960. 7. 19.)는 도쿄대학 법학과를 최우수 성적으로 졸업한 천재 정치가이지만 태평양전쟁이 한창일 때 상공대신으로 만주국 사업의 총책임자였던 과거 경력이 드러나면서 A급 전범 용의자로 체포되었다가 도조 총리와 막바지에 대립된 자세를 보인 것이 밝혀져 석방된 억세게 운 좋은 정치가입니다.

태평양전쟁의 책임자 중 한 사람이던 기시가 전후 정치의 주역으로 탈바꿈할 수 있었던 이유가 뭘까요?

그는 제2차 세계대전 전부터 구축해 놓은 정관재계의 인맥을 동원하여 정치자금을 손쉽게 조성하는 능력을 보였고, 미국이 하토야마와 이시바시를 견제하는 것을 보고는 '반공친미'로 노선을 변경하는 노련한 처세술도 펼쳐 나갔습니다.

그는 경제는 관료에게 맡기고 총리는 외교와 치안, 교육문제에 치중해야 한다고 강조하면서, 패전 후 일본 총리로는 처음으로 동남아를 두 차례나 방문하여 아시아 중시노선을 과시했습니다. 그리고 미국으로 건너가 아이젠하워 대통령을 방문(1957. 7.)해 함께 골프를 치면서 미일안보조약 개정을 정식으로 제안했고, 또 오키나와 반환에 대해서도 일본 측의 강력한 희망을 전달했습니다만, 이때는 특별한 답변을 듣지 못하고 빈손으로 돌아와야만 했습니다.

앞서 말씀드렸지만, 1951년 9월 평화조약체결 때 맺어진 미일안보조약은 일본의 안전보장을 위해 미군주둔을 용인하는 일종의 기지대여협정이잖아요. 그런데 이 조약은 필요에 따라 미군이 일본에 기지를 만들 수 있다는 특권을 규정하고 있을 뿐만 아니라 조약 기간이 명시되어 있지 않았고 미군의 일본방위 의무에 대한 규정도 없기 때문에 체결 당시부터 불평등조약이었다는 문제가 제기되어 왔습니다.

기시가 요구했던 것은 단순합니다. 51년에 채결된 안보조약은 전승국 대 패전국 간의 색채가 강한 편무적인 조약이니, 이제는 일본이 독립국가에 걸맞은 자위력을 보유하고 미국과 대등한 관계를 구축하자는 것입니다. 기시는 요시다 전 총리가 구축했던 샌프란시스

— A급 전범에서 총리로 등극한 기시 노부스케

코 체제를 '점령시대의 유산'으로 보고 이를 재평가하는 것이 자신의 정치적 사명이라고 생각했습니다. 워싱턴을 다시 방문(1960. 1.)한 이유도 그런 맥락이었죠. 이때 아이젠하워 대통령을 다시 만나 일본 국내의 정치적 소요에 대한 미군 개입 가능성과 일본이 제3국에 기지를 대여할 경우 미국의 동의를 필요로 한다는 조항을 삭제하는 신안보조약을 제정했습니다.

그러나 안보조약개정을 모두가 환영한 것은 아닙니다. 일미상호방위 의무가 강화되어 결국 군사동맹으로서의 성격이 농후하다는 것과 주일미군의 해외활동이나 핵무기 반입에 대해 일본의 동의를 필요로 하지 않은 점 등이 지적되면서 대규모 '반기시운동'이 전개되었지요. 게다가 기시는 사실 A급 전범 출신이잖아요. 그런 사람이 총리가 되어 안보법을 개정한다는 것도 우려의 한 부분이었습니다.

결국 안보소동(안보반대투쟁)이 민주주의 수호운동으로 변해 대중운동으로 확산되면서 전국적으로 560여만 명이 참여했고, 그런 와중에 간바 미치코(樺美智子, 1937~1960)라는 도쿄대학 여학생이 완전무장한 기동대와 격돌하는 와중에 숨지는 사고가 발생하면서 기시는 퇴진할 수밖에 없었습니다. 이로써 공직추방 경험이 있는 하토야마, 이시바시, 기시 등 세 명의 전전형(戰前型) 정치가가 물러나고 차세대 이케다 하야토부터는 전후형(戰後型) 정치가로 전환됩니다.

일본 정치가들이 대부분 그렇듯 기시도 90세(1987)까지 장수하였습니다. 기시의 딸 요코(洋子)가 아베 신조의 아버지인 아베 신타로와 결혼하였죠. 그러니까 기시는 아베 신조의 외할아버지입니다. 아베가 초등학교에 입학하기도 전에 일어났던 반기시운동, 안보투쟁으로 외가댁 집안을 둘러싼 시위대를 직접 목격했던 아베의 어릴 적 추억이 잔영으로 남아 있어 그렇게도 개헌에 목숨을 거는 건지도 모르겠습니다. 이 부분에 대해서는 우리 9장으로 넘어가서 공부하도록 하겠습니다.

교만에서 겸손으로 보리밥 정치인… 이케다 하야토

이케다(池田勇人, 재임 1960. 7. 19.~1964. 11. 6.)는 교토대학 법학부를 졸업하고 지방의 세무서장을 전전하던 변두리 관료 출신이였지만, 도쿄대에 들어가지 못한 것을 불효라고 여겨 고등문과시험에 도전하여 대장성(大藏省)에 입성한 후 정치가로 성공한 케이스입니다. 사실 이케다도 기시만큼이나 운이 좋은 사나이입니다. 1945년 패전 후 전쟁의 책임을 물어 정부 고위관료와 경영자를 몰아낸 '공직추방조치'의 회오리바람에 대장성 장관이었던 가야 오키노리(賀屋興宣, 1889~1977)를 시작으로 이케다를 앞섰던 1등 관료들이 일거에 제거되었던 것입니다. 이런 와중에 살아남은 이케다는 1947년 대장성 관료로서는 최고위인 사무차관*이 되었고, 고교 동창이던 사토 에이사쿠의 권유로 관료 생활을 청산하고 정치가의 길을 걷게 됩니다. 일본의 패전이 이케다에게는 출세가도로 작용했다고 볼 수 있겠지요.

　히로시마(広島)에서 양조업**을 운영하는 집안에서 풍족한 유년시절을 보냈던 이케다는 대장성 장관시절에 '가난한 사람은 보리밥을 먹는 게 당연하다.'고 허세를 부리다가 불신임 공세에 몰렸던 쓰라린 경험을 교훈 삼아, 국민들에게는 물론이고 당내의 정적과 경쟁자들에게까지 무조건 허리를 낮추는 저자세 정치를 선보였습니다. 여담입니다만, 실제로 이케다는 보리밥을 즐겨 먹었다고 합니다. 이케다가 50년대 중반 장관으로 워싱턴을 방문했을 때 빠듯한 출장비 때문에 허름한 호텔방에서 비서와 함께 싸구려 위스키로 목을 축였다는 이야기는 두고두고 회자되었지요.
　이케다의 정치적 스승인 요시다가 '총리의 지나친 저자세는 국민들 눈에 정권이 약한 것처럼 비치게 할 것'이라고 걱정의 편지를 보내기도 했습니다만, 그래도 이케다는 한 번 굽혔던 허리를 다시 펴

* 　일본 국가공무원 시험 합격자들은 엄격한 면접과 심사를 통과한 후 연공서열에 따라 승진합니다. 계원부터 출발하여 계장, 주사, 과장보좌, 기획관, 과장, 심의관(부장), 국장, 그리고 각 성청을 지휘 통솔할 수 있는 최고 책임자인 사무차관에 오릅니다.

** 　제2차 세계대전 후 일본의 수상 가운데 기시 노부스케, 사토 에이사쿠, 다케시타 노보루, 우노 소스케 등이 양조업자 집안 출신이었는데, 당시 양조업자는 지역의 재력가이자 유지로 정치적인 영향력을 발휘할 수 있었던 위치였습니다. 이케다 집안도 에도 시대부터 지역 기반의 유지로서 양조업을 통해 재력을 유지해 왔다고 합니다.

지 않았습니다. 이 덕분에 케네디
로부터 '세계를 떠받치는 세 기둥
은 이제 미국과 유럽, 그리고 일본
이다.'라는 평가를 받았습니다.

이케다는 일본의 황금시대를 개
막한 정치인으로도 평가받고 있습
니다. 그는 1961년을 기점으로 10
년 내 소득을 두 배로 늘리겠다며
'국민소득배증정책'을 실시했습
니다. 1960년대는 마치 우리나라

— 이케다에 대해서 자세히 알고 싶
으신 분들에게 이 책을 추천합니다.

가 보릿고개를 넘겨야 한다는 간절함만큼이나 일본에서의 경제성
장도 하나의 신앙이었지요. 이케다의 정책 덕분인지 매년 경제성장
10% 전후의 기록을 달성했고, 당시 주부들이 가장 원했던 '3종의
신기(神器)'인 냉장고, 진공청소기, 세탁기의 보급률은 1970년 당시
평균 80%가 넘었습니다.

한편, 이케다의 재임기간이던 1963년 2월에 일본은 GATT에 가
입하고 1964년 4월에는 IMF8조국에, 그리고 OECD에도 가입하
면서 경제적으로 선진국에 진입하는 쾌거를 이루어 냅니다. 그리곤
도쿄올림픽 개막식(1964. 10.)에 부인과 함께 참석하여 그 기쁨을 맛
보았지요. 그러나 이케다의 고등학교 동창생이자 차기 총리로 지명
받은 사토는 이케다에게 사임을 요구하며 '저세상 가기 전 추억이
나 만들려고 참석했나'라고 비아냥거렸다고 하니, 정치인들의 권력
욕과 입방아는 아무래도 상관관계가 높은 것 같습니다.

사토(佐藤栄作, 재임 1964. 11. 6.~1972. 7. 7.) 역시 아버지가 양조장을 운영한 재벌 가문에서 태어나 도쿄대를 나온 수재입니다. 기시 노부스케가 친형이고, 아베 신조에게는 외증조부가 되는 친척이기도 합니다. 그는 자민당에서 유일하게 4번이나 총재로 뽑히면서 7년 8개월간의 전후 최장수 정권이라는 기록을 남겼어요. 그래서 일본 사람들은 바로 전 수상인 이케다의 4년 3개월과 사토의 재임기간을 합친 12년간을 일컬어 일본을 경제대국으로 만든 '이케다-사토시대', '자민당의 황금기'라고 표현합니다.

사토는 이케다가 이룬 업적에 더하여 후속작들을 하나하나 해결해 나갔습니다. 1965년 6월, 한일기본조약체결을 통해 한국과 국교정상화를 이루었고, 1971년 6월에는 오키나와 시정권(市政權) 반환에 대한 합의(실질적인 반환은 72. 5. 15.)를 이루어 내면서 사토내각 최대 업적으로 기록을 남겼습니다.

당시 오키나와는 미국의 점령하에 있었고 이곳에 주둔하고 있는 미군기지는 미국의 극동전략의 핵심지였습니다. 베트남전쟁으로 오키나와의 지정학적 중요성이 더 높아가는 상황에서 반환 협상은 상당히 부담되고 조심스러운 제안이었을 텐데, 미국을 방문(1965)한 사토는 존슨 대통령과의 수뇌회담에서 일본의 영토반환 문제가 해결되지 않는 한 전쟁이 끝난 것이 아니라고 주장하였지요. 그러나 존슨이 떨떠름한 반응을 보이자 사토는 패전 후 총리로서는 처음으로 오키나와를 방문(1965. 8. 19.)하여 오키나와 반환에 대한 결심을

— 서울, 사토와 박정희 대통령의 만남(1967. 6. 30.) 사진출처 : 지지통신(時事通信)

보여 주었습니다. 그리고는 '핵무기를 만들지도 갖지도 반입하지도 않는다.'는 '비핵3원칙'과 핵확산금지조약을 조인한 덕분에 아시아인으로는 최초로 노벨 평화상까지 수상(1973)했어요. 그래서 이케다 하면 경제, 사토하면 정치를 연상하는 겁니다.

사토는 사실 어느 정도 막강한 파벌을 갖고 있었기 때문에 기시다음에 총리가 될 수도 있었지만, '기시-사토 브라더스'라며 형제가 다 해 먹는 것 아니냐는 험담을 듣기 싫어서 총리 자리를 이케다에게 양보했던 노련함을 보인 정치가이기도 합니다.

3

저성장기에서
버블경제기간의 총리들

노오란 샤쓰 vs 우익 우두머리… 나카소네 야스히로

  일본 군마현(群馬県) 다카사키시(高崎市)에서 목재상의 아들로 태어나 도쿄대 법대를 졸업한 나카소네(中曽根康弘, 재임 1982. 11. 27.~1987. 11. 6.)는 28세의 젊은 나이에 중의원에 당선(1947)된 이후 20선을 승리한, 그러니까 '직업'이 국회의원인 정치인이었습니다. 1959년 과학기술처장관을 시작으로 운수장관, 방위청장관, 통산장관, 행정관리청장관 및 자민당 총무회장·간사장 등의 요직을 두루 거쳐 1982년 11월 제71대 총리가 되었습니다.

  전후 사토 에이사쿠에 이어 두 번째로 긴 5년이나 장기집권하는

일본 정치 고민없이 읽기

동안 한일우호증진에도 앞장섰던 인물입니다. 1983년 1월 일본 총리로서는 전후 처음으로 한국을 공식 방문(1983. 1.)했던 그는 40억 달러의 경제원조를 약속하고는 공식만찬 자리에서 '노란 샤쓰 입은 사나이'를 한국어로 불렀다고 합니다. 이에 질세라 전두환 전 대통령도 답례로 일본 노래를 불렀고, 이듬해인 1984년 9월에 한국 대통령으로는 처음으로 일본을 방문해서 쇼와 천황을 만나기도 했지요.

나카소네는 양국 관계가 흔들릴 것 같으면 "일본은 한민족에게 상당히 폐를 끼쳐 왔다.", "오른손엔 미국, 왼손엔 한국의 손을 쥐고 세 나라가 태평양 국가로 돌진하자는 것이 나의 외교 전략이었다."고 고백했으니, 정 많은 한국인들이 그를 얼마나 좋아했겠습니까?

그렇지만 한편으로 그는 역대 내각이 터부시해 오던 방위비의 GNP 1% 한도제를 철폐함으로써 군사대국으로의 전환을 시도하고 헌법 개헌에 대한 의지를 언급하면서 일본의 보수·우경화를 주도하였습니다. 아울러 미국과 일본이 운명공동체란 점을 강조하기 위해 일본을 미국의 침몰하지 않는 항공모함으로 활용하겠다는 '불침항모론'을 꺼낸 것은 그의 정치 철학을 보여주는 단면이기도 합니다. 만일 우리나라 지도자가 이런 발언을 했다면 어떤 상황이 펼쳐질까요? 아마도 '양키 고 홈'은 기본이요, '미제 앞잡이'니 '미국 사대주의'니 하며, 나라가 뒤집힐 만큼 정쟁 상태에 진입할 이슈가 될 터인데, 일본은 우리나라와 정치풍토가 달라도 한참이나 다른 게 틀림없습니다.

이뿐만이 아닙니다. 소련이 침공할 경우 일본을 둘러싼 3개의 해협을, 즉 혼슈와 홋카이도 사이의 츠가루 해협(津軽海峡), 혼슈와 규슈

— 방한 당시 전두환 대통령
에게 수교훈장을 받은 나카소
네(연합뉴스 자료사진)

사이의 간몬 해협(関門海峽), 그리고 우리에게 대마도로 알려진 쓰시
마 해협(対馬海峽)을 봉쇄하겠다며, 미일 양국이 태평양을 사이에 둔
운명 공동체라는 걸 강조한 겁니다. 그러나 안보 면에서는 미국과
찰떡궁합이었는지는 몰라도 미국은 폭발적인 경제성장을 하는 일
본을 상대로 플라자합의(Plaza Accord, 1985)를 통해 통상압박을 가하
면서 일본 경제는 한동안 거품이 쌓이게 되고, 그 거품이 꺼지면서
90년대부터 '잃어버린 10년(lost decade)'이 20년, 30년간 지속되는
장기침체에 빠진 원인을 제공하기도 했습니다. 게다가 1985년 8월
15일, 정치인사 중 처음으로 A급 전범의 집합소인 야스쿠니신사를
방문하는 나쁜 선례를 남겨, 이후 일본 정치인들이 야스쿠니신사를

참배할 수 있는 길을 터놓은 일본 보수 우익의 우두머리이기도 합니다. 아울러 태평양전쟁 당시 일본군위안소 설치에도 관여하였다고 하니, 웬만한 극우파들에겐 거의 신적인 인물이기도 하지요.

그런데 내로남불인지는 몰라도 세월이 지나 2005년 고이즈미 총리가 야스쿠니를 참배했을 때는 멈출 것을 촉구하기도 했습니다. 자신의 시대와 달리 국제정세가 달라졌다고 판단해서 충고한 것이겠죠. 2012년 2월, 동아일보와 인터뷰 때도 "불행한 과거사에 대해 일본은 엄숙히 받아들여 늘 반성하고 성실하게 대응해야 하며 이를 자자손손 전해야 한다."고 했습니다. 101세가 되던 2019년 11월에 사망했으니, 일본 정치인들은 장수하는 DNA를 갖고 태어났는지도 모르겠습니다.

차라리 정치를 안 했다면 좋았을… 우노 소스케

우노(宇野宗佑, 재임 1989. 6. 2.~1989. 8. 9.)는 고베대학(神戸大学)에 입학한 지 두 달 만에 문과계 학생들만을 대상으로 하는 학도병에 징병되어 태평양전쟁에 출정했다가 전쟁 포로로 시베리아에서 억류되었고, 이후 1947년 10월이 되어서야 일본에 송환된 특이한 경험을 한 총리입니다. 우노는 그 후 대학에 복학하지 않았기 때문에 일본 총리 중 유일하게 대학 졸업장이 없는 고졸 출신 총리라는 기록을 갖고 있습니다.

사실, 바로 앞선 다케시타 총리가 리크루트사건으로 퇴진한 뒤

— TV에 출연하여 둘 간의 밀회를 인터뷰하고 있는 우노의 애인, 이 여성은 스캔들을 터뜨린 후 속세를 떠나 비구니가 되었습니다.

취임한 우노는 차라리 외무장관직을 고수하는 편이 나았을지도 모릅니다. 글쎄 취임 초기 『선데이 마이니치(サンデー每日)』란 주간지가 우노의 여성스캔들 기사를 터뜨리면서 치부가 드러나 결국 69일 만에 사퇴한, 역대 최단명 수상이란 치욕의 기록도 보유하고 말았습니다. 매달 30만 엔의 화대를 주고 가구라자카(神楽坂)의 기생을 애인으로 삼았는데, 몇 달간 돈을 주지 않았던가 봅니다.

우리나라는 이제야 '미투'가 본격화되면서 대선 잠룡들이 감옥에 가거나 자살하는 불운한 일들이 일어나고 있지만, 일본 정치사의 관점에서 본다면, 지금까지 여성문제로 총리 또는 총리후보가 도마 위에 오른 것은 우노가 최초이자 마지막이기도 합니다. 원래 일본 정가에서는 '배꼽 밑 10cm는 건드리지 않는다.'라는 속설이 있어서인지 모르겠지만, 수많은 정치적 사건, 사고, 스캔들이 좀처럼 겉으로 드러나지 않는 나라가 일본입니다.

4

잃어버린 일본
경제기간의 총리들

좌파인지 우파인지 구분이 힘든… 무라야마 도미이치

무라야마(村山富市, 재임 1994. 6. 29.~1996. 1. 11.)는 능력이 있어서 총리 자리에 올랐다기보다는 자민당이 '자민-사회-사키가케'와 연립하는 과정에서 수상 후보로 결정된 인물입니다. 사회당은 호소카와 및 하타 내각에 실망하여 결국 정치성향과 이념이 정반대인 자민당과 손을 잡게 되었죠. 여기에는 물론 동서냉전체제의 상징이었던 베를린 장벽이 무너지고 시대도 바뀌었으니 사회당도 변해야 한다는 절박함이 묻어 있기도 합니다. 이렇게 자민당과 연합한 사회당의 새로운 출발은 리트머스 종이처럼 시험대에 올랐습니다.

문제는 자민당 우파와 사회당 좌파가 한배를 타고 나간다는 게

당장의 이익에는 부합할지 모르겠지만, 결국 시간이 지나면 갈등을 초래할 수밖에 없는 구조적 모순을 지니고 있다는 점입니다. 그래서 사회당은 기존의 태도와는 달리 자위대와 미일안보체제는 필요하다고 인정했을 뿐만 아니라, 히노마루(日の丸)는 국기이고 기미가요(君が代)는 국가라는 입장도 표명했습니다.

어쨌든 패전 후 가타야마 데쓰(片山 哲, 재임 1947. 5.~1948. 3.)에 이어 두 번째로 사회당 정권의 총리가 된 무라야마는 패전 50주년인 1995년 8월 15일, 일본 지도자로서는 최초로 식민지지배와 침략에 대한 반성과 사과를 명기한 '무라야마 담화'를 발표했습니다. '통절한 반성과 마음으로부터의 사과'라는 표현이 들어간 무라야마 담화는 오늘에 이르기까지 일본 정부의 공식적인 과거사 인식과 관련하여 가장 수긍할 만한 것으로 평가받고 있습니다. 그렇지만 무라야마는 담화 발표 두 달 후 국회에서 '한국 병합이 합법이었는가.'라는 질문에 '한일병합조약은 법적으로 유효하게 체결되었다.'라고 답변하여, 마치 좌회전 깜빡이 키고 우회전 해 버린 격이 되고 말았습니다. 이런 정권의 지도자가 오래 갈 수는 없겠지요.

한편 무라야마 정권의 흔들리는 리더십 한복판에 또 다른 사건들이 겹치면서 최대 위기를 맞습니다. 1995년 1월 17일, 한신·아와지(阪神·淡路) 대지진이 일어나고 오키나와에 주둔하고 있던 미군병사가 일본 소녀를 성폭행하는 사건, 그리고 옴진리교라는 사이비 이단 종교가 도쿄 한복판 지하철 내에서 동시다발적으로 사린가스를 살포하여 14명이 사망하고 6천여 명이 부상을 입는 사건이 발생했지만, 이에 대한 수습을 제대로 하지 못한 채 우왕좌왕하다가 돌

— 자위대를 사열하는 무라야마 도미이치 (닛케이신문 2015. 10. 18. 기사)

연 퇴진을 발표하고 말았습니다.

그리고는 또다시 자민당의 하시모토 류타로(橋本竜太郎, 재임 1996. 1.~1998. 7.)에게 정권을 넘겨야만 했습니다. 이로 인해 사회당은 분열되고 쇄신을 위해 당명을 사민당(사회민주당)으로 변경하였지만, 과거의 영광을 찾지 못한 채 오늘날에는 명맥만 유지할 정도의 미니 정당으로 전락하고 말았습니다.

사족(蛇足)입니다만, 무라야마는 메이지대학(明治大學) 상학부 출신으로 제 학부 선배이기도 합니다. 그래서 한국의 메이지대학 유학생 총동문회 때 한국에 온 적도 있습니다. 그런 그가 2014년 5월 도쿄 황궁이 내려다보이는 메이지대학에서 특강을 진행했을 때는 다음과 같은 입장을 밝혔지요.

"식민지지배와 침략을 반성한 담화는 자신 개인의 의견이 아니라 각의(국무회의)를 거쳐 결정된 내각의 담화였으며 아베 신조의 개헌이나 헌법해석 변경에는 반대한다."

아쉬운 점은, 이런 발언은 현직 총리일 때 자주 해야 하는데 이빨 다 빠지고 권력이 쇠해진 다음에 한들 누가 주목이나 할까요?

신의 나라 일본을 주장한… 모리 요시로

바로 앞선 오부치 총리의 급작스런 사망으로 경황이 없는 상황에서 극소수의 자민당 관계자가 밀실협의를 통해 결정 내린 차기 총리가 바로 와세다대학(早稲田大学) 상학부 출신의 모리(森喜郎, 재임 2000. 4. 5.~2001. 4. 26.)입니다. 사회는 어떠한 경우에도 권력의 공백을 허용하지 않는다고 하는데, 아무리 그래도 이건 너무 심한 케이스이지요. 더군다나 오부치 전임 총리가 입원해 있던 일주일여간 그의 병 상태에 대해 제대로 설명하지도 않고, 총리가 되고 싶어 죽기만 기다린 거 아니냐는 비아냥을 들어야만 했습니다. 자민당은 모리가 왜 수상이 되어야 하는지에 대한 설명을 전혀 언급하지 않았기 때문에 그의 정통성 문제와 자질 문제는 항상 그의 뒤를 그림자처럼 따라다녔습니다. 모리 내각의 지지율이 내내 낮았던 원인이 이런 배경 때문이지요.

물론 모리는 모리파벌의 회장이긴 하지만 총재선거에 입후보한 경력이 전무했기 때문에 국민들은 그가 어떤 정권을 꾸려 나갈지, 어떤 사고방식을 갖고 있는지 전혀 정보가 없었습니다. 그러던 중 몇 가지 사고가 있고 나서야 그가 총리감이 아니라는 걸 깨닫게 되었죠. 얼렁뚱땅 수상이 되는 뜻밖의 행운을 누린 모리에게 역시 뜻

— 한국을 방문한 모리와
이명박 대통령 (2008. 10. 30.)
출처 : 국가기록사진

밖의 불행이 찾아왔던 겁니다. 어떤 사고들이 있었을까요?

첫 번째 사고입니다. 모리는 신도정치연맹(神道政治連盟) 국회의원
간담회(2000. 5. 15.)에서 '일본은 실로 텐노를 중심으로 하는 신의 나
라라는 것을 국민 여러분들이 똑똑히 이해한다는 것, 이것을 위해
우리들이 힘써 왔다.'라고 발언하여 일본 국민들뿐만 아니라 한국
과 중국 등 이웃 국가들로부터 공격을 받았습니다. 신도정치연맹은
텐노가 정치를 해야 한다는 재정일치를 주장하는 극우단체입니다.

두 번째 사고는 2001년 2월 10일에 발생했습니다. 에히메(愛媛) 현
립 우와지마(宇和島) 수산고등학교 학생들이 어업실습을 위해 에히메
마루호(えひめ丸)를 타고 하와이로 떠난 지 얼마 안 되어 하와이 앞바
다에서 해수면으로 급부상한 미 해군 원자력 잠수함인 그린빌호와
충돌해 침몰하는 사고가 발생했습니다. 그런데 사고 직후 미국은
잠수함에 타고 있던 자국 민간인들의 안전에 최우선하겠다는 핑계
로 구조작업을 하지 않았고, 이로 인해 승무원 35명 중 교원 5명, 수

산고등학생 4명이 사망한 겁니다.

사고 피해를 전해들은 일본 참모들이 골프를 치고 있던 모리에게 보고하자 대뜸 화를 내며 "죽은 애들을 어떻게 하라고 법석이냐"라는 반응을 보이곤 그대로 골프를 쳤다고 합니다. 이때 모리의 위기관리능력 부재가 드러나면서 지지율이 하락하고 결국 퇴진할 수밖에 없는 상황에 이른 겁니다. 그래서 그의 별명이 '바카 모리'(バカ森, 바보 모리)라고 합니다. 이 정치인은 직구만 던질 줄 알지 변화구는 구사할 줄 모르는 것 같습니다.

현재는 코로나19로 연기되긴 했지만 모리는 2020년 도쿄올림픽 조직위원회 회장을 맡고 있습니다. 사실 이때도 유명한 일화가 있습니다. 회장 취임과 관련하여 부족한 영어실력을 지적받자, '영어는 적국의 언어'라는 시대에 뒤떨어진 꼰대 발언을 했었지요. 망언제조기 정치인의 명단에도 포함되어 있는 인물입니다.

마키아벨리는 운이 좋아서 지도자가 된 사람은 그 자리를 지키는 데 어려움을 겪는다고 하였는데, 모리가 딱 이 꼴이라고 할 수 있지요.

사자 머리 개성의 스타급 헨진… 고이즈미 준이치로

전후 일본 정치인 중 가장 스타급 총리이면서 대중의 인기를 한 몸에 받은 인물이 누구인가요?라고 저에게 묻는다면, 저는 단연코 고이즈미(小泉純一郎, 재임 2001. 4. 26.~2006. 9. 26.)라고 답하겠습니다.

영국에서 유학한 경험이 있지만 버벅거리는 영어실력도 일본인들
에겐 친근한 매력으로 보이고, 이혼 후에는 외롭게 혼자 살면서 아
들 둘을 키워 왔다는 점, 그렇지만 강직한 목소리에 뭔가 이유가 있
을 듯한 사자 머리 스타일을 고수하는 고이즈미에게 일본 국민들은
지지를 보냈습니다.

고이즈미는 자민당 개혁과 우정민영화를 총리 선거 공약으로 내
걸었습니다. 우정공사, 도로공사 등의 공공기관을 민영화하여 정부
조직을 슬림화하고 작은 정부를 실현하고자 했던 거지요. 특히 우
정공사는 2만 5천여 지점망을 갖고 있고 국영이기 때문에 세금을
낼 필요도 없고 파산염려도 없습니다. 게다가 고이즈미의 우정민영
화 공약은 경제 권력을 관에서 민으로 이양한다는 개혁의 상징성을
갖고 있습니다.

약 360조 엔에 이르는 우체국 예금과 보험금은 일본 전체 예금
과 보험금의 약 60%에 해당할 만큼의 거액입니다. 일본의 우체국
이 실질적으로 국가가 통제하는 일본식 사회주의의 상징으로 여길

수밖에 없었던 거예요. 그러니 일본 정관계부터 재계에 이르기까지 권력을 휘두르는 우정공사를 누르기 위해서는 강력한 카리스마 있는 정치인이 아니고는 개혁이 어렵다는 걸 누구나 알고 있었지요. 마치 문재인 대통령이 검찰을 개혁하고자 하는 의지만큼이나 강했던 일본 최대의 이슈가 우정공사 개혁이었거든요.

그렇다고 모두가 우정민영화를 찬성한 것은 아닙니다. 국영이기 때문에 국민들이 질 높은 서비스를 받을 수 있다고 주장하는 목소리도 있고, 채산이 맞지 않는 산골지점은 유지해야 한다거나, 우체국을 그대로 놔둬야 선거에 유력한 표를 획득할 수 있다고 주장하는 등 다양한 이유로 반대하는 목소리가 높았습니다. 그런데 2004년 한일 간에 독도영유권 문제가 발생했을 때, 한국은 독도 기념우표를 발행했는데 일본은 그렇게 하지 못했습니다. 집권 자민당이 우정공사에 동일하게 요구해도 우정공사가 이를 거절했기 때문이지요. 결국 자민당 생각에는 우정공사가 애국심이 없다고 판단하고는 민영화를 앞당겼다는 이야기가 전해지고 있습니다.

고이즈미는 2005년 총선 때 우정공사 민영화 관련 법안에 반대했던 일부 자민당 의원들을 출당시키는 악수를 두었습니다. 그만큼 그에게는 절실했던 개혁 이슈였기에 자민당으로서는 불리한 상황이었지만, 다행히도 우정민영화정책을 적극 지지했던 각종 미디어와 다수 유권자들로부터는 지지를 얻으면서 결국은 우정민영화에 성공했습니다. 고이즈미는 이후로도 국민 여론의 절대적인 지지를 기반으로 파벌정치의 지배력을 약화시키면서 강력한 리더십을 확립해 나갔습니다.

아들에 대한 이야기도 잠깐 해 볼까요?

장남 고타로(小泉孝太郎, 1978~)는 정치에 관심을 접고 연예인 활동을 하고 있습니다. 2020년 6월부터 8월까지 방영되었던 〈파견의 품격2(ハケンの品格2)〉에 주연으로 발탁될 정도로 인기도 높습니다. 원래 이 드라마는 2007년에 방영되면서 시청률에서 성공하였고, 2013년 KBS에서 김혜수 주연의 〈직장의 신〉으로 리메이크된 드라마이기도 합니다. 고타로의 연기실력은 잘 모르겠습니다만 일단은 총리의 아들이라는 유명세가 있으니 시청자들에겐 관심을 끌기엔 충분하지요.

막내 신지로(小泉進次郎, 1981~)는 아버지 비서로 정치에 입문하여 현재 39세라는 젊은 나이에 환경부장관으로 활동하고 있습니다. 포스트 총리로도 각광받고 있지만, 그의 나이와 경력을 볼 때 총리 아버지의 배경이 없었다면 장관은커녕 국회의원이 될 수 있었을까 하는 의구심이 드는 건 저만의 생각은 아닐 겁니다. 전형적인 세습의원이잖아요.

개념없는 망언 제조기… 아소 다로

학습원대학(学習院大学) 정치경제학부를 졸업한 아소(麻生太郎, 재임 2008. 9. 24.~2009. 9. 16.)는 일본 정치인 중 드물게 프란시스코라는 세례명을 가진 가톨릭신자입니다. 그래서 그런지 야스쿠니신사의 비종교법인화를 주장한 적이 있고 또 총리 재임기간 동안 만큼은 야

— 아소 다로를 있는 그
대로 표현한 거만한 자세
사진 출처: 文春オンライン

스쿠니신사에 참배하지 않았습니다.

사실 아소는 자력으로 성장한 정치인은 아닙니다. 그는 의원직만
세습받은 게 아니라 25억 엔(한화 260억 원)에 이르는 자택과 재산까
지 물려받은 일본 최상류층 명문 정치가 집안의 도련님이지만, 우
리나라 국민 중 아소를 좋아하는 사람은 단 한 사람도 없을 겁니다.

'일본은 중국과 천오백 년 동안 좋은 관계를 유지한 적이 없다.'

'일본은행들이 금융위기를 피한 건 금융시장이 튼튼해서가 아니
라 영어를 못하다 보니 파생상품을 구매할 수 없었기 때문이다.'

'일제강점기의 창씨개명은 조선인들이 희망해서 이루어진 것이다.'

'제2차 세계대전이 조금만 더 길어졌다면 일본이 전승국이 되었
을 것이다.'

'일본의 코로나19 대응과 관련하여 한국을 같이 취급하지 마라.'

사실 이런 종류의 망언은 이 책에 다 담지 못할 만큼 쏟아 붓고 있고, 그 수준이 천박하기 이를 데 없다 보니 이제는 '벌린 입으로 또 떠드는구나' 그러려니 하는 정도입니다. 인터넷에서 떠도는 '고이즈미 준이치로가 아메리카노고 아베 신조가 에스프레소 수준이라면 아소 다로는 T.O.P'라는 촌철살인(寸鐵殺人)의 댓글을 보고 고개를 끄덕인 적이 있을 정도이니까요.

그런데 이런 그의 사상은 어느 날 갑자기 형성된 것은 아닙니다. 그의 증조부 아소 다키치(麻生太吉, 1857~1933)가 아소탄광을 운영한 귀족원 의원인데요. 일제강점기 시절 조선인 약 8천여 명의 징용 노역을 착취해 큰 돈을 벌었고, 외조부는 '한국전쟁은 신이 내린 선물이다. 덕분에 일본 경제를 일으킬 수 있었다.'라고 망언을 했던 요시다 수상입니다. 문재인 대통령이 6.25 70주년 기념사(2020. 6. 25.)에서 '우리 민족이 전쟁의 아픔을 겪는 동안 오히려 전쟁특수를 누린 나라도 있었다.'라고 한 대목이 바로 요시다의 위 발언을 염두에 두고 한 말이지요. 아소의 가족찬스는 여기서 끝이 아닙니다. 장인은 스즈키 젠코 전 수상이고 아버지 역시 중의원을 3선이나 역임했으며 일본 천황가와 사돈지간이기도 합니다.

아무튼 아소는 기본적인 소양과 자질에 문제점을 드러내면서 결국은 자민당과 함께 몰락하고 하토야마 유키오의 민주당에게 정권을 넘겨준 장본인이기도 합니다. 그럼에도 불구하고 아베 내각 출범 때 재무상을 맡으면서 정치적 재기를 하였고, 스가 내각 출범(2020. 9. 16.) 이후에도 여전히 과거의 권력을 그대로 누리면서 권력서열 3위라는 막강한 힘을 갖고 있습니다.

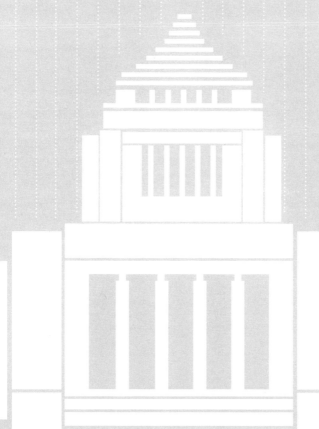

제6장

일본 정치의 오욕,
3대 스캔들

1

록히드 스캔들

록히드 사건의 서막

1975년 미국 증권거래위원회가 리처드 닉슨 전 대통령의 부정 선거자금 의혹을 캐기 위해 주요 기업들의 해외 계좌를 조사하는 과정에서, 미 항공기 제작사인 록히드사(Lockheed)의 비자금이 생각하지도 않았던 일본 관료들의 계좌로 흘러간 사실을 발견했습니다. 1976년 2월 4일, 미국 상원 외교위원회에 소환된 록히드의 회계담당자는 신형 'Tristar-L1011'형을 판촉하기 위해 일본, 독일, 프랑스, 이탈리아 등에 총 1천6백만 달러의 뇌물을 제공했고, 그중 200만 달러를 일본 고위 관료들에게 뇌물로 제공했다고 증언했습니다.

록히드사가 뇌물을 바친 이유는 경영난에 봉착한 록히드사의 신형 비행기를 팔아 달라는 겁니다. 미쓰이 물산(三井物産)이 경쟁사인

더글라스사의 DC 10기를 팔기 위해 일본 정계의 유력 인사들에게 로비를 했고, 그 결과 JAL이 20대나 발주한 상황에서, 록히드는 마루베니 상사(丸紅商事)와 손잡고 일본의 정재계 인사에게 접근했던 겁니다. 문제는 록히드사의 트라이스타가 아직 제작도 되지 않은 상태에서 젠닛쿠(全日空, ANA)가 항공기의 기종결정을 미루도록 작업을 해야 했기에 뇌물을 통해서라도 성공시켜야만 했던 거지요.

일본 국민들 대부분은 가장 우수한 인재들이 모인 관료집단과 이들이 움직이는 정부 활동에 대해 상당한 신뢰감을 갖고 있었고, 그래서 이들이 공공기관이나 대기업 임원으로 낙하산 인사(아마쿠다리, 天下り)로 내려가도 부정적인 시각이 우리나라보다는 덜 했습니다. 그런데 뇌물을 받은 정치인 중에 다나카 가쿠에이(田中角榮) 전 총리가 포함되어 있다는 원자폭탄급 뉴스가 터져 나오자 진상규명을 촉구하는 여론이 불같이 일어나면서 도쿄지검 특수부가 수사에 착수했고, 그동안 모르쇠로 일관하던 정치권은 검찰에 직간접적으로 압력을 가하기 시작했습니다. 이때 검찰총장이던 후세 다케시(布施健)는 정치권 외압의 바람막이가 돼 주었습니다.

"모든 책임은 내가 질 테니 사표 쓸 걱정은 하지 말고 마음껏 수사해라."

이에 힘입어 일본 검찰은 태평양을 오가며 미국 검찰과 사법공조를 통해 증거확보에 나섰고, 뇌물사건과 관련된 증인들을 끈질기게 설득하여 진술조서를 받아냈습니다. 특히 뇌물사건의 '몸통' 다나카 전 총리가 자택에서 젠닛쿠가 록히드 비행기를 구입하도록 하시

— 록히드사건을 보도하는 아사히
신문(朝日新聞) 1면 기사

모토 도미사부로(橋本登美三郎, 1901~1990) 운수상에게 지시했고, 그 성
공 보수로 현금 5억 엔을 약속받았다는 팩트를 찾아내어 그를 기소
하는 성과를 보였습니다.

수사 착수 6개월 만에 다나카의 두 손에 수갑을 채운 일본 검찰
은 그를 외환관리법 위반과 뇌물수뢰죄로 기소해 1심과 2심에서 징
역 4년, 추징금 5억 엔의 유죄판결을 받아 냈습니다. 그러나 재판은
무려 19년이나 끌면서 다나카 전 수상이 뇌경색으로 사망(1993. 12.
16.)한 후인 1995년 2월에 가서야 최고재판소에서 유죄 확정판결을
내리는 아쉬움을 남겼습니다.

록히드 사건은 살아 있는 권력의 전방위적인 압력과 회유를 극복
하고 권력비리를 파헤쳐 결국 정권 실세를 법정에 세운 전대미문

의 사건으로 일본 검찰 역사에 기록되었습니다. 이 사건으로 일본 검찰은 전후 내내 시달려 온 '정치권의 시녀'라는 오명을 씻으면서 검찰권을 쟁취했고, 도쿄지검 특수부는 일본인들에게 가장 신뢰받는 기관으로 거듭났지요. 이토 시게키(伊藤榮樹, 1925~1988) 전 검찰총장은 '거악(巨惡)'을 넘어뜨림으로써 정치권의 예속에서 벗어났다며 몇 가지 명언을 남겼습니다.

"검찰은 늘 배 고프지 않으면 안 됩니다. 사회를 감시하는 날카로운 눈을 잃어서도 안 되지요. 국민의 마음으로, 매의 시선으로 사회와 경제의 흐름을 살펴본다면 검찰이 싸워야 할 거악의 희미한 윤곽을 잡을 수 있을 겁니다."

일본 기자들이 1980년대 '일본 검찰의 얼굴'로 뽑힌 이토에게 질문했습니다.

"이상적인 검사란 어떤 인물인가요?"

"검사는 소박한 정의감에 넘치는 사람이어야 합니다. 서민이 무엇으로 고통을 받고, 무엇을 갈구하고 있는지 그것을 피부로 느낄 수 없으면 우수한 검사라고 할 수 없지요."

"성공한 쿠데타는 처벌할 수 없다."며 거악의 정치세력을 처벌하지 못했던 한국 검찰과는 기개(氣槪)가 달라도 한참 다른 것 같습니다.

　　퇴장은 불명예스러웠지만 다나카 전 총리만큼 일본 국민의 사랑을 받은 정치인도 드물었어요. 모순이긴 한데, 뇌물의 아이콘 다나카는 어째서 아직까지도 일본 국민들의 사랑을 받고 있는 걸까요? 제 생각이 틀리지 않는다면, 그건 그가 흙수저라는 역경을 이겨내고 이룩한 성공신화 때문인 것 같습니다.

　　20세기의 도요토미 히데요시라는 별명을 가진 다나카는 1918년 5월 4일, 일 년 중 3분의 1이 눈으로 뒤덮인 한촌(寒村) 니가타현(新潟県)의 가난한 농가에서 태어나 15세의 나이에 학교를 중퇴하고 1934년 3월 상경하여 고학으로 공고 토목과를 졸업한 입지전적의 인물입니다. 소설가 가와바타 야스나리(川端康成, 1899~1972)의 노벨문학상 수상작인 『설국(雪国)』의 무대로도 알려진 곳이지요.

　　그는 태평양전쟁의 와중에 토목공사를 벌여 엄청난 재산을 모았고, 그 재력을 기반으로 27세의 어린 나이에 니가타에서 출마해 당당히 국회의원에 당선(1947. 4.)되었습니다. 이후 제2차 요시다 내각의 법무정무차관, 제1차 기시 내각에서 30대 최초의 우정성 장관을, 제2차 이케다 내각에서는 대장성 장관 등을 역임하였고, 자민당 간사장직도 두 차례나 맡아 활동했습니다. 마침내 1972년 7월 5일 총재 선거에서 사토 에이사쿠가 지지하던 후쿠다 다케오를 물리치고 총리에 오릅니다. 취임 당시에는 서민들의 희망과 대리만족 덕분인지 "서민재상"으로 불리며 70% 전후의 지지율을 기록할 정도로 압도적인 인기를 얻었습니다.

　　다나카는 자신의 선거구였던 니가타현(新潟県)의 사회 기반 정비에도 신경을 쓰면서, '국토의 균형 있는 발전'을 주창하며 간에쓰(關越) 자동차도로, 조에쓰(上越) 신칸센* 등의 대규모 사업뿐만 아니라 산간지역에는 터널을 뚫어주는 생활밀착형 사업에 이르기까지 공공사업을 펼쳐 가는 결단력을 보여 주었습니다. 옛 속담에 재상 나면 길도 따라 난다고 했던가요? 게다가 행정 공무원을 능가하는 방대한 지식과 실행력이 돋보이다 보니 '컴퓨터를 단 불도저'라는 별명을 얻기도 했습니다.**

그는 수상에 등극한 후 하와이에서 닉슨 대통령과 회담(1972. 9. 1.)을 한 지 불과 3주 후에 중국을 방문(1972. 9. 25.)해 일·중 간의 전쟁 상태를 공식적으로 종결하고 국교를 회복한다는 공동선언을 발표했습니다. 전후 27년 만에 이뤄낸 국교 정상화이지요. 당시 중국은 과거사와 관련한 배상을 요구하지 않았고, 미·일 안보조약도 문제삼지 않겠다는 자세로 일관하며 일본의 입지를 넓혀주었습니다. 그렇지만 중국과의 국교회복 조건으로 중화민국 대만과의 외교관계를 단절했던 것은 국제외교관계의 힘의 논리를 이겨내지 못한 단면이기도 합니다. 국내 정치로는 수상 취임 이전부터 그의 정치철학을 집대성한 「일본열도 개조론」 때문에 지가(地價)가 폭등하고 인플레이션이 발생하면서 지지율이 급속히 떨어지는 수난을 겪어야만

● 간에쓰(關越) 자동차도로는 1971년부터 부분적으로 개통하였고, 조에쓰(上越) 신칸센은 1982년에 개통하였습니다. 둘 다 도쿄에서 니가타에 이르는 구간입니다. 니가타현 끝자락의 우라사역(浦佐驛) 동쪽 출구로 나가면 다나카의 동상을 볼 수 있습니다.

●● 아사히신문(朝日新聞)과 마이니치신문(每日新聞)은 이명박 전 대통령이 취임할 당시 기사에서, 두 사람은 가난한 집안에서 태어나 건설업으로 돈을 번 뒤 정계로 진출해 최고의 자리에 오른 입지전적인 인물들로, 출세 과정뿐만 아니라 돈에 얽힌 의혹이 따라다니는 것도 일치한다는 칼럼을 썼습니다.

했습니다.

일본열도개조론이란 인구의 도시 집중과 과밀을 해소하고 살기 좋은 지방균형발전을 위해 인구 25만 정도의 신도시를 건설하고 주요 지역을 연결하는 교통망을 마련하여 낙후된 지방에 공업지역을 분산 배치하겠다는 게 핵심 내용입니다. 우리나라의 참여정부(노무현 정권) 당시 추진했던 행복(행정복합)도시 건설과 공기업의 지방이전, 기업도시, 지역균형발전 등 수도권 과밀을 해소한다는 차원에서 보면 그 배경이나 당위성이 상당히 흡사한 정책이라고 볼 수 있지요.

문제는 열도개조의 붐에 휩쓸려 기업과 소비자들이 덩달아 토지와 상품에 투기하는 양상을 보이는가 하면, 가격 인상을 노리고 재고 물품을 늘리는 매점매석 행위도 눈에 띄게 발생했던 겁니다. 여기에 국민들의 불안심리가 더해지면서 슈퍼마켓에서는 밀가루, 화장지가 동이 나버릴 정도의 사재기도 극성을 부렸습니다. 물가가 빠른 속도로 상승하면서 '광란물가'라는 용어도 새롭게 생겨났습니다.

부동산 중개업자들은 도시의 부자를 데려와 쓸모없는 토지를 별장지라고 속여 팔아 넘겼고, 어느 생명보험회사의 사원들이 서로 돈을 모아 섬을 통째로 샀다고 할 정도로 비이성적인 토지전매가 뉴스에 등장하기도 했습니다. 그러니 물가가 날개 단 듯 치솟고 땅값이 자고 나면 두 배로 급등했다는 말이 과장은 아니었지요. 6대도시*의 주택지가 1973년 한 해에만 42.5%나 폭등했을 정도니까

●   일본 6대도시는 도쿄, 삿포로, 센다이, 나고야, 오사카, 후쿠오카 등이고, 이들 6대도시의 토지가격과 오피스공실률 등이 표준으로 인식되고 있습니다.

요. 급기야 정부가 나서서 석유소비 억제, 절전운동, 표준가격 설정 등 다양한 정책을 펼쳤지만 떠나간 민심을 돌리기엔 역부족이었습니다.

내각의 지지율이 점점 떨어지자 다나카는 "칭찬받는 일은 체념했습니다. 요는 책임을 다하는 일 뿐이죠. 평판이 나빠지면 일을 잘하고 있다고 생각해 주세요."라고 언론과의 인터뷰에서 말했습니다. 훗날 총리로 임명된 오히라(大平) 외무상도 "최근 물가 상승의 대부분은 국제적인 요인에 있습니다. 그럼에도 불구하고 모든 것을 수상에게 책임을 돌리는 것은 가혹한 일입니다."라며 다나카의 입장을 감싸 주기도 했지요.

불행하게도 정치적 계산에서 출발했던 일본열도개조론은 일본 부동산 붐과 버블을 초래해, 두고두고 일본 정치경제사에 많은 부정적인 유산을 남겼습니다. 일본의 "잃어버린 10년"의 단초가 된 셈이지요. 결국 다나카는 1974년 11월 26일 사임하였습니다.

그가 대장성 대신으로 있을 당시 간부들을 앞에 두고는 다음과 같은 일장연설을 한 것이 두고두고 회자되고 있습니다.

'잘 알다시피 나는 무학(無學)입니다. 그에 비해 여러분은 천하의 수재들이지요. 그러니 마음껏 일하십시오. 책임은 내가 지겠습니다.'

일반적인 관료들은 자신의 업무에 대해 일일이 지적하지 않고 책임져 주는 장관을 가장 이상적인 리더로 생각합니다. 다나카의 경우 관료들의 근무연수에서 학력, 생일, 가족관계까지 조사해 상식보다 한 단위 많은 축의금과 선물을 타이밍 좋게 제공해 관료들 마음을 사로잡았다고 하니, 그 누가 그를 따르지 않겠습니까? 오랜 경험을 통해 관료들을 다루는 노하우가 있었던 겁니다. 다나카의 파벌인 나노카카이(七日会)*의 회장이자 자민당 중의원으로 부총재를 역임했던 니시무라 에이이치(西村英一, 1897~1987)가 다나카에게 이런 질문을 했습니다.

"당신은 왜 그렇게 돈에 집착하는 건가요?"

이 질문에 대한 다음의 대답은 다나카의 돈에 대한 인식을 잘 설명해 주고 있습니다.

"당신은 동북제국대(東北帝国大) 출신에 최고의 관리직(초대 국토정장관, 후생성장관, 건설성 장관 등)을 지냈습니다. 사토나 이케다도 모두 그렇지 않습니까? 당신들과 비교해 보면 나는 자랑할 것이 아무것도 없습니다. 학력이나 경력 그 어느 하나 가지고 있지 않지요. 내가 의지할 수 있는 것은 오직 사업과 돈뿐입니다."

역대 총리 중 최초로 검찰에 구속된 다나카 전 총리가 죽기 전에 남겼다는 '정치는 돈과 머릿수'라는 말은 이제는 금권정치를 상징하는 표어가 되었죠. 금맥 사건으로 정치 일선에서 물러난 후에도

● 다나카가 수상에 취임한 날이 7월 7일이라서 이름을 나노카카이라고 지었으며, 1972년부터 1987년까지 움직였지만 자신이 회장을 역임한 적은 한 번도 없습니다.

— 도쿄지검으로 조사 받으러 들어
가는 중에도 당당해 보이는 다나카
수상의 모습

'다나카 군단'이라는 강력한 파벌을 유지하면서 정치적 영향력을 행사할 수 있었던 것도, 그가 구축해 놓은 정치 메커니즘과 돈의 위력 덕분입니다. 돈은 시장에서뿐만이 아니라 정치에서도 제왕노릇을 하고 있다는 의미이지요. 그러나 달도 차면 기울고 해도 뜨면 지는 것이 세상의 이치이거늘, 영원히 지지 않을 태양 같은 권력이 어디 있다고 그렇게 돈과 권력을 따라다녔는지, 다나카도 말년에는 후회했을 거라고 저는 확신합니다.

한편 1973년 8월 8일 일본에 망명 중이었던 김대중 씨가 도쿄의 그랜드 팰리스호텔 부근에서 대한민국 중앙정보부 요원들로 추정되는 사람들에게 납치되어 닷새 만에 서울의 자택 앞에서 발견되는 사건이 발생했습니다. 일본 경찰은 납치 집단에 주일 한국대사관 직원이 포함되어 있고 이는 일본의 주권을 침해한 행위라며 한국 정부에 항의하였지요. 당시 박정희 대통령이 이를 인정하고 다나카

수상에게 공식 사과하기도 했습니다. 2002년에 개봉했던 영화 '케이티'(KT; Kill the Target)를 보시면 사건의 내막을 자세히 알 수 있으니, 여유 있으실 때 한번 보시기 바랍니다.

2

리크루트
스캔들

38년간이나 지속되던 55년 체제가 한순간에 붕괴된 현상은 우연이었거나 일시적이라기보다는 일본정치사회가 필연적으로 안고 있던 내부모순이 드러났기 때문이었습니다. 오랫동안 쌓여온 일본 정치의 부패성과 퇴행성이 여러 변수들과 겹쳐 곪아 터지면서 새로운 변화가 필요하다는 공감대가 형성될 즈음에 중요한 촉매제 역할을 한 사건이 바로 '리크루트 스캔들'이구요.

1988년 6월, 일본 최대 취업정보제공업체인 리크루트사의 계열 회사인 리크루트 코스모스사(Recruit Cosmos Corporation)가 비상장 미공개 주식을 정치인, 경제인, 고급관료뿐만 아니라 동경대 교수에 이르기까지 150명 이상에게 접근하여 뿌렸습니다. '민나 도로

보'(みんな泥棒, 모두가 도둑놈들)라는 말이 나올 수밖에 없었던 스캔들
이었지요. 그런데 알고 보니 일부 인사들에게는 비상장 주식을 구
입할 자금까지 리크루트 회사의 계열 금융회사에서 빌려주었다는
사실이 아사히신문(朝日新聞)의 취재반에게 덜미 잡히면서 일본 최대
정치스캔들로 부각되었습니다. 도대체 이 회사를 창업한 인물이 누
구이기에 이렇게도 과감하고 광범위하게 뇌물을 사용했을까요?

1950년 동경대 교육학부를 졸업한 에조에 히로마사(江副浩正,
1936~2013)라는 인물이 그 주인공입니다. 그는 졸업한 직후에 대학
신문 광고회사를 설립하여, 학생들이 졸업 후 취직과 진학 등 진로
를 정할 때에 신뢰할 만한 정보를 제공하고 조언해 주는 작은 벤처
기업을 창업했습니다. 이후 부동산과 금융업에 이르기까지 계열기
업을 확장해 나가면서 25년 만인 1989년 총매출 4천억 엔에 이르
는 31개 기업군을 거느린 리크루트왕국을 탄생시켰습니다. 이 과정
에서 정계 유력 인사들의 비서들을 구워삶아 정치권력과 각별한 친
분관계를 유지하기 시작했습니다. 이렇게 신흥갑부로 떠오른 에조
에 사장은 엘리트 재계단체인 경제인연합회의 공적 임무도 맡고 매
스컴에도 자주 등장하면서 젊은이들에게 동경의 대상으로 부상했
지요.

리크루트 사장이 이렇게도 위험스러운 로비를 겁도 없이 했던 목
적은 단 하나, 자기 회사의 등급을 한층 더 끌어올려 다른 회사보다
취업 정보에 대한 우위를 차지하고 최상류층에도 합류하고 싶었던
겁니다. 유리한 취직 협정을 맺기 위해서는 법을 만드는 국회의원
들을 끌어들여야 했고, 그중에서도 법령의 규제권을 쥐고 있는 노

동성이 취업 정보지와 관련하여 리크루트사에 유리한 법 규정을 결정할 권한을 갖고 있으니 노동성 관료들에게도 접근한 것이죠.

그가 권력층과 밀착할 수 있었던 것은 일본 증권거래법이 상장된 주식만 규제를 하고 있다는 허점을 이용했기 때문입니다. 내부자 거래는 정치자금 규제법상 보고의 의무가 없고, 세무당국과 일반 국민의 눈을 피할 수 있기 때문에 정치자금 조달의 한 방법으로 이용할 수 있었던 겁니다. 그래서 일본에서는 비공개 주식시장의 경우 '청공(靑空)노천시장'이라고 불릴 정도로 아무런 간섭을 받지 않고 자유로이 거래할 수 있었던 거예요.

다케시타 노보루(竹下登, 1987. 11.~1989. 6.)는 누구인가?

리크루트사가 주식을 뿌려댄 시기는 나카소네 정권 때이지만 가장 큰 피해를 본 것은 다케시타(竹下登, 1924~2000) 총리입니다. 다케시타에게 양도한 주식은 정치자금규제법의 대상이 아니었고, 리크루트가 구입해 준 8천만 엔어치의 파티권 역시 위법은 아니었지만, 그는 정치인의 책임윤리를 고민한 끝에 총리를 사임했습니다.

다케시타는 시마네현(島根県)의 작은 마을에서 양조장 집 아들로 태어나 제2차 세계대전 이후 전국 최다득표라는 기록으로 중의원에 당선된 인물입니다. 집권 자민당의 핵심인 관방장관과 간사장, 그리고 건설성과 대장성 장관을 두루 거쳐 자민당 총리까지 오른 화려한 경력을 자랑하지요.

다케시타 수상이 재정재건을 달성하기 위한 세제개혁(3% 소비세

부과가 주된 내용)을 추진해 나가고 있을 때, 일본 정계의 유력 인사들이 모 기업의 비공개주식을 취득하고, 기업공개 후 매각하여 막대한 이익을 챙겼다는 빅뉴스가 터진 겁니다. 사건 관련자들은 가족과 비서 명의로 거래됐다는 점을 방패로, 한결같이 '비서가 내 이름으로 주식을 매매해 알 수가 없다.'는 변명을 늘어놓기에 급급했습니다.

일본 정치가 도덕적으로 타락했다는 비난과 여론이 들끓기 시작하면서 일본 국민들의 절대적인 신뢰 속에, 특히 정치인들에게는 공포의 대상이 된 「도쿄지검 특별수사본부」가 다시 조직되었죠. 앞서 설명드렸던 록히드 사건 당시 발동되었던 바로 그 도쿄지검 특수부입니다. 그 결과 기소된 인물은 에조에 회장을 시작으로 17명에 달했고 그중 굵직한 정치 거물 몇 명을 소개하자면, 나카소네 야스히로(中曽根康弘, 1918~2019)와 아베 신조 총리의 아버지인 아베 신타로(安倍晋太郎, 1924~1991) 자민당 간사장, 미야자와 기이치(宮澤喜一, 1919~2007) 전 대장상, 가토 무쓰키(加藤六月, 1926~2006) 전 농림수산상, 후지나미 다카오(藤波孝生, 1932~2007) 전 관방장관, 그리고 야당 당수 쓰카모토 사부로(塚本三郎, 1927~) 등 모두 13명이 비엔나소시지처럼 줄줄이 기소되었습니다.

특히 아베 신타로는 1만 5천 주를, 다케시타 노보루와 미야자와 기이치, 후지나미 다카오에게는 1만 주를, 그리고 일본의 공중전기통신을 독점적으로 운영해 왔던 NTT 초대회장 신토 하사시(真藤恒, 1910~2003)와 문부성차관 다카이시 구니오(高石邦男, 1930~)에게도 각 1만 주를, 그 외 유력 정치가와 비서들에게도 3천에서 5천 주를 양도한 것이 드러났습니다. 양도 당시 가격은 3천 엔, 그리고 첫 상장

가가 5,270엔을 기록하였으니, 그대로 팔아도 한 주에 2,270엔의 이익을 얻는 거지요.

일본의 경우 공무원의 뇌물수수죄 성립요건은 ①직무에 관해 ②뇌물을 ③수수(收受)하는 것인데, 이 중 하나라도 빠지면 뇌물수수죄는 성립되지 않습니다. 주식을 재계 인사들에게 나눠주었던 에조에는 자신의 회사 주식 가격이 예상외로 많이 올랐을 뿐이어서 뇌물이 아니라고 주장했습니다. 3천 엔의 가치가 있다고 생각했기 때문에 그 가격으로 판 것은 ②번에 해당하는 '뇌물'이 아니라는 것이죠. 또한 친분에 의한 주식양도로 ①'공무원의 직무 권한'과는 무관하고, 주식을 준 당사자가 직접 받지 않고 그 비서들이 받았기 때문에 ③의 뇌물 '수수'도 성립되지 않는다고 주장했습니다. 그러니까 술은 마셨지만 음주는 안 했다고 우기는 격이죠.

이러한 주장이 나오는 이유는 리크루트 스캔들이 다른 정치스캔들과 양상이 조금 다르기 때문입니다. 록히드 스캔들은 주로 다나카 전 수상 개인행동의 결과였다고 한다면, 리크루트 스캔들은 나카소네 야스히로, 다케시다 노보루 양 수상을 중심으로 여당은 물론 제1야당인 사회당, 제2야당인 공명당, 그리고 제3야당인 민사당 의원들까지 사퇴시킬 정도로 광범위하고 구조적으로 벌어졌다는 점입니다. 게다가 직접적인 현금이 아니라 주로 미공개 주식의 사전 양도와 파티권의 수매형식으로 거래가 이루어지다 보니 수입이 생긴 정치인이나 비서관이 뚜렷한 위법의식을 느끼지 못했다고 합니다.

다케시타 수상은 사임의사를 발표하면서 '이 사건이 정치 불신을 야기하는 큰 여울이 될 줄은 몰랐다.', '정치활동분야의 금전문제와 개개인의 금전감각 사이에 너무도 큰 간격이 있었다.'라고 말한 데도 저간의 사정이 잘 나타나 있습니다.

하나 더 말씀드리자면, 리크루트사의 자금 제공이 어떤 특정 이권과 곧바로 연결된 것이 아니라 간접적이면서도 장기적인 '투자' 형태의 속셈에서 이익이 제공되었기 때문에 뇌물 관련 법규를 적용하는 입장에서도 직무와 관련된 금품의 수수라고 잘라 말하기가 어렵다는 점입니다.

일본 정치에서 비서의 의미

"비서가 내 이름으로 주식을 매매해 알 수가 없다."

리크루트 사건으로 한 사람 한 사람 미공개 주식의 양도가 밝혀질 때마다 정치인들은 판에 박은 듯 이 대사를 내뱉었습니다. 실제로 주식을 양도받은 정치인 13명 중 상당수가 비서 명의를 이용했구요. 사실 일본 법체계에서 이 '비서의 장벽'은 수십 년간 뇌물수수관련법을 적용하는 데 커다란 장벽으로 작용해 왔습니다.

일본에서 의원의 비서가 차지하는 독특한 위상은 일본 고유의 정치적 배경이 깔려 있는 복합적인 케이스의 결합체입니다. 즉 의원과 비서의 관계는 회사나 공무원 사회와는 전혀 다른 전근대적인 주종관계라는 특수성을 띄고 있습니다. 달리 말하면, 도쿠가와 막부 2백60여 년 동안 내려온 번(藩)이라는 영주 중심의 봉건주의의

잔영(殘影)입니다. 사무라이의 마음가짐에 대한 교과서인 『하가쿠레(葉隠れ)』라는 총 11권짜리 서적을 보면, '무사도란 항상 죽음을 각오하고 사는 것'이라는 말이 나옵니다.

'무사도는 죽음을 마주했을 때 실현된다. 즉 삶과 죽음의 기로에서 죽음을 택한다는 뜻이다. 다른 생각의 여지는 없다.'

무사의 본분은 주군으로부터 죽음을 하사받는 것이라는 내용이 나오는 걸 보면, 정치인 비서가 죽음을 선택해야 할 때 동요되지 않도록 정돈하는 훈련이 평소에 되어 있는가 봅니다.

그렇다면 왜 비서가 정치인의 돈을 다루는 것일까요? 정치인이 하도 바빠서? 아니면 뇌물을 받을 시간이 없어서? 둘 다 아닙니다. 위법으로 받은 돈이 나중에 문제가 되었을 때 정치인 본인에게 책임이 미치지 않도록 방파제 역할을 하기 위해서입니다. 자금담당 비서가 가족과 같은 긴밀한 관계를 유지하면서 정계 뒤편에서는 큰 힘을 발휘할 수 있는 구조가 바로 여기에서 나옵니다. 그래서 비서의 침묵이 일본 정치가에서는 충성심의 표시가 됩니다.

다케시타의 35년 '금고지기'로 자금을 담당해 온 아오키 이헤이(青木伊平, 1930~1989)는 1985년부터 1986년까지 4천5백만 엔, 총선거가 있던 1987년에는 총 8천만 엔, 그리고 그 외에 추가 5천만 엔을 리크루트사로부터 받았다고 진술했습니다.

다케시타가 "정부에 대한 국민 여러분의 신뢰를 되찾기 위해 저는 스스로 물러나기로 하였습니다."라는 말을 남긴 채 총리직을 사직한 지 불과 이틀 뒤 그의 비서 아오키는 모든 책임을 껴안고 손목

朝日新聞

竹下首相元秘書
青木伊平氏が自殺

信頼厚い「金庫番」
リ社資金受領の窓口

— 다케시타 총리 비서의 자살을
다룬 마이니치신문(每日新聞) 기사

을 그어 자살로 삶을 마감했습니다.

　어쩌면 앞서 말씀드렸던 록히드 스캔들의 주역인 다나카 총리의
운전기사가 모든 비밀을 껴안고 자동차 배기가스를 틀어 자살한 것
을 롤 모델로 삼았을지도 모르겠습니다. 다나카도 다케시타도 둘
다 비서들의 자살 덕분에 정치생명을 연장할 수 있었던 것이지요.

　이로써 금권정치와 정치부패는 자민당 정치의 구조적 문제로 부
각되었고, 이제는 이러한 구조를 고치지 않고 윤리적으로 해결하는
것은 한계가 있다는 점을 인식할 수밖에 없었습니다.

　사건의 책임을 특정 정당이나 정치가에게 돌리는 것이 큰 의미가

— (왼쪽부터) 다케시다 노보루 수상, 아베 신타로 간사장, 미야자와 기이치 전 대장상. 이렇게도 화려했던 셀럽 정치인 삼총사의 웃음은 리크루트 스캔들로 기소되면서 더 이상 찾아 볼 수 없는 마지막 사진이 되고 말았죠.

없는 이유는, 정치부패에 관련된 대부분의 정치가들이 처벌받지 않았다는 사실입니다. 분명 제도상 문제가 있고 그 제도란 결국 뇌물과 관련한 법률에 결함이 있다는 의미입니다. 따라서 정치부패를 해소하고 정치자금의 투명성을 확보하기 위해, 정치자금에 대한 규제의 실효성을 강화하는 것이 필요하게 된 것이지요. 리크루트 사건이 발각된 다음 해인 1989년의 참의원 선거에서 자민당이 참패한 것은 당연한 결과였습니다.

3

도쿄사가와큐빈
스캔들

도쿄사가와큐빈(東京佐川急便) 스캔들의 서막

1957년 교토와 오사카를 중심으로 창업한 일본 택배운송회사 서열 2위의 사가와큐빈은 당시 자민당 부총재이자 당내 최대 파벌인 다케시타파의 회장 가네마루 신(金丸 信, 1914~1996)에게 5억 엔의 정치헌금을 준 사실과 호소카와 총리에게 1억 엔을 대출해 준 사실이 알려지면서 일본의 3대 정치스캔들이라는 오명을 쓰게 되었습니다.

이번 특종도 역시 4년 전 리크루트 스캔들을 폭로한 아사히신문(朝日新聞)이었습니다. 가네마루는 이 사실을 인정하고 부총재직을 사임(1992. 8. 27.)했지만, 문제는 정치자금 규정법 위반혐의라는 죄명으로만 약식 기소되고는 단지 벌금 20만 엔으로 풀려난 겁니다 이일로 인해 가네마루는 물론 검찰청까지 심한 비난을 받게 되면서 결국 가네마루는 의원직까지 사퇴하게 되었죠.

문제는 여기서 끝나지 않았습니다. 가네마루는 1993년 3월 10억 엔이 넘는 소득을 숨긴 거액 탈세 혐의로 구속되었는데, 이때 가택 수색을 받은 사무소와 자택에서 무려 34억 엔이 넘는 무기명 할인 금융 채권이 발견되었고, 10억 엔 이상의 현금과 금괴까지 발견되면서 사회적으로 큰 파장을 일으키기도 했습니다. 이 자산은 대부분 종합건설회사(제네콘)와 그의 고향 야마나시현(山梨県)의 건설업자들로부터 받은 뇌물이었습니다. 이것을 제네콘 오직(汚職)사건이라고도 부릅니다.

사가와큐빈 스캔들은 이렇게 시작됩니다. 다케시타 노보루가 일본의 3대 조직폭력단체인 이나가와카이(稲川会) 계열의 우익단체인 '일본황민당'으로부터 지속적으로 공격을 받게 되자, 이를 해결하기 위해 사가와큐빈 사장인 와타나베 히로야스(渡辺広康, 1934~2004)에게 도움을 청했습니다. 와타나베는 이나가와카이 조직과 관련있는 회사에 거액의 융자를 해 주었지만 버블경제가 붕괴되면서 융자를 회수하지 못한 채 사가와큐빈이 부채를 그대로 떠안게 된 겁니다.

사가와큐빈 스캔들이 중요한 이유는, '이제는 자민당 정권의 부패정치, 뇌물정치가 일상화되었구나.'라고 낙인찍히면서 자민당 55년 체제가 붕괴되었고, 이후 일본신당 당수인 호소카와내각이 성립했다는 점입니다. 그런데 세상 일이란 정말 알 수 없는 일이지요. 호소카와 수상 역시 과거 참의원 시절이던 1982년 9월에 사가와큐빈으로부터 1억 엔의 정치자금을 받은 의혹이 제기되었거든요. 구마모토현(熊本県) 지사 시절 사저 수리와 도쿄의 맨션을 구입하기 위해 사가와큐빈으로부터 돈을 빌렸고 이후 원금과 이자를 분할 방식으로 전액 변제했다고 밝혔지만, 당시의 정치 흐름에서는 이 모든 것이 팩트 확인 없이 변명으로 받아들이면서 총리직에서 물러나야 했습니다.

나중에 밝혀진 것은, 호소카와가 자금을 변제한 것은 사실이었지만, 문제는 변제를 증명하는 기록물이 밝혀질 경우 그 안에 포함된 자민당의 거물급 정치인들 이름도 같이 밝혀진다는 점이었습니다. 결국 이를 두려워한 자민당이 뇌물을 받은 정치인들의 명단이 밝혀지는 것을 원치 않아 9개월밖에 안 된 호소카와 내각을 붕괴시켰다고 합니다. 이후 이와 같은 정경유착이 더 이상 일본 정계에 기생하지 못하도록 1994년 선거제도 개혁과 정치헌금 규제를 강화한 정치자금 규정법이 개정되었습니다.

사가와큐빈은 2005년 '사가와 익스프레스'라는 이름으로 한국에 진출하여 인터넷 쇼핑몰 물량만 전문 취급하는 차별화 전략을 취했지만, 3년여간의 영업 적자를 견디지 못하고 한국택배시장 상륙작전은 실패하고 말았습니다. 결국 CJ GLS에 경영권을 인계하였지요.

호소카와 모리히로는 누구인가?

일본정치사상 최초의 야당정권이 탄생할 때의 주역으로 선택된 인물이 호소카와(細川護熙, 재임 1993. 8. 6.~1994. 4. 25.)입니다. 55년 체제 이래 38년 만에 비자민당 출신인 호소카와가 총리가 된 것이지요. 호소카와는 일본 영주 집안의 전형적인 도련님 출신입니다. 에도 시대 선조가 구마모토현(熊本県)의 영주인 다이묘(大名)였고, 그러한 후광으로 주지사까지 지낸 초특급 귀족계급이지요.

외할아버지인 고노에 후미마로(近衛文麿, 1891~1945)는 제2차 세계대전 중 두 차례나 총리를 역임했지만, 패전 후에는 A급 전범으로 지정되어 수감되는 날 새벽에 청산가리를 마시고 자살한 인물입니다. 일본 총리 중 유일하게 자살로 생을 마감한 총리로 기록을 남겼습니다.

그는 영어 이름이 예쁜 소피아대학(Sophia University), 일본어로는 조치대학(上智大学) 법학부를 졸업한 후 아사히신문 기자를 거쳐 정치인의 길로 들어섰습니다. 사실은 교토대를 들어가고 싶었지만 3수를 해도 입학하지 못하자 포기하고 선택한 대학이 조치대학입니다.

사실 정권 교체 당시 호소카와는 형식적인 주역에 불과하고 자민당 탈당 후 신생당을 결성했던 오자와 이치로(小沢一郎)가 실질적 주역이었다고 알려져 있습니다. 이런 호소카와가 사임을 하게 된 것은, 앞서 말씀드렸던 사가와큐빈 스캔들 문제 한 가지 때문만은 아닙니다. 자민당의 장기집권을 붕괴시키기 위해 8개 정파가 급조해서 연립정당을 만들다 보니 정책을 집행하고 이를 합의하는 과정에서 무리가 따랐던 점도 간과할 수는 없을 겁니다. 생활계획표를 알차게 짰다고 해서 보람찬 방학을 보낼 것이라고 장담할 수는 없잖아요.

원래 연립정권이란 게 정당 간 이념 차이가 거의 없거나 향후 정권획득이 주요 목표일 경우에 만들어지는데, 정당의 이념과 실제 행동에 괴리가 생기는 정당들이 연립정권을 만들었으니, 결국 유권자

들의 불신을 잠재우는 것은
불가능하다고 봐야겠지요.

　호소카와 정권은 자민당과
의 차별성을 부각시키기 위
해 전쟁책임 문제와 식민지
지배 등에 대해 일본의 태도
를 명확히 밝힌 정치인으로
도 유명합니다. 1993년 11월
에는 우리나라 경주에서 김
영삼 대통령과 정상회담을
갖고 일본의 식민지지배에
대한 반성과 사과도 했습니다.

— 자신이 저술한 책 『호소카와 모리히로, 한
가하게 살다.』(2009) 표지 사진

"제2차 세계대전은 침략전쟁이었고 잘못된 전쟁이었습니다."

"한국 병탄은 일본의 무력에 의해 강제된 것입니다. 또한 천황이
미국이나 유럽, 중국과 동남아시아를 방문하면서 한국만을 방문
하지 않은 것은 순서가 잘못된 것이며 하루라도 빨리 방한해야
합니다."

지금은 정계를 은퇴하고 도예가로 활동하고 있습니다.

제7장

자위대에서 출발한
군사강국

1

자위대의 탄생

자위대의 탄생

　대한민국 남자라면 특별한 경우를 제외하고는 군대에 가서 2년여 간 군복무를 하는 것을 당연한 것으로 받아들이고 있습니다. 제가 대학 다닐 때는 육군 현역 복무기간이 30개월이었지만, 대학 1학년 때 군사훈련소 입소와 2학년 때 전방입소를 수료했기 때문에 3개월을 면제받아 27개월 군 생활을 한 경험이 있습니다. 군에서 말년 3개월이 얼마나 긴 시간인지는 육군 병장이 아니라면 절대 모르실 기쁨입니다.

　그렇지만 일본은 어떤가요? 일본 내 국가 공무원 총 급여의 40%를 차지하는 자위대는, 당연한 말이지만 의무가 아닌 모병제입니다. 자위대원이 되기 위해서는 남녀 모두 18세에서 27세 사이에만 지원이 가능하고, 입대 후에는 49세까지 근무할 수 있으며 편제는 하사관과 장교로만 구성되어 있습니다. 국방 예산은 5조 2986억 엔(2019년 기준 한화 약 60조원)에 달하고, 이는 일본 GDP의 약 1% 정도에 해당합니다. 우리나라는 대략 GDP의 2.6~3% 내외이니 일본이 우리보다 3분의 1 정도만 군사비로 쓰고 있어서 우리나라가 과도하게 군사비를 쓰고 있다는 염려를 하시는 분들도 계십니다. 자, 그래서 이번에는 전후 일본이 자위대(日本自衛隊, JSDF, Japan Self-Defense Forces)를 기반으로 어떻게 재무장에 성공했고, 더 나아가 오늘날 어떻게 군사대국으로 성장해 왔는지 살펴볼까 합니다.

일본은 1945년 태평양전쟁 패전과 함께 GHQ 점령군의 비군사화정책에 따라 군대를 보유하지 못하게 했습니다. 미국은 일본이 다시는 무력으로 세계의 안보를 위협할 수 없도록 육군과 해군을 즉각 해산시켰고, 또 일본 내 무장 세력도 어쨌든 공식적으로는 완전히 해체했습니다. 뿐만 아니라 점령군 사령관 맥아더는 자이바쓰(財閥) 중심의 산업구조가 저임금과 이윤집적이라는 결과를 가져와 국내 시장을 협소하게 만들어, 결국 일본을 제국주의 전쟁으로 몰고 가는데 일조했다는 이유로 해체했습니다. 이로써 미쓰이(三井), 미쓰비시(三菱), 스미토모(住友), 야스다(安田) 등 4대 재벌이 해체되었고, 지주회사의 소유권과 지배권은 박탈당했습니다.

그런데 미국 국무성 내에서 다른 목소리가 나오기 시작했지요. 일본이 태평양에 있어서 미국의 전략적 지역으로 중요하다는 겁니다. 결국 일본을 경제 부흥시켜 동아시아 지역 내 안보에 기여하도록 만들어야 한다는 움직임이 가시화되기 시작하면서 일본의 점령 정책은 이른바 역코스(Reverse Course) 정책, 즉 일본을 연합국의 일원으로 삼아 지역 내에서의 공산세력의 확장을 막고 경제부흥을 일으키는 방향으로 선회하였습니다. 미국은 어쩔 수 없이 재벌기업의 해체 계획을 축소했고, 1949년에는 전쟁 보상에 관한 요구마저 철회했습니다.

그러던 차에 한국전쟁(1950. 6. 25.)이 발발하자 일본에 주둔해 있던 미군이 유엔군으로 급거 한국으로 출동하면서 일본 내 공산당을 비롯한 적색분자들이 소요를 일으키지 않을까 걱정한 맥아더가 요시다 수상에게 서한을 보내 일본 국내 치안 확보를 담당할 기관으로 50일 이내에 경찰예비대 창설 준비를 지시하였던 거지요. 이때가 한국전쟁 발발 후 보름도 안 된 7월 8일이었습니다. 일본은 곧바로 7만 5천 명 규모의 경찰예비대를 총리부 산하에 조직(1950. 8. 10.)하였고, 패전 후 5년 만에 자의 반 타의 반 재군비의 길로 들어서게 됩니다.

이후 1952년 4월 26일에는 해상경비를 전담할 기관으로 해상보안청 산하에 3천 명 규모의 해상경비대를 발족시켰으며, 동년 8월 1일에는 국방을 전담할 기관으로 보안청을 총리부 산하에 발족시켰습니다. 이렇게 보안청이 발족하면서 해상보안청 산하기관인 해상경비대도 경비대로 개명하여 보안청으로 이관되었습니다. 이로써 일본은 패전 9년 만인 1954년 7월 1일 방위청이 설립되고 자위대설치법이 시행되면서 보안청은 방위청으로, 보안대는 육상자위대로, 경비대는 해상자위대로 이름을 바꾸어 재창설되었습니다. 그리고 항공자위대가 새롭게 창설되고, 육해공 통합작전을 위한 통합막료회의도 창설되면서 완벽하게 재무장 체제를 구축한 겁니다.

이후 2007년 1월 9일, 방위청을 방위성(Miistry of Defense, MOD)으

— 성 승격을 기념하기 위해 방위성의 로고를 국민 공모했는데, 약 767편의 응모 가운데 이 로고가 채택되었습니다. 방위성 로고의 파란구를 감싸고 있는 녹색띠는 26만 명의 자위대원을, 그리고 자위대원에 의해 보호를 받는 파란구는 지구를 상징한다고 하네요.

— 육상자위대 최초로 해외파병을 위해 만들어진 '중앙즉응집단'(CRF)의 로고입니다. 세계지도 원 안의 벚꽃 3개는 각각 육해공을 의미하는 사령관을 상징하며 그 지휘하에 히노마루(일장기)를 배경으로 전 세계를 상대로 활약하는 CRF를 표현하는 로고입니다.

로 승격시켜 오늘날에 이르고 있습니다. 방위성으로 승격했다는 의미는, 이제는 재무성에 독자적으로 예산을 요구할 수 있을 뿐만 아니라 일본이 정상적인 군사국가 혹은 보통의 군사대국으로 발돋움하는 것을 의미합니다. 경제력에 걸맞는 정치외교국가가 되기 위해서는 군사력이 뒤에서 받쳐 주어야 하는데, 청 단위에서는 어렵다고 판단했던 거지요. 이때 민주당마저 중국의 군사대국화와 북한의 핵무장 상황을 핑계로 청에서 성으로의 승격을 지지했습니다.

위에 두 개의 과장된 로고를 보면 마치 일본이 지구방위성이 된 듯한 느낌을 받습니다만, 이뿐만이 아닙니다. '모든 작전정보를 일원적으로 관리, 처리한다.'라는 슬로건을 내걸고 발족한 '중앙정보대'의 로고에도 세계지도가 그려져 있습니다. 중앙정보대는 해외파병지에서 미 중앙정보국(CIA)과 연대해 치안·작전정보를 수집하는

— 도쿄 신주쿠에 본부가 있는 일본 중앙정보대는 2007년 3월에 창설하여 일본 방위성 산하 육상자위대가 운영하고 있으며, 600여 명의 요원들이 근무하고 있습니다. 이곳에서는 육상자위대에 필요한 작전과 정찰, 지리 정보 등을 일원화하는 임무를 맡고 있습니다.

임무를 맡고 있습니다. 방위성 승격과 함께 자위대의 해외 임무도 적극적인 성격을 띠게 됐고, 주일미군 재편 과정에서 체결된 미·일 동맹의 끈도 더욱 두터워지고 있는 형국입니다. 일본도 이젠 "미국처럼 (전 세계에서) 전쟁할 수 있는 국가"라는 점을 적극적으로 표현하고 싶은 거겠지요.

자위대의 병력과 국방기본정책

일본의 자위대는 군대로 인정하지는 않지만, 그 규모나 전쟁수행능력은 이미 군대 이상의 수준임은 자명합니다. 실제로 일본은 자위대의 위상을 '군대'로 승격시키기 위해 공식적인 단계를 차근차근 밟아 왔습니다. 명목상으로는 군대가 아니어서 자위대원은 군사재판이 아닌 일반재판을 받아야 하고, 최고 지휘권은 내각총리대신이, 통상업무는 방위장관이 가지고 있지만, 자위대는 아시아 최강을 자랑할 정도의 막강한 전력을 가지고 있는 실질적인 군대나 마찬가지입니다.

병력면에서는 육상자위대가 16만여 명, 해상자위대가 4만 2천여 명, 항공자위대가 4만 6천여 명 등 총병력 25만여 명으로, 한국의 60만 명과 비교할 때 적어 보이지만, 하사관 체제이기 때문에 전쟁 발발 시 많은 수의 병력 동원이 가능하다는 평가를 받고 있으며, 전력면에서도 항공모함과 스텔스 그리고 그 외 첨단무기는 일본이 한국보다 우위를 점하고 있다는 점을 부정할 수가 없습니다.

2020년 기준으로 세계 군사력 순위에서 한국을 제치고 6위에 등극했고, 국방비 규모에서도 한국을 한 단계 앞질러 2020년 기준 476억 달러를 지출하고 있는 군사강국이지요. 그 비용은 자위대의 모집과 훈련, 무기구입을 위해 사용되고 장비 역시 모두 최신형 첨단 무기들입니다. 한국 입장에서 볼 때는 불편한 진실(inconvenient truth)입니다.

앞서 평화헌법을 논의할 때도 언급했지만, '육·해·공군 및 기타의 무력은 보유하지 않는다.'라고 명문화되어 있는 헌법을 기조로 일본의 방위정책은 1957년 5월에 결정된 국방의 기본방침●을 그 기본으로 하고 다음과 같이 방위에 대한 기본정책(제약조건)을 구체적으로 제시했습니다.

첫째, 전수방위 원칙입니다. 전수방위란 상대로부터 무력공격

● '국방의 기본방침'은 다음과 같습니다. 첫째, 국제연합의 활동을 지지하고 국제 간의 협조를 중시하며 세계평화의 실현을 위해 노력한다. 둘째, 민생을 안정시키고 애국심을 고양하며 국가의 안전을 보장하기 위해 필요한 기반을 확립한다. 셋째, 국력과 국제정세에 맞는 자위를 위해 필요 최소한도의 효율적인 방위력을 점진적으로 정비한다. 넷째, 외부로부터의 침략에 대해서는 장래 국제연합이 유효하게 이것을 저지할 수 있는 기능을 보유할 때까지는 미국과의 안전보장체제를 기조로 하여 이에 대처한다.

을 받았을 때 비로소 방위력을 행사하고, 방위력 행사 형태도 지리적 활동 반경을 일본의 영토(영해, 영공, 영토) 내로 한정시키는 최소한에 한하며, 보유 방위력도 자위를 위해 필요 최소한으로 한정하는 등, 헌법정신에 입각한 소극적이며 수동적인 방어전략 개념입니다. 1971년 나카소네 전 수상이 방위청장관으로 재직 시 처음으로 방위백서에서 사용한 용어였지요.

1981년 5월, 미 레이건 대통령과 일 스즈키 총리 간의 미일정상회담 이후 스즈키 총리가 '해상교통로 1천 해리 방위'를 천명하면서, 주변 해역 및 해상교통로 방위는 해양과 영공에서 함대 및 항공기를 사전에 격파할 수 있는 적극방위전략, 또는 전진방위전략(1989년 마쓰모토 방위청장관이 사용) 개념으로 진일보하게 되었죠. 그러다 보니 냉전기간에 유지해 왔던 기존 전수방위의 의미는 퇴색하고, 점차 전진방위, 지역방위, 나아가 세계방위 체제로 전환하고 있고 일본 자위대의 군사력은 현재만으로도 남북한과 중국 등 주변국에 위협을 줄 만큼 최첨단 무기로 중무장되어 있습니다. 특히 걸프전과 아프가니스탄 등에 자위대를 파병하면서 일본은 국제무대에서 자신들의 정치·군사적 역할을 증대시키겠다는 강력한 의지를 보여주고 싶어했지요.

둘째, 비군사대국화입니다. 이는 일본이 타국에 위협을 가할 수 있는 강력한 군사력을 보유하지 않겠다는 것을 의미합니다. 그러나 한편으로는 군사대국이란 용어에 대한 개념도 정확하지 않을뿐더러 타국에 위협을 주지 않을 정도의 필요 최소한의 군사력만 보유한다는 기준 자체가 애매모호하기 때문에 주관적일 수밖에 없는 표현입니다. 과연 이러한 일본의 국방정책이 주변국가에게 위협을 주지 않는 수준이라고 말할 수 있는 것인지에 대해서는 명백히 판단해야만 합니다.

셋째, 비핵3원칙입니다. 비핵3원칙이란 핵무기를 갖지도 만들지도 반입하지도 않는다는 원칙을 가리키며, 일본은 이를 국시(國是)로 견지하고 있습니다. 일본은 세계 유일의 피폭국가로서 핵무기에 대한 국민들의 거부감은 상당히 강한 편입니다. 그래서 1976년 6월 핵무기 확산 금지조약(NPT)에도 가입하였구요. 비핵3원칙이라는 방위정책의 기본도 이러한 국민들의 정서를 반영한 결과이며, 현재에도 상당히 잘 지켜지고 있는 원칙이기는 하지요. 그러나 일본의 핵무기 보유 잠재능력은 상당히 높아서 현재의 기술력만으로도 핵 제조는 언제든 가능할 뿐만 아니라, 플루토늄도 상당량 확보하고 있는 것으로 알려져 있습니다. 이상의 세 가지가 일본 방위정책의 기본입니다.

그 외 다음과 같은 부분도 살펴볼 필요가 있습니다.

첫째, 정치가 군사에 우선한다는 문민통제의 확보입니다. 문민통제(civilian control)란 민주주의 국가에서 군사력에 대한 민주주의적 정치통제를 가리킵니다. 일본의 경우는 국회가 자위대와 관련된 주요 조직 등을 법률이나 예산의 형태로 의결하고 승인을 합니다. 또한 국방에 관한 사무는 일반 행정사무와 동일하게 내각의 행정권에 속하고, 자위대의 최고 지휘감독권은 총리대신에게 있으며 모든 국무대신은 문민이어야 하고 방위청장관도 문민이 아니면 안 됩니다. 그러나 2015년 6월 방위성 설치법 개정안이 국회에서 통과되면서 문민통제 원칙은 이제 유명무실해졌습니다.

둘째, 무기금수 3원칙입니다. 1967년 4월 21일 일본 중의원 예결위원회에서 사또 수상이 언급했는데 공산권국가, 유엔결의 금수국가, 분쟁당사국에는 무기수출을 인정하지 않는다는 원칙으로 무기는 물론 무기에 관한 기술도 이에 포함됩니다.

셋째, 방위비는 GNP의 1% 제한 원칙입니다. 1976년 11월 5일은 미키내각(三木武夫, 재임 1974. 12.~1976. 9.) 당시 "방위비를 당해 연도 GNP 1% 미만으로 제한한다."고 선언했던 것을 각의결정한 날입니다. 그러다 1986년 12월, 나카소네 내각이 더 이상 1% 한계를 적용하지 않겠다며 다음 해인 1987년 예산편성 때에 1%를 초과하였지요. 그러나 이후에도 방위비 책정 시 GNP 1% 틀은 대체적으로 유지되어 왔습니다. 그런데 아베정권 이후 '방위비를 GDP의 일정비율로 연결하는 것은 바람직하지 않다.'면서 GDP 1.15%에서 1.3%로 늘리겠다고 발표(2018)하는 등 방위력 증강의지를 보였지요. 결국 일본은 중국의 군비 증강을 핑계 삼아 2021년도 방위예산을 5조 4,898억 엔(한화 약 60조 원)에 이르는 사상 최대 금액으로 책정하면서 주변국들을 긴장하게 만들고 있습니다. 이제 방위비 1% 제한은 무용지물이 되어 버렸으니… 동북아의 군비경쟁에 대한민국이 어떻게 대처해야 할지 '판'을 다시 짜야 할 판입니다.

2

전후 경제발전과
군비 확장

전후 초기의 재군비 및 군사력 증강

   미국은 일본 점령을 집행하기 위해 연합군 최고 사령관 총사령부(General Headquarters, Supreme Commander for the Allied Powers)를 설치하고 6년 8개월 간을 통치했습니다. 이때 당시 일본 정부의 역할이란 고작 GHQ의 점령정책이 효율적으로 집행되는지 지켜보는 정도의 기구로 전락했지만, 그런 와중에도 일본 정치인들은 점령군의 막강한 권력을 적절하게 활용하여 이를 일본 국익에 반영시키는 면모를 보이기도 했습니다. 사실 미국 입장에서는 일본이 예상보다 일찍 항복했기 때문에 GHQ가 점령정책을 준비할 시간이 부족했고, 그래서 이를 이용했다고 보는 것이 더 타당한 해석일 수도 있지요.

한편, 미국정부 내에서 일본을 아시아지역의 군수창으로 활용해야 한다는 구상이 진작부터 있었지만, 실제로 일본 군수기업이 본격적으로 가동했던 것은 한국전쟁 발발에 따른 미군의 특수 발주부터입니다. 일본 정부와 재계는 이 기회를 경제 재건의 기반으로 활용하는 민첩함을 보였고, 또 미국도 이를 적극 지지하면서 일본 기업의 특수는 예상보다 확대되었습니다.

1952년 4월 강화조약 발효를 앞두고 GHQ는 일본의 무기생산을 공식 허가하고 일본의 군수산업을 가동시켜 병참기지화하겠다는 의지를 보여 주었습니다. 경제회생을 최대 명제로 표방해 온 일본 정부로서는 군수생산이 절호의 기회였던 셈이죠. 한국전쟁 특수 발주와 주둔군의 일본 내 소비 등을 포함해 1950년~1953년간 24억 달러의 외화 수입을 벌어 들였는데, 이는 일본의 무역 외 총수입의 70%, 외화총수입의 30% 이상에 해당할 만큼 큰 금액입니다. 이로써 일본의 국제 수지는 흑자로 전환되고 군수산업을 기간산업의 기반으로 되살려 놓을 수 있는 계기를 마련했습니다.

그런데 한국전쟁이 휴전되고 군수생산 기업들이 도산 위기에 처하게 되자 게이단렌(経団連)과 방위생산위원회가 미국 측과 일본 정부에 대책을 요구했습니다. 일본 입장에서는 군수기업 덕분에 경제 회복이 보이는 시점에서 업계의 요구를 무시할 수만은 없었습니다. 그렇다고 군사력을 증강시킨다면 당연히 재정 부담으로 이어져 경제성장에 차질을 빚게 되겠지요.

한편, 1952년 일본이 샌프란시스코 강화조약과 함께 맺은 미일안전보장조약의 주요 내용에서 문제점이 발견되었습니다. 일본이 무력공격을 받았을 때 미일 양국이 공동으로 대처한다는 것(제5조)과, 미군의 일본 주둔을 인정(제6조)한다는 것인데, 문제는 극동지역의 평화유지뿐만 아니라 일본 국내에서 내란이 일어나거나 소요가 발생할 때에도 미군이 임의로 출동하여 진압할 수 있다는 점입니다.

초기 군사력 증강정책은 요시다가 주도하였습니다. 요시다는 시정연설(1952. 11. 24.)에서 "국력회복에 따라 자위력을 증강시키는 것은 당연할 수 있으나 아직은 시기가 아니다."라고 했는데, 이를 돌려 해석하자면, 결국 국가 예산을 주도하고 있는 대장성이 긴축정책을 잘 해서 전후 불황을 극복하고 나면 미국의 군사력 증강 요구도 충족시킬 수 있다는 말이거든요. 어쨌든 요시다 독트린의 특징을 정리하면 다음과 같습니다.

첫째, 미국에 안보를 맡기되 지원은 최대로 부담은 최소화를 하겠다는 겁니다. 이는 일본의 군비를 증강시켜 자국의 군비부담을 축소하려 했던 미국의 의도와는 배치되지만, 일본 입장에서는 군사적 합리성보다 경제적 합리성을 추구하겠다는 의도입니다.

둘째, 장기간 군비투자를 계획하고 있다는 점입니다. 미소 간 전쟁, 또는 중국이나 소련이 일본을 침공할 일은 없을 것이라는 점에서, 긴박한 군비 증강보다는 여유를 갖고 계획성있게 추진하겠다는 것입니다. 한 방에 대규모 투자를 하는 게 아니라 목표 달성이 가능한 선에서 재정 부담은 최소화하겠다는 것이죠.

셋째, 군수기업 육성을 통한 기간산업화 전략은 반대하는 점입니다. 한국전쟁으로 군수산업이 발전한 것은 사실이지만 이를 지속할 수 없던 이유는 경제가 침체되더라도 무기 산업을 바탕으로 운영되는 체제보다는 지속성장이 가능한 경제를 지향하겠다는 자민당 온

건보수파의 입장을 반영한 것입니다.

넷째, 일본의 군사력 증강이 미국의 통제하에 있다는 점이 일본 군국주의의 부활을 우려하는 주변국을 안심시키는 한편, 혹시나 모를 군비 증강은 미국의 요구임을 내세워 주변국으로부터의 비난을 방어할 수 있다는 계산이 깔려 있습니다.

이런 특징을 종합해 보면, 일본은 대규모 병력과 같은 당장 불필요한 낭비는 선택하지 않고 미국과의 유대관계를 주축으로 안전 확보, 경제성장에 최우선적 자원배분, 군비의 점진적 증강을 선택하는 것이지요.

한편, 일본으로서는 1951년에 체결한 조약이 불평등하다는 걸 내세워 1960년 신안보조약을 체결했는데, 이때 내란 소요에 대한 미군의 출동조항이 삭제되고, 상호방위 의무의 명시와 미군 출동 시 일본과의 사전 협의 조항 등이 삽입되면서 불평등 조항의 상당 부분은 완화되었습니다. 조약의 유효기간을 10년으로 했지만, 일방에 의한 폐기통보가 없는 한 자동 연장되는 것으로 하여 현재에 이르고 있습니다. 그러나 시간이 흐르면서 군사적 부담은 미국에서 점점 일본 쪽으로 넘어오게 되었고 일본은 자의 반 타의 반으로 '어쩔 수 없이', '기쁜 마음으로', '속내를 감추며' 군사력을 늘리게 되는 상황을 연출하게 됩니다.

그러니 일본이 자체적으로는 군대를 가질 수 없던 한계를 극복할 수 있게끔 뒤에서 암묵적으로 용인한 것은 아이러니하게도 미국이라는 등식이 성립됩니다. 특히 냉전시대를 거치면서 소련을 비롯한 공산주의 진영에 대한 압박과 보급 병참 등 전술적으로 중요한 위치에 있던 일본은 미국의 비호 아래 급격하게 전력을 상승시켜 왔습니다. 특히 1960년 미·일 상호조약을 변경하면서 자위대의 역할이 국내 치안에서 일본 내 주둔하는 미군의 보호까지 담당하게 되었고, 이로써 일본의 군사력은 급격히 상승하게 됩니다.

실제로 미국의 동아시아 정책의 변화와 일본의 고도성장이 맞물리면서 조약의 내용도 일본의 역할이 점차적으로 강화되어가는 모습으로 바뀌어 갔습니다. 이러한 추세를 잘 반영한 것이 1996년 7월, 클린턴 대통령과 하시모토 수상 사이에 합의된 '미·일안전보장공동선언(신 안보선언)'입니다.

이 선언에서 양국은 자위대와 미군에 의한 일본의 안보유지, 그리고 10만 명 규모의 일본 내 미군 주둔 및 미군의 일본 내 시설과 구역을 계속 사용하는 등 기존의 안보조약을 재확인하였습니다. 아울러 '미·일방위협력지침(신 가이드라인)'의 수정에도 합의하였는데, 여기에서 양국은 종래의 한정적인 소규모 침략에 대해서는 일본이 단독 대응하기로 되어 있었으나, 이를 미일공동대응으로 바꾸고, 일본 주변 지역에서 미군이 작전을 전개할 때 일본은 미국에 시설(민간 비행장 및 항만시설을 포함)뿐만 아니라 각종 군사장비 등의 병참지원과 미군의 후방지원 활동을 가능케 한다는 내용으로 수정하면서, 사실상 이 지역에서 미일공동작전이 가능해졌습니다. 이렇게 되면 일본이 이제는 미국과 거의 대등한 입장에서 조약을 유지하게 되는 것입니다. 이는 사실상 미국이 일본의 군사력 증대를 인정한 것으로 풀이할 수 있는 대목입니다.

요시다의 경제우선주의정책과 이케다의 국민소득배증계획이 성공적으로 진행되면서, 일본은 1955년부터 70년대 초반까지 고도경제성장이 이어졌습니다. 이런 과정에서 미국은 일본 정부에게 군비증강계획을 제시하라며 압박을 가했고 이에 따라 일본은 1957년부터 '방위력 정비계획'을 확정했습니다.

1957년 일본 정부는 이제 군사력을 늘린다 해도 재정적으로 크게 부담되지 않을 것으로 판단하여 제1차 방위력 정비계획(1958~1960)을 세우고, 이에 걸맞게 군사력의 규모와 질적 수준을 획기적으로 증강하였습니다. 이어서 곧바로 제2차 방위력 정비계획(1961~1966)에서는 미군무기 공여 조달체계에서 탈피하여 독자생산과 기술연구 개발을 강조하고, GNP 2% 방위비 구상을 가시화하는 등 군사력 증강을 내세웠습니다.

제3차 방위력 정비계획(1967~1971)에서는 미국이 중국과의 관계회복에 중점을 두고 역내 미군을 축소시킨다는 계획을 갖고 있었기 때문에, 일본에게 군비 증강을 요구하지 않을 뿐만 아니라 군사지원도 최소화했습니다. 일본 정부는 미국이 중국과 비밀외교를 추진한 데 따른 서운함과 함께 미국의 안보 공약이 제대로 지켜질지에 대한 의심이 따르면서 중국과 국교 수립을 전격 단행하는 등 양국 간 불편한 관계가 지속되었습니다.

미국의 안보 공약이 후퇴하면서 불안감은 남았지만, 때마침 석유위기로 고도경제성장이 꺾이게 되자 국민들의 관심은 안보위기보다 경제 불황에 대한 우려 때문에 방위력을 증강시켜야 한다는 목

— 항공자위대 하쿠리기지(百里基地) 관람
식에 출석한 아베

출처 https://ironna.jp/article/4098

소리는 쏙 들어갔습니다. 오히려 관민 일체가 되어 함께 어떻게 불황극복을 해야 할지에 더 집중하였지요.

한편, 미국의 대일 무역적자가 급등하면서 마찰이 고조되자 미국은 재정적자와 무역적자가 동시에 발생한 쌍둥이 적자를 어떻게든 해결하기 위해 미국 뉴욕 플라자 호텔에 5개국 재상을 불러들여 플라자합의(1985. 9. 22.)를 이끌어 냈습니다. 그러나 아직은 대일정책에 대한 너그러움이 남아 있던 시대였기 때문에, 미국은 경제 마찰과는 무관하게 군사 분야에 있어서는 여전히 협력관계를 강화해 나갔지요. 기본적으로 레이건 대통령도 "방위와 무역은 별개 문제"라는 개인적 소신을 밝혔거든요.

나카소네 역시 적자재정의 어려운 사정에서도 임기 중 매년 약 6%의 방위비를 증액했고, 해군과 공군력 강화방침에 따라 군비를 지속 증강한 결과 아시아 전역에 배치한 미공군기보다 많은 항공기와 미 7함대의 두 배에 달하는 호위함을 보유하게 되었죠. 또한 이제는 경제뿐만 아니라 정치와 안보 분야에서도 강국으로서의 면모를 갖추게 되었고 이를 바탕으로 80년대 국제사회에서 누리게 된 일본의 지위는 비교할 수 없을 정도로 커졌습니다. 일본방위당국이 경제력에 걸맞은 군사력과 군비 증강의 새로운 당위성을 발견한 것도 이 시기입니다.

이제 1995년에 결정된 신방위대강과 관련해서는 건너뛰고 중기방위력 정비계획부터 살펴보겠습니다.

2005~2009년 중기방위력 정비계획에서는 북한의 군사적 움직임이 주변 지역의 안전보장에 중대한 불안요인이고 중국군의 현대화와 해양에서의 활동범위 확대 동향을 주목할 필요가 있다며, 북한과 중국을 주요 안보위협요인으로 적시했습니다.

2014년도 일본방위백서에 따르면, 2014~2018년도의 중기방위력 정비계획에서는 육상자위대에 육상총대와 기동사단, 기동여단을 창설하는 내용과 해병대에 수륙기동단 창설 내용이 포함되어 있습니다. 이를 위해 25조 엔의 군사예산을 반영한다고 하니, 돈이 투자된다는 건 곧 신무기를 개발하거나 구입하겠다는 것과 같은 말이잖아요. 아직 일본이 보유하고 있는 미사일 사거리는 100여 km에 불과하지만 이제 미국은 일본에 중거리 미사일 배치를 검토하고, 일본은 이를 확장 해석해서 자위대가 중거리 미사일을 보유하겠다는 목소리를 내고 있습니다. 그러나 일본의 군사력 증강이 미국에겐 문제없을지 모르지만, 아니 미국의 무거운 어깨를 가볍게 풀어주는 첨병역할일지도 모르지만, 주변국인 한반도와 동아시아 안보에는 잠재적인 위협으로 다가오고 있습니다.

마지막으로 2019~2023년도 중기방위력 정비계획에 대해서도 잠깐 언급하고 넘어가겠습니다. 이 기간에는 신무기 구입을 포함해 27조 엔의 슈퍼 방위예산을 배정할 정도로 군비를 증강시켰습니다. 비록 GDP에서 차지하는 비율은 0.92%에 불과하지만 금액면에서는 사상 최대 규모라는 사실입니다. 왜 이렇게 방위비를 늘리고 있는 걸까요? 한마디로 육해공 자위대의 전력을 강화하겠다는 겁니다. 이를 두 가지로 나누어 설명해 보겠습니다.

우선은 대일무역적자로 일본을 압박하는 트럼프에게 밉보이지 않기 위해 선제 대응하겠다는 점과, 이를 바탕으로 결국은 미일동맹 증진 차원에서 미국산 첨단 장비와 무기를 도입하려는 의도가 깔린 겁니다. 실제로 수직 이착륙이 가능한 최첨단 스텔스 전투기 F-35B를 도입하고 우주전쟁이나 필요한 광학망원경과 SSA 레이저 측거 장치 등을 도입할 뿐만 아니라 육해공 자위대 무기를 첨단화하는 예산이 포함되어 있습니다.

또 하나는 아베정권 이후 노골적으로 군국주의화하려는 흐름 차원에서 '군사굴기'를 추구하는 중국의 군사력 팽창과 북한의 핵개발 등을 핑계로 동아시아에서의 군비경쟁에서 뒤처지지 않으려는 의도가 포함되어 있을 겁니다.

아베정권의 정책을 계승하겠다고 공식 선언한 스가 내각이 일본을 어떻게 이끌고 갈지 예의 주시하며 대처해 나가야 하겠습니다.

3

PKO와 자위대의
해외파병

PKO가 성립되기까지

PKO(Peace Keeping Operations)란 세계평화와 안전유지를 위해 UN
이 편성한 군대로 유엔군이라고도 합니다. 국제연합헌장은 국제적
평화와 안전유지 또는 회복에 필요한 경우, 국제연합안전보장이사회
가 취하는 비군사적 조치로 불충분할 때, 국제연합회원국의 육군·해
군·공군에 의한 군사적 조치를 취할 수 있다고 규정하고 있습니다.

그런데 이것이 일본에서 이슈화된 것은, 1991년 1월, 미국이 이라
크의 쿠웨이트 침공에 대한 제재 차원에서 걸프전을 일으켰을 때
부시 대통령이 가이후 총리(海部俊樹, 재임 1989. 8.~1991. 11.)에게 전화를
걸어 전쟁 지원을 요청(1990. 8. 13.)하면서부터입니다. 일본은 자위대
의 해외 파병이 시기상조라고 답변하고는 대신 10억 달러의 재정지

원과 100명의 의사와 간호사 등 자원 봉사자들을 보내겠다는 성의를 표시했지만, 이 역시 국내 반발로 성사되지 않았습니다.

그러자 미국은 일본에 대한 불만 표시로 일본에 주둔하고 있는 미군기지 비용을 모두 부담하지 않으면 1년 내에 5천 명을 철수시키겠다며 으름장을 놓았지요. 일본은 30억 달러를 더 지원하겠다며 자위대를 파견할 수 있는 방법을 강구했지만 헌법 해석 등 갈등만 남긴 채 결국 병력 파견은 하지 못했습니다.

일본은 UN의 목적과 임무가 무력행사가 아닌 의료지원 등의 비전투적 임무는 헌법상 문제가 없다는 해석을 내리고는 걸프전쟁이 끝나고 나서 페르시아만으로 소해모함과 보급함 1척 소해정 4대와 411명으로 구성된 소해부대(掃海部隊)를 파견하였지만, 국제사회는 일본이 피는 안 흘리고 모든 것을 돈으로만 해결하려는 수표외교(checkbook diplomacy)를 할 뿐 인적 희생은 피하려 한다는 냉소적인 시각을 보였습니다. 쿠웨이트 정부가 전쟁이 끝난 후 뉴욕 타임지에 전쟁에 도움을 준 국가들에게 감사를 표하는 광고를 실으면서 일본 정부를 고의적으로 빠트린 것이 대표적인 예이지요.

걸프전이 종결된 후 일본은 모든 정당이 참여한 국회조사단을 캄보디아에 보내 조사활동을 벌인 후 국제사회에서 고립되지 않기 위해서는 적극적으로 국제공헌을 해야 한다는 필요성을 절감하고 돌아왔습니다. 'PKO 협력법안'•은 3차례의 수정 과정과 논쟁 끝에

• 목적 : 1. UN 평화유지활동 2. 인도적 국제구호활동 3. 국제적인 선거감시활동 이상의 세 가지 활동에 대하여 적절하며 신속한 협력을 실시하기 위한 체제를 정비하고 이로 인해 일본이 국제평화를 위한 노력에 적극 기여하는 것을 목적으로 함.

공명당, 민사당의 지지를 얻어 법안 제출 1년 8개월 만인 1992년 6월 15일 국회를 통과하여 법률로서의 효력을 갖게 되었습니다. 이를 계기로 일본의 자위대는 'PKO 참가 5원칙'* 이라는 제약은 있지만 해외파견이 가능하게 되었죠. 그렇다고 해서 자위대원이 전장에서 총칼 들고 전투하는 건 아니고, 길을 만들거나 다리를 고치는 것과 같은 비전투적인 업무만 할 수 있습니다.

그런데 일본은 자위대의 주요 임무를 효율적으로 운영하기 위한 별도 부대를 설치하고 업무영역도 PKO에 국한시키지 않고 평화유지군(PKF : Peace Keeping Forces)까지 넓혀 자위대가 UN군의 일원으로 전투부대에 참가할 수 있도록 하였습니다. 법률 통과 이후 자위대는 1992년 9월 앙골라 선거감시요원 파견을 기점으로 세계 각지 주요 분쟁지역에서 자위대의 활동범위를 확대해 나갔습니다. 그리고 1993년도에 캄보디아, 93~95년에는 모잠비크, 94년에는 자이레, 96년 골란고원 등에 유엔 평화유지군 활동의 일부로 참여한 바 있습니다.

PKO법 자체만으로는 자위대가 해외에서 적극적이고 집단적인 자위권을 행사할 수 있다고 볼 수는 없지만, 이전까지 해외파병 자체를 엄격하게 금지했던 상황과 비교하면 자위대를 합법적으로 해외에 파병할 수 있도록 전환점을 만든 것만은 사실입니다.

그 틈을 타 과거에는 논의조차 금기시되던 이슈가 수면 위로 올

● (1)분쟁당사국 모두의 동의가 필요하다 (2)평화유지군의 활동은 중립적이어야만 한다 (3)무력사용은 게릴라 등의 공격에 따른 정당방위의 경우에만 가능하다 (4)분쟁에 말려들 소지가 있을 경우에는 병력을 철수한다 (5)평화유지군 참가는 파견될 지역에서 정전이 성립된 것을 전제로 한다 등입니다.

라오기 시작했습니다. 앞서 111페이지에서 다루었던 오자와 이치로의 보통국가론이 당당하게 고개를 들고 나왔고, 여론은 사회적 동의를 얻기 위해 이를 이슈화했습니다. 일본은 더 이상 패전국으로서의 원죄를 가진 국민이기를 거부하고 싶었던 겁니다. 전범국가로서의 어두운 면을 걷어내고 국제사회의 당당한 일원으로서 자리매김하기를 바랐고, 일본 정부는 이러한 기대에 기꺼이 응했던 거지요.

자위대 해외파병이 가능하게 된 배경에는 일본의 안보전략 변화와도 밀접한 관련이 있습니다. 즉 '전수방위'라고 하는 소극적이고 방어적인 안보개념에서 탈피하고 정치적, 군사적 역할을 확대하여 국제분쟁 및 국제평화유지에 보다 적극적으로 개입하겠다는 '적극방위'로 일본의 안보개념이 변하고 있다는 것을 보여주고 싶은 겁니다. 이러한 움직임은 90년대 탈냉전 이후부터 '신방위계획대강' 및 '미일 신방위협력지침'과 2004년판 방위대강을 개정하면서 이제는 능동적이고 실효성있는 최대 방위개념으로 구체화한 겁니다. 2005년 미일방위협력지침의 개정은 집단적 자위권을 행사하고 자위대의 활동영역과 기능을 확장한 대표적인 케이스이지요.

또 하나, 1990년대와 2000년대 해외로 파병된 자위대의 임무에는 현격한 차이가 보입니다. 1990년대는 주로 인원 및 물자수송, 시설복구, 난민구조, 방재사업 등이 주된 임무였다면, 2000년대 이후에는 주로 미군의 활동을 보조하는 임무가 부여되면서 상당수의 전투 인력이 재건인력에 투입되는 양상을 보였습니다. 이러한 변화는 자위대의 파병이 인도적 차원의 지원을 넘어 이제는 국제분쟁 예방과 평화유지라고 하는 전투적 성격으로 전환되고 있다는 점을 보여주고 있습니다. 이는 결국 유엔의 승인하에 미국과의 협력이라는 새로운 패러다임이 시작되었다는 의미로도 해석할 수 있지요.

일본의 안보전략 변화 과정

미일 군사동맹관계 및 일본의 군사적 역할을 강화하기 위한 '신미일방위협력지침(가이드라인, 1997)을 살펴보면 미일 간에 방위협력체계를 강화하고 한반도에 유사 상황이 발생할 경우 자위대의 미군에 대한 병참지원을 포함한 역할에 대해 구체적으로 명기하였습니다.

신 가이드라인은 극동 아시아에서 유사시에 미군을 도와 자위대가 군사활동을 할 수 있도록 규정하였다는 점에서, 유엔의 평화유지활동과는 무관하게 자위대가 극동지역에 파견될 수 있도록 한 겁니다. 그러니 '극동(極東)'이란 지역의 개념 및 '유사(有事)'의 개념을 둘러싸고 미국과 일본이 합작하여 중국과 북한을 봉쇄하는 전략이 아니냐는 비판을 받을 수밖에 없지요. 과거 PKO 협력법을 근거로 자위대의 해외파병이 가능해진 것처럼, 가이드라인의 개정으로 자위대가 극동에서 활동할 수 있는 발판을 마련했다고 볼 수 있으니까요.

그리고 이를 주변사태법(1999)으로 아예 제도화했습니다. 즉 일본 주변에서 전쟁이 발발할 경우 미군에 대한 자위대의 지원을 (1)후방지역 지원, (2)후방지역 수색구조 활동, (3)선박검사 활동 등 세 가지로 나누어, 자위대가 일본 영해를 벗어나 광범위한 일본 주변 해역에서 군사작전을 할 수 있는 길을 열어 놓았습니다.

2001년 9월 11일 뉴욕에서 동시다발 테러가 발생한 것 기억나시죠? 미국이 보복조치로 아프가니스탄을 공격했을 때 일본 정부는 미국의 보복 공격에 대해 신속하게 지지를 보내는 동시에, 미일안보조약에 입각해 미군의 후방지원을 위한 '테러대책 특별조치법'을 제정하였습니다.

일본이 이 법을 제정한 목적은 상당히 의도적입니다. 국제 테러리즘을 방지하고 이를 근절하기 위해 적극적이고 주체적으로 국제사회의 조치에 기여하겠다는 겁니다. 구체적으로는 일본을 포함한 국제사회의 평화와 안전을 확보하기 위해 협력지원활동, 수색구조활동, 난민구원활동 등의 조치를 취하겠다는 거지요. 이 법은 기존의 국내입법과는 달리 자위대가 전수방위라는 기존의 울타리를 벗어나 일본 정부의 판단에 따라 전 세계 어떤 지역으로도 출동할 수 있는 법적, 제도적 근거를 확보하였다는 특징을 갖고 있습니다.

물론 해당 국가의 동의가 있어야 한다는 전제조건이 있기는 하지만, 이것은 미일안보조약이 미치는 범위를 아시아 태평양 지역으로 한정한 '신 가이드라인'의 규정보다 한 걸음 더 확장된 법안입니다. 즉 자위대의 활동 영역이 외국 영해와 영토까지 확대되었다는 점에서, 그리고 자위대가 유엔군이나 미국의 후방지원이라는 명분 아래 세계 모든 지역에서 적극적인 군사활동을 할 수 있는 길이 열렸다는 점에서 그렇습니다.

일본 참의원은 2001년 12월 7일, 유엔평화유지군(PKF)의 주요 업무에 대한 자위대의 참가를 허용하고, 무기사용 기준을 대폭 완화하는 내용의 PKO 법안 개정안을 가결하였는데요. 가장 핵심적인 변화는 기존 PKO 법안에서 금지해 왔던 평화유지군 업무에 참여할 수 있게 된 것입니다. 그러니까 이제부터 자위대는 정전 및 무장해제 감시활동, 완충지대 주둔 및 순찰활동, 무기 반입 및 반출 검사활동, 버려진 무기 회수활동, 지뢰제거 작업 등과 같은 준군사활동이 가능하게 된 것이죠. 또한 무기사용 범위도 '자위대원의 신체와 생명을 지키는 범위'에서 '자기 관리하에 있는 사람 및 무기'로 확대되어 다른 국가의 PKO 요원들이나 국제기관 요원들도 보호할 수 있을 뿐만 아니라 유엔평화유지군에 참여하여 유엔군의 일원으로 군사활동을 할 수 있게 되었습니다.

하지만 가장 핵심은 무엇보다도 '평화헌법'의 개정에 있습니다. 1999년 7월 일본 중의원은 헌법 조사회* 설치를 위한 국회법 개정안을 본회의에서 통과시키면서 공식적으로, 그리고 본격적으로 헌법개정에 메스를 대겠다는 의지를 밝혔습니다.

일본 헌법개정의 논란은 9조 2항에 있는데, 개헌론자들은 분쟁의 평화적 해결을 명시한 9조 1항은 유지하되, 군사력 보유를 금지한 9조 2항을 삭제한 후 자위대를 헌법상 군대로 인정하고 '개별적 자위권'이 아닌 '집단적 자위권' 행사를 용인해야 한다고 주장해 왔거든요. 결국 집단적 자위권 행사가 가능해지면서 일본은 동맹국가 혹은 국제기구 활동의 일환으로 세계 곳곳의 분쟁지역에 직접적으로 참여할 수 있는 기회가 열린 거지요.

* 2000년 1월 20일 중의원에 설치하면서 이를 계기로 헌법개정에 관한 사항을 공식적으로 의회 내에서 논할 수 있게 되었습니다.

4

집단적 자위권과 주일미군

　우선 언젠가부터 세상을 떠들썩하게 했던 일본의 집단적 자위권과 관련된 이야기를 해 봅시다.

　집단적 자위권이란 간단하게 말해서 일본과 긴밀한 유대관계를 맺고 있는 국가가 공격을 받았을 때, 이를 일본을 무력공격한 것과 동일하게 간주하여 반격하거나 또는 동맹국가에 군대를 보내 참전할 수 있는 권한을 말합니다. 이 경우 긴밀한 유대관계란 역사적인 것일 수도 있고 지리적이나 군사적인 관계일 수도 있지만, 결국은 미국을 우회적으로 표현한 것에 불과합니다.

　좀 더 쉽게 말하자면, 일본이 직접 적의 공격을 받지 않더라도 동맹국이 침략을 받고 있다면 무력으로 개입할 수 있는 권리를 말하는 것이죠. 사실 이것은 일본만 가능한 권리는 아닙니다. 1945년 서

명 발효된 유엔헌장 제51조에 의해 모든 회원국들에 부여된 국제법으로 명문화된 권리입니다.

> "본 헌장의 어떠한 규정도 국제연합회원국에 대하여 무력공격이 발생한 경우, 안전보장이사회가 국제평화와 안전을 유지하기 위하여 필요한 조치를 취할 때까지 개별적 또는 집단적 자위의 고유한 권리를 침해하지 아니한다. 자위권을 행사함에 있어 회원국이 취한 조치는 즉시 안전보장이사회에 보고된다. 또한 이 조치는 안전보장이사회가 국제평화와 안전의 유지 또는 회복을 위하여 필요하다고 인정하는 조치를 언제든지 취한다는, 이 헌장에 의한 안전보장이사회의 권한과 책임에 어떠한 영향도 미치지 아니한다."

사실 한국도 과거에 집단적 자위권을 발동해서 베트남전쟁 때 무려 32만여 명의 병력을 파견한 경험이 있기 때문에 일본의 집단적 자위권 발효를 대놓고 반대하기 어려운 형편이기는 합니다. 그러나 일본은 우리와 사정이 다릅니다. 그렇게 하기에는 바로 '전쟁포기 조항'이라고도 불리는 헌법 제9조가 걸림돌이 되거든요.

> 1항 "일본국 국민은, 정의와 질서를 기조로 하는 국제평화를 성실하게 희구하고, 국제분쟁을 해결하는 수단으로서 국권의 발동에 의한 전쟁과 무력에 의한 위협 또는 무력의 행사는, 영구히 이를 포기한다."
>
> 2항 "1항의 목적을 이루기 위해서, 육해공군 기타의 전력은 보유하지 않는다, 국가의 교전권은 인정하지 않는다."

그러니까 교전이 발생해도 그 교전에 참여할 권리를 포기한다는 것은, 동맹국에 전쟁이 발발해도 그 교전에 대한 출전 권리를 포기하고 스스로의 방어태세만 갖추어야 한다는 것을 의미합니다. 결국 헌법 제9조에서 허용하고 있는 자위권의 행사는 일본을 방위하기 위한 필요 최소한도의 범위라고 해석해야 하는데, 집단자위권을 행사하는 것은 그 범위를 넘는 것입니다. 그리고 이는 헌법상 허용되지 않는다고 여겨지기 때문에 지금까지 논란이 되어 왔던 것이구요. 그러니까 헌법을 개정하지 않는 한 집단적 자위권은 사실상 위헌이 되는 겁니다. 그래서 일본 정부는 헌법개정이나 변경에는 많은 논란과 시간이 걸릴 것으로 판단하고는 보수 정치인들 중심으로 '해석 변경'이라는 편법을 통해 추진하려고 했던 겁니다.

아베 정부 때인 2014년 7월 1일에는 각료회의를 통해 '헌법 제9조의 해석을 재해석한다.'라는 결의안을 채택하기도 했습니다. 각료회의란 우리나라의 국무회의에 해당하는데, 여기서 결정된 사항은 총리부터 장관들까지 모두 동의한다는 합의이행각서입니다. 그러니까 결국 헌법 9조를 정면에서 부정하는 법안을 만들어 일본을 전쟁이 가능한 국가로 만들었고, 그것도 모자라 군사력을 증진시키는 계획마저 세우며 본격적인 전쟁국가로 발돋움하고 있는 거지요. 그리고 2016년 3월 29일 집단자위권법을 발효했는데요. 일본이 전범국가라는 사실은 결코 변하지 않지만, 여전히 군사력을 증강시키고 집단적 자위권을 강제로 성사시켜 전쟁이 가능한 국가로 만들어가고 있습니다.

일본의 군사대국화를 바라보는 한국을 비롯한 아시아 국가들의 입장은 미국이나 유럽과 달리 과거 일본의 침략을 떠올리며 부정적으로 바라볼 수밖에 없습니다. 지금과 같은 글로벌 시대에 일본이 제국주의로 회귀할 리가 있느냐라며 허무맹랑하게 들릴지 모르겠지만, 북한이란 변수와 한반도를 둘러싼 안보환경을 생각해 볼 때 이러한 과장된 염려가, 마치 저 멀리 안드로메다의 얘기처럼 헛웃음 칠 일은 아니라는 겁니다.

이제 일본 주변(한반도)에서 전시 사태가 발생한다면 일본은 미군에 물품을 대여하거나 미군 병력과 장비를 수송하는 것이 가능한 국가가 되었습니다. 그렇기 때문에 이론상으로는, 아니 법률상으로는 주한미군이 무력공격을 받으면 일본은 집단적 자위권을 발동할 수 있는 겁니다. 이는 곧 한반도에 일본의 자위대가 상륙할 수 있다는 의미이지요. 물론 우리 외교부는 우리의 요청이나 동의가 없는 한 결코 자위대의 한반도 상륙은 용인될 수 없다는 성명을 발표했지만, 미국의 요청이 있을 때에 어떻게 대처할지는 아직은 미지수일 듯 합니다.

주일미군(駐日美軍, USFJ; United States Forces Japan)

일본에 주둔 중인 미군은 2020년 10월 현재 약 5만 2천여 명의 육해공군 및 해병대 병력과 그 외 약 5천여 명의 미국방부 산하의 민간고용자들이 있습니다. 주일미군의 역할은 일본의 방위 및 일본 주변의 미국 권익을 보호하고 극동전역의 평화와 안전을 유지하는 것입니다. 그래서 주일미군기지의 대부분은 일본 내에서 신속히 움직일 수 있는 목 좋은 곳에 위치에 있습니다.

주일 미 육군 사령부는 가나가와현(神奈川県) 자마(座間) 캠프에 있으며, 주일 미 공군 사령부는 도쿄 요코타(横田) 기지 내에 위치하고 있습니다. 그리고 주일 미 해병대의 약 85%는 오키나와(沖縄)에 주둔하고 있구요. 아직 헌법상으로 군대를 보유하는 것이 금지되어 있는 일본의 국방 담당은 공식적으로 주일미군입니다. 그리고 미군 주둔경비의 약 75%를 일본이 부담하고 있는데, 이 금액은 전 세계 미군 주둔국 중에서도 최대 규모입니다. 그래서 미국은 전략 측면에서 주일미군기지를 중요하게 취급하고 있는지도 모르지요.

1990년대 이후 중국의 비약적인 성장은 일본 사회에 경각심을 일깨우는 데 막대한 영향을 끼쳤습니다. 이로 인해 그동안 일본이 아시아 지역의 리더로 누려왔던 영향력이 감소할 것이라는 두려움이 커지면서 중국을 잠재적 위협요인으로 인식하고 '가상의 적'으로 규정해 놓았습니다. 그러나 이는 겉포장일 뿐 이렇게까지 호들갑을 떠는 이유가 가상의 적이 정말로 두려워서가 아닙니다. 일본이 핵무기를 보유하고 있지는 않지만 2020년 기준 세계 제6위의 군사력과 세계 최고 수준의 해군력을 보유한 국가임을 누가 부정하겠습니까?

특히 정밀기계 제조에서 세계 제일의 기술 보유국인 일본이 이러한 민간기술을 무기산업에 전용할 경우 세계 제일의 군사대국화도 가능한 국가입니다. 그런 일본이 '중국 위협론'을 의도적으로 부각시키는 이유는, 군사대국으로의 중무장을 할 명분이 필요하고, 또 '보통국가'화를 정당화시키는 수단으로 이용하고 싶기 때문일 겁니다.

　게다가 북한이 대륙간탄도미사일을 시기적절하게 발사해주니, 마치 우는 아이 얼굴에 벌 쏘인 것처럼 핑계를 대기 얼마나 좋았겠습니까? 그래서 더더욱 가속화된 측면도 있습니다. 미국 입장에서 보면, 한국과 달리 미국말도 잘 듣고 군사비도 증강시키는 일본이 중국과 북한에 가장 확실하게 대응할 수 있는 나라라고 보기 때문에 집단적 자위권 행사도 반대하지 않았지요. 혹시라도 북한의 미사일이 미국을 향해 날아갈 경우 가장 먼저 지나가는 곳이 일본이고, 그래서 첫 단계에서 막아낼 수 있는 곳도 일본이기 때문에 일본의 무장이 미국의 국익에 도움이 된다는 논리입니다. 이런 최적의 타이밍을 일본 정부가 놓치지 않고 자연스럽게 군사력 증진으로 이어가고자 했던 것이죠.

　그렇다면 만일 중국의 경제성장이 더디거나 북한이 무기를 개발하지 않고 잠잠했다면 일본이 가만히 있었을까요? 저는 아니라고 봅니다. 언제 올지 모르는 적을 일본이 언제까지 미국에 기댈 수만은 없겠지요. 북한의 미사일 발사는 일본에게 순풍의 돛을 달아 주었을 뿐 일어날 일은 일어나는 거지요. 물론 그 미사일이 미국이 아니라 일본에 떨어진다면 말짱 도루묵이겠지만 말이죠.

제8장

일본 우경화의 정점
일본회의

1

일본회의의
출현

뭐하는 곳인가? 일본 최대 규모의 극우단체

일본회의(日本会議, Japan Conference)는 한국에서뿐만 아니라 일본 언론에서도 잘 다루지 않아 대중적으로 알려지지 않은 조직이었습니다. 그런데 한일 양국 관계가 최악으로 치달았던 2019년 7월, 아베정권의 한국 수출규제 당시, 이를 뒤에서 조정했다는 소문이 돌면서 주목받기 시작한 우익 정치단체입니다.

현재 일본회의의 회장은 다쿠보 다다에(田久保忠衛, 1933~)라는 인물로 2015년부터 지금까지 회장직을 맡아오고 있습니다. 그는 와세다대학(早稲田大学) 법학부를 졸업하고 게이오대학(慶應大学)에서 법학박사 학위를 받은 정치학자로 도쿄도 미타카시(三鷹市)에 있는 교린대학(杏林大学) 명예교수이기도 합니다.

일본군 위안부를 다룬 다큐영화 〈주전장〉에도 등장하는 일본회의는 우파 종교단체 중심의 '일본을 지키는 모임'(日本を守る会, 1974)과 보수계 문화인 중심의 '일본을 지키는 국민회의'(日本を守る国民会議, 1981)가 1997년 5월 30일에 통합해 발족한 일본 최대 규모의 극우 단체입니다. 그래서 일본의 각종 극우활동과 관련된 문제에는 이 단체가 관련된 경우가 많습니다. 특히 발족과 동시에 '일본회의 국회의원 간담회'란 산하 조직을 만들었는데, 여기에 고이즈미 준이치로(小泉純一郎), 후쿠다 야스오(福田康夫), 아소 다로(麻生太郎)에 이어 스가 내각과 자민당 거물들이 상당수 가입돼 있습니다. 특히 일본 국회의원 중 약 40%에 해당하는 280여 명 정도가 일본회의 회원이고 그중 다시 절대 다수인 250여 명이 자민당 소속 의원이라고 합니다.

2020년 9월에 출발한 스가 내각을 들여다보면 상황이 더 심각합니다. 총 20명의 각료 중 15명이 일본회의 회원으로, 이는 무려 각료 전체의 75%에 달하는 수치이지요. 스가 요시히데(菅義偉) 총리는 물론이거니와 아소 다로(麻生太郎) 부총리 겸 재무상, 그리고 자민당 정조회장 기시다 후미오(岸田文雄)와 도쿄도지사 재선에 성공한 고이케 유리코(小池百合子)도 회원이구요, 일본의 대표 우익사관론자인 가세 히데아키(加瀬英明) 역시 이 단체의 대표회원을 역임한 경력이 있습니다. 이들이 단지 회원으로서 만족한다면 그나마 다행일지 모르지만, 문제는 의회 내에서 다양한 의원연맹을 결성하여 정부의 외교안보정책에 영향력을 행사하는 것입니다. 대표적으로 '일본의 영토를 지키기 위해 행동하는 의원연맹'(2004년 결성)이 있는데, 이 조직의 의원들은 북방4영토, 센카쿠제도, 그리고 독도에 이르기까지 영토문제를 끊임없이 제기하고 있습니다.

그 외 약 1천7백여 명의 지방의회 의원들이 일본회의 덕을 보며 활동하고 있으며, '일본정책연구센터'라는 싱크탱크를 갖고 있습니다. 스가 총리의 정책 결정에 큰 영향을 미칠 수 있는 일본회의는 정계뿐만 아니라 재계·문화·종교·예술 분야 등 각계각층의 인사들도 소속되어 있습니다.

본부는 도쿄의 아오바다이(青葉台)에 있고, 월간 기관지『일본의 숨결(日本の息吹)』을 발행하고 있습니다. 회원 수는 약 4만여 명으로 알려져 있으며, 회원 종류는 지원회원(월간지 구독자), 정회원(연회비 1만 엔), 유지회원(연회비 3만 엔), 독지회원(연회비 10만 엔), 의원회원(연회비 1만 엔), 여성회원(연회비 5천 엔) 등으로 구분하는데, 정회원의 회비만 단순 계산해도 연간 4억 엔에 이릅니다. 이 외 각종 기업이나 법인, 단체로부터의 협찬금과 기부금도 상당합니다.

기관지와 명함 광고 등에서도 자금을 끌어들이고 있지만, 연간예산을 별도로 공표하지 않고 있어서 어떻게 쓰이고 있는지는 내부 고위급 인사들 외엔 알 방법이 없습니다. 일본회의가 어디까지나 임의정치단체에 불과하기 때문에 이를 공개하지 않아도 큰 문제가 없거든요.

이렇게 모인 자금은 전국에 퍼져 있는 지방조직의 영향력을 확장하는 데 사용되고 있습니다. 예를 들어 전국 47개 도도부현(都道府県)을 9개 구역으로 정리하고 현마다 현 본부를 두어 상근으로 근무하는 활동가를 배치해 놓고는, 현본부 밑에 243개의 지부를 만들어 자신들과 뜻이 부합하고 향후 영향력을 미칠 수 있다고 여겨지는 의원들을 당선시키고 성장시키는 데에 예산을 쏟고 있습니다.

여기에 '신사본청'을 정점에 둔 '신도'(神道)도 가세합니다. 신사
본청은 사실 이세 신궁을 본종으로 하는 일개 종교법인에 불과하
지만, 거대한 정치세력으로 성장하여 일본 우익과 목소리를 같이
하면서 역사 교과서 왜곡에도 적극적으로 간섭해 왔습니다. 일본
회의의 뿌리(원류)는 '생장의 집'에서 출발했지만, 현재 일본회의를
지탱하는 주축이 바로 전국 8만 개의 신사를 거느린 '신도' 집단인
셈이죠.

일본회의의 목적

일본회의를 극우세력이라고 하는 이유는, 일본의 모든 우경 활동
과 논란들을 추적해보면 정점에 항상 이 조직이 있기 때문입니다.
그들은 현행 전후체제를 부정하고 전쟁 이전, 그러니까 제국주의
시절의 일본을 복원하는 것을 목표로 하고 있으며, 천황제 부활과
야스쿠니신사 참배를 촉구하면서 외국인 참정권은 반대합니다.

일본회의의 '기본운동방침'은 황실 존숭(천황제 부활, 국민주권 부정),
헌법개정, 재무장, 애국 교육 추진, 전통적 가족 부활이고, 이 중 상당
부분은 이미 실현시킨 단체입니다. 그야말로 과거 쇼와 시절의 제
국주의 침략전쟁으로 치달았던 전시체제의 관성을 그대로 유지하
고 싶은 거지요.

그러나 모든 게 일본회의의 뜻대로 될 수는 없는 법, 천황제 부활
의 원점회귀를 위해서 남성 텐노를 강력하게 주장하고 있지만, 현
재 나루히토 천황의 자녀가 무남독녀인 아이코 공주 한 명뿐이기

때문에, 차기 천황은 여성 천황이 될 가능성이 아주 높아 다소 난감한 상황에 처했습니다. 대부분의 일본 국민들도 여성 텐노에 대해 긍정적으로 받아들이고 있고, 또 집권 여당인 자민당 내부에서도 이러한 입장은 비슷한 분위기입니다. 게다가 본래 일본회의와 연대하던 전통적 보수층들이 아이코 공주의 텐노 등극에 별 반발을 하지 않겠다는 입장을 취하고 있어서 일본회의가 어정쩡한 상황입니다.

그럼에도 불구하고 자금력과 정치적 영향력이 강한 우익단체들이 협력해서 조직한 단체이기 때문에 일본 사회에서 강력한 영향력을 보유하고 있으며, 하부에 수많은 프런트 조직을 둘 정도로 그 규모가 매우 방대합니다. 그러다 보니 자신들의 입김을 대신해 줄 정치인이라면 야당, 여당 가리지 않고 밀어주고 있어서 스가정권 이후에도 계속해서 자신들의 입맛에 맞는 정권을 배출할 가능성도 있습니다. 실제로 차기 총리감으로 주목받았던 이시바 시게루(石破茂, 1957~) 의원은 일본에서는 아주 드문 개신교 신자로서 호헌을 지지하는 입장이지만, 일본회의 산하조직인 일본회의 국회의원 간담회에 이름을 올리고 있어서 일본회의 영향력에서 자유롭지 못한 상황입니다.

일본의 그 어떤 정당보다도 힘을 갖고 있는 일본회의는, 비록 임의정치단체라고는 하지만 계속해서 일본을 우경화로 끌고 가고자 하기 때문에 경계해야 하는 대상임에는 틀림없습니다.

2

생장의 집

여행지 팬션 이름이 아니다

이름도 멋쩍은 생장의 집은 효고현(兵庫県) 출신의 헨진, 다니구치 마사하루(谷口雅春, 1893~1985)가 1930년 개인잡지인 《생장의 집》을 발간하면서 창설한 종교단체입니다. 다니구치는 자신의 서적 '생명의 실상'을 소개하기를, 그저 열심히 책을 읽기만 하면 모든 병이 치유되고 인생고가 해결된다는 흔한 사이비 종교적인 교리를 주장했습니다. 성공한 사이비 종교의 수법이 늘 그렇듯, 이 책은 무려 1천900여만 부가 반강제로 팔려 나가면서 실제로 병이 나았다는 신자가 쇄도하였고, 그 교세가 급속도로 확장되었습니다. 돈벌이도 이렇게 쉬운 돈벌이가 있을까요?

사실 여기까지만 본다면 일반적인 사이비 종교와 별다를 바가 없습니다. 문제는 교조 다니구치라는 인물이 생장의 집을 세우기 이전부터 '일본선민론'에 심취했다는 점입니다. 다니구치의 첫 작품 『황도령학강화』(1920)에는 이런 내용이 나옵니다.

"전 세계 인류가 행복하게 인간다운 삶을 살아가려면, 신께서 날 때부터 지도자로 정한 일본 황실이 세계를 통일해야 한다."

미일전쟁이 임박했던 1940년 기관지 『생장의 집』 9월호에 게재된 다니구치의 호소력 짙은 글을 보면, 그의 천황을 향한 용비어천가가 어느 정도인지 짐작이 갑니다.

"천황으로 향하는 길이야말로 충(忠)이라. 충은 천황에게서 흘러 나와 천황으로 돌아간다.

"천황을 우러르고, 천황에게 귀일하여 나를 버리는 것이 충이라. 모든 종교는 천황에게서 시작된다. 대일여래도, 예수 그리스도도 천황에게서 시작되었다. 이는 하나의 태양에서 일곱 색의 무지개가 생기는 것과 같다. 각 종교의 본존만을 예배하고, 천황을 예배하지 않는 것은 무지개만을 예배하고, 태양을 알지 못하는 것과 같다."

"모든 종교의 시조는 나팔에 불과하니, 우주의 대교조는 천황뿐 이라."●

● '일본회의의 정체'(2019), p. 84.

이 정도면 정몽주의 단심가(丹心歌)도 울고 갈 정도이죠? 이뿐만이 아닙니다. 1942년 전쟁의 한복판에서 다니구치는 육군과 해군에 전투기를 헌납했고, 1944년에는 도쿄 아카사카(赤坂)의 본부 도장까지 군에 헌납했을 정도로 천황제에 심취한 인물입니다.

> "시작부터 일본은 세계의 지도국이며, 일본인은 세계의 지도자로서 신에게 선택받은 거룩한 백성이다."

어찌 된 일인지, 이 과대망상적이고 침략적인 자민족중심주의적 망상은 '사상과 신앙을 개조하면 질병을 치유하고 인생고를 해결할 수 있다.'는 그의 언설과 함께 대중 속에 깊이 파고 들었습니다. 일본회의의 핵심 멤버 다수가 바로 이 다니구치가 만든 '생장의 집' 열성 신도들의 후손들입니다.

이러한 '천황 신앙' 중심의 교리와 천황이 절대적인 신이라는 극단적인 광기를 발판으로, 생장의 집은 마치 강풍에 산불 번지듯 교세가 확장되면서 종전 후에는 300여만 명의 신도를 확보했습니다. 결국 GHQ는 다니구치에게 집필활동을 금지했지만, GHQ가 일본을 떠난 후부터 생장의 집은 다시 활동을 시작했고 그 활동은 이전보다 더 강력해졌습니다.

그는 전후 헌법을 '점령헌법'으로 규정해 부정하고, 모든 주권을 천황에 봉헌해야 한다는 극우적 저작을 연이어 출간하면서 우파 사이에서 두각을 드러냈지요. 그리고는 1964년 자신들의 교리를 정치에 반영하기 위해 정치결사 '생장의 집 정치연합'(이하 생정련, 1964)을 조직하고, 당시 전공투가 맹위를 떨치던 안보투쟁을 활용하

여 '생장의 집 학생회 전국총연합'(이하 생학련), '생장의 집 고교생연
맹'(생고련)을 결성하는 정치적 수단을 발휘했습니다. 여기에서 활동
했던 학생들 대다수가 '천황 신앙'과 교리를 절대적인 진리로 믿고
이를 실현하기 위해 정열적으로 활동하면서 일본 우파 내에서 촉망
받는 인사들로 성장하였습니다.

생정련과 생학련

앞서 말씀드린 생정련과 생학련은 생장의 집이 성장하고 이어 일
본회의가 정치적 힘을 발휘하는 데 중요한 역할을 해 온 단체입니
다. 각각에 대해 간단하게나마 알아보도록 하겠습니다.

생정련은 적극적인 로비와 지원을 통해 정계 인사들 사이에 영향
력을 뿌리내렸고, 여기서 지원을 받아 당선된 의원들이나 정재계
인사들은 교조인 다니구치로부터 지령을 받아 활동하며 생정련의
핵심 정책 목표 중 하나인 우생보호법 개정에 힘썼습니다.

예컨대 일본회의 사무총장 가바시마 유조(椛島有三, 1945~)는 1960
년대 중반 일본 대다수 대학이 신좌익의 전공투에 장악당하고 있
을 때 규슈(九州)의 나가사키대(長崎大学)에서 우파운동단체인 '유지
회'를 만들어 안도 이와오(安東 岩) 등과 반좌익 투쟁을 벌인 인물입
니다. 가바시마는 스즈키 구니오(鈴木邦男)의 와세다대 유지회 운동과
더불어 일본 학생운동의 흐름을 바꾸면서 후일 일본회의의 핵심 세
력을 이룹니다.

지난 2000년 모리 요시로(森 喜朗) 당시 총리가 "일본은 천황을 중

심으로 하는 신의 나라"라고 말해 물의를 빚었는데, 이 발언이 신사본청과 불가분의 관계를 맺고 있는 신정련(신도정치연맹) 설립 30주년 기념 축하 인사에서 나온 것입니다.

생학련은 각 대학의 우파계열 학생 조직이 전공투에 맞서 활발한 활동을 전개하고, 또 학생회 선거에서 승리하면서 전국학생자치회 연락협의회(전국학협)를 결성합니다. 그리고 이들 조직이 안보투쟁의 국면을 뒤집는 데 중요한 역할을 하면서 일본 내 좌파 운동권 세력을 소멸시키는 데 크게 기여하였습니다. 이런 과정을 거쳐 성장한 생장의 집 계열 우파 활동가들은 '일본청년협의회'를 조직해 핵심 세력으로 성장하였지요.

'일본정책연구센터'를 설립하고 아직도 아베 신조의 브레인으로 이름이 거론되고 있는 이토 데쓰오(伊藤哲夫, 1947~)와 아베의 보좌관을 역임했던 자민당 참의원인 에토 세이치(衛藤晟一)가 생학련 출신입니다. 또한 일본회의의 성립에 결정적인 공헌을 하였고, 일본회의의 실무를 책임져온 현 일본회의 사무총장 가바시마 유조(椛島有三, 1945~) 역시 생학련 출신입니다.

그러나 2009년 다니구치의 손자 다니구치 마사노부(谷口雅宣)가 생장의 집 3대 교주로 취임하면서 색깔을 완전히 바꾸었습니다. 그는 취임 후 얼마 지나지 않아 생정련과 생학련을 해산하여 정치활동을 중지하고, 특정후보의 선거운동 지원을 중지하겠다며 정계와의 밀월관계를 스스로 단절하였습니다. 더 나아가 창업자인 할아버지뿐만 아니라 일본회의와 관련있는 극우 인사들의 활동과 아베 전 총리의 극우적 행동을 비판하는 성명을 내면서 교단의 성격을 페이스 리프트했습니다.

따라서 현재 생장의 집은 일본회의 및 일본 내 우익과는 관련이 없다는 것이 공식적인 입장입니다. 그러나 1~2대 교주 시절 생장의 집의 영향을 받은 사람들이 당시의 교리를 믿고 있거나 믿고 싶어 하기 때문에 일본회의와의 단절이 쉽지만은 않겠지요.

3

일본회의,
정치를 하다

동상동몽(同床同夢)

일본회의가 추구하는 것은 황실을 중심으로 일본을 동질적인 사회로 창조하는 것입니다. 그렇게 하기 위해서 이들은 기본적으로 일왕을 일본 사회의 중심에 놓고 과거 일본 제국시대로 회귀하고자 합니다. '전쟁할 수 있는 일본'을 만들고자 개헌을 내세우고 있고, 이는 아베가 '평생의 숙원'으로 개헌을 내세우는 것과 맥락이 같습니다.

저널리스트이자 작가인 아오키 오사무(青木 理)는 저서 『일본회의의 정체』(2017)에서, 일본회의를 "전후 일본 민주주의 체제를 사멸의 길로 몰아넣을 수 있는 악성 바이러스와 같은 것"이라고 비꼬았습니다. 그는 일본회의가 아베정권을 좌지우지한다거나 지배한다기보다는 오히려 양자가 공감하고 상생하면서 '전후체제의 타파'라는 공통목표를 향해 함께 나아가고 있다고 지적했습니다. 그만큼 일본의 정치가들은 일본회의와 긴밀한 관계를 유지하며 같은 꿈을 꾸고 있는 겁니다. 정치가들은 지지세력이 있어야 움직일 수 있는 존재이다 보니 그들 입장에서는 정치적 영향력을 행사하는 얄미운 압력단체보다는 자신을 지지해 주는 일본회의가 고마운 존재일 수밖에 없을 겁니다.

야스쿠니신사 참배를 최우선으로 하는 정치를 꿈꾸고, 자위대의 적극적인 해외파병 활동을 실시해야 한다고 주장하는 것도 같은 꿈을 꾸기 때문에 가능한 것입니다. 현행 헌법은 이를 방해하니 개헌해야 할 대상이라고 주장하는 것도 같은 맥락이구요. 현대 민주주의 사회가 지향할 목표와는 거리가 있어 보이지만, 놀랍게도 일본회의는 스가정권 각료의 80% 이상을 지원하는 큰 힘을 지닌 단체라는 점에서 경계해야 할 대상이라는 사실은 변함없습니다.

일본회의, 정치를 하다

일본 주류 세력이 야스쿠니를 비호하는 이유가 있습니다. 일본회의의 전신인 '일본을 지키는 모임'과 '일본을 지키는 국민회의'가 원호법 제정 운동으로 정치적 성과를 이룩하면서 느낀 쾌감을 다른 이슈에서도 맛볼 수 있다고 믿기 때문입니다. 일본이 제2차 세계대전에서 패배한 후, 천황제의 상징인 원호제를 서서히 잊어가기 시작했을 때 '일본을 지키는 모임'이 이 흐름을 바꾼 적이 있거든요.

지방의회의 의견서 채택 운동, 전국 각지의 원호법 채택 요구 시위 등을 조직해 운동을 시작한 후 불과 2년 만에 원호법 입법이라는 성과를 거뒀습니다. 덕분에 지금도 대부분의 일본인들이 '2020년' 대신 '레이와(令和) 2년'이 더 익숙한 이유이자, 천황제 이데올로기를 강화하는 기제(機制)가 된 겁니다.

그렇다고 모든 운동이 성공한 것은 아닙니다. 야스쿠니신사를 국가 시설로 지정하자는 '야스쿠니신사법 제정 운동'은 실패했습니다. 그러자 일본회의는 야스쿠니신사법 제정과 함께 일본의 군대 보유를 금지하는 헌법 9조(평화헌법)를 무력화하려는 개헌운동을 같이 진행하고 있습니다.

2016년 5월 주요 7개국(G7) 정상회담이 일본에서 열렸을 때 아베 총리의 첫 공식 일정이 뭔지 아십니까? 바로 G7 정상들을 이세 신궁(伊勢神宮)으로 안내한 겁니다. 이곳이 어떤 곳인지 이 책을 앞부분부터 읽으셨다면 기억나실 겁니다. 일본의 수호신 아마테라스 오오카미(天照大神)가 모셔져 있는 '성역'이자 전국 8만 수천여 신사의 본청이 있는 최고의 성지잖아요. 저는 각국 정상들을 극진히 반기는 아베 총리의 얼굴에 미소가 떠나지 않았던 기억이 아직도 생생합니다.

일본회의의 주장은 이렇습니다. 점령군 참모들이 일주일 만에 작성했다고 하는 현행 헌법에는 일본의 방위를 미국에 위임하는 내용이 포함되어 있으니, 이대로 놔둔다면 일본 국민들의 독립심을 상실시키고 일본 고유의 가족제도를 경시하는 풍토가 만연하게 되며, 국가 종교를 분리하여 해석하게 하는 등 폐해가 많기 때문에 빨리 개정을 해야 한다는 거지요. '외국제 헌법'을 버리고 일본의 역사와 전통에 기초하여 새 시대에 상응하는 '메이드 인 저팬 헌법'을 만들어 세계에 과시해야 한다는 주장입니다.

그러나 누가 뭐라 해도 개헌의 실질적인 담당 세력은 일본회의가 아니라 정당입니다. 우선 자민당의 전통적인 공식 입장은 "현행 헌법을 자주적으로 개정하도록 노력"한다는 것이지요. 21세기 신시대에 상응하는 헌법의 이상적인 모습을 국민과 함께 논의한다는 식으로 완곡한 표현을 하였습니다. 입헌민주당은 기본적으로 평화주의는 유지되어야 한다는 입장이지만 헌법에 대해서는 개헌이 중요하다는 시각을 갖고 있습니다. 헌법을 충분히 논의하여 만약 현실과 괴리된 부분이 있다면 개정하는 것이 성숙한 민주국가의 길이라는 입장입니다.

일본회의의 뿌리는 생장의 집 출신들이지만, 오늘날 일본회의를 지탱하는 주축은 신도 신자들이고, 또 이들이 튼튼한 자금력을 지탱해 주고 있습니다. 이게 가능한 것은 신도가 불교나 기독교처럼 종파가 없고 하나로 통괄할 수 있는 신사본청이 있기 때문에 가능한 일이지요.

물론 일본 정계, 특히 집권 여당의 우경화를 일본 사회 전체의 우경화로 단정하는 건 위험할 수도 있습니다. 그러나 일본회의와 결탁된 우경화는 조직적으로 움직일 수 있고, 그럴 경우 섬나라 일본의 '야마토'적인 집단적 단결력이 어디로 튀어 나갈지에 대해서는, 자라 보고 놀란 가슴 솥뚜껑 보고도 놀랄 수 있다는 점에서 우려스러운 것은 저뿐만은 아닐 겁니다.

제9장

그 이름 아베,
그리고 스가 총리

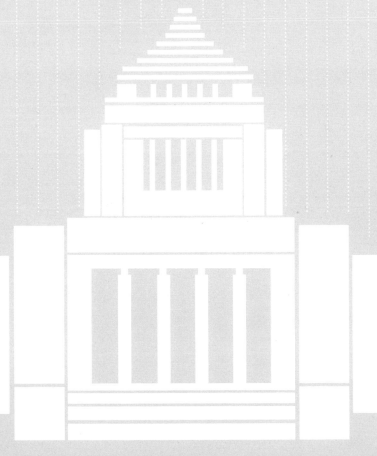

1

아베의 성장 배경과
정치인 총리

예부터 풍토가 사람을 만들고 사람이 곧 정치를 결정한다는 말이 있습니다. 정치인 아베는 어떤 풍토에서 자랐기에 오늘날 경제대국 일본을 우방향으로만 이끌어 왔던 걸까요?

아베는 일본 도쿄에서 태어나 세이케이(成蹊)를 초등학교부터 대학교까지 다닌 후 고베 제강에서 3년간 근무하고는 1982년부터 아버지 밑에서 비서로 활동하면서 정치를 배웠습니다. 세습정치인 중에서도 '프린스'라고 불리는 아베는 1960년 미일 안전보장조약의 개정을 이루어낸 기시 노부스케 전 총리의 외손자이며, 아베 신타로 전 외무상의 아들이라는, 초특급 최상류층 정치인 집안이라는 배경을 갖고 있습니다. 이를 바탕으로 아버지의 지반(地盤)을 이어받아 중의원 선거에 출마해 나가타초(永田町)에 입성(1993)할 수 있었지요. 어릴 때부터 '도련님'이란 소리를 듣고 자랐기 때문에 뭐든 하고 싶은 것은 할 수 있다는 나쁜 습관이 정치에까지 투영된 것 같습니다.

정치 입문 후에는 내각관방 부장관을 지냈고, 2002년 고이즈미 총리의 북한 방문 때 같이 따라갔다가 일본인 납치문제 해결을 계기로 인기가 급상승하면서 젊은 나이에 자민당 간사장으로 발탁되었습니다. 이때의 인기를 발판 삼아 아베는 고이즈미 정권 말부터 '포스트 고이즈미'라는 별명으로 활약하였고 2006년 자민당 총재 선거에 출마하여 아소 다로(麻生太郎)와 다니가키 사다카즈(谷垣禎一)를 큰 차이로 물리치고 '강한국가 일본'이라는 슬로건을 내세워 승리했습니다. 52세의 최연소 총리, 그리고 전후 세대 최초의 일본 총리라는 기록과 함께 말이죠. 그러나 아베는 2007년 9월 참의원 대선 참패에 대한 책임과 건강문제를 이유로 일단 총리직을 사임했습니다. 30분에 한 번씩 화장실을 가야하는 '궤양성 대장염'이 공식적인 사임 이유였지요. 그리곤 다시 총리가 되기까지 숨고르기에 들어갔습니다.

사실 아베는 총리 시절부터 평화헌법개정을 공약으로 내세웠고 교육기본법도 개정했습니다. 실제로 역사 교과서 기술 및 검정에 영향력을 행사하는 '일본의 앞날과 역사교육을 생각하는 젊은 의원의 모임'의 창설을 주도하였으며, 스스로 사무국장을 맡기도 했습니다. 왜곡된 역사 교과서를 채택하도록 자민당 내부에서 주요 도시의 학교에 조직적으로 전폭 지원을 유도하기도 했구요. 애국심과 국가주의를 강조하는 도덕교육은 강화하고 국가가 교육내용에 대해 개입하는 것을 합법화한 겁니다. 기본적 인권과 개인의 존엄과 가치의 존중이라는 교육이념을 배제하고 국가의 교육에 대한 지배력을 강화했다는 점에서 상당히 전제정치의 유령이 보이는 개정 내용이지요.

아베는 신보수주의에 기반하는 정체성의 정치(identity politics)를 주장하는 민족주의자이기도 합니다. 무엇보다도 국익을 최우선해야 한다는 애국주의와 일본 역사의 복고적 정체성을 강조하며 강한 일본을 추구했습니다. 어쩌면 트럼프 대통령의 아메리카 퍼스트(America First)를 베껴 저팬 퍼스트(Japan First)를 외치고 싶었을지도 모릅니다.

2019년 11월 20일은 아베 본인뿐만 아니라 일본의 현대 정치사에서도 역사적인 날로 기록되었습니다. 통산 재임일수 2887일을 기록하면서 일본 헌정사상 최장수 총리가 되었기 때문이지요. 2012년 12월부터 2020년 9월에 이르는 오랜 세월의 장기집권을 통해, 군국주의화를 대놓고 표방해 온 준(準)파시스트에 가까운 정권으로도 기록될 것으로 보입니다.

2

아베의
헌법개정

90년대 초반까지만 해도 헌법개정을 논한다는 것 자체가 일종의 터부로 인식되었기 때문에 대내외적으로 정치생명을 내걸고 언급하는 정치인은 많지 않았습니다. 왜냐하면 헌법은 모든 법의 근간이고 따라서 일본에서 제정되는 모든 법은 헌법의 틀에서 벗어나서는 안 된다는 걸 누구보다 현 집권 자민당 정권이 잘 알고 있기 때문입니다. 아무리 교묘한 말과 민족주의적인 웅변으로 변화를 꾀하려고 해도 근본적인 헌법의 틀 안에서 벗어날 수는 없는 것이죠. 즉, 헌법을 개정하지 않는 이상 공식적으로는 자위대가 군대가 되거나 또는 해외에서 정식으로 군사활동을 할 수는 없다는 말입니다.

그러나 1991년 걸프전을 계기로 PKO 법안이 통과되고 '테러대책 특별법'이 마련되면서 과거에 비해 일본 국민들의 의식도 변했습니다. 개헌에 대한 한계는 여전히 남아 있지만 거부감은 상당 부분 줄어들었거든요. 오히려 이러한 시류를 타고 이제는 과거보다 더 다양한 지지 세력과 의견들로 무장하여 아메바 세포가 분열과 융합을 반복하듯 일본 사회에 번져나가고 있습니다.

그렇다면 1947년 제정 후 지금까지 유지하고 있는 평화헌법을 아베는 왜 개정하고 싶어 안달이 났던 걸까요?

우선 90년대 냉전이 붕괴되고 나서부터 일본이 뭔가 국제적 역할을 할 수 있지 않을까? 하는 사회적 분위기가 형성되었다는 점입니다. 본격적으로 논의된 건 1991년 걸프전쟁 때부터입니다. 앞서도 설명드렸습니다만, 당시 미 조지부시 대통령이 가이후 총리에게 자위대 파견을 요청하였을 때, 평화헌법을 근거로 자위대 파견을 하지 못한 채 국제적인 비난의 표적이 되면서 헌법 9조에 대한 관심과 본격적인 검토가 다양한 각도에서 이루어지게 된 것이죠.

둘째, 평화헌법의 이상과 현실 간의 괴리에 대한 인식이 국민적 차원으로까지 확대되었다는 사실입니다. 일본이 엄연한 주권국가임에도 불구하고 패전 후 GHQ 점령상태에서 반강제적으로 진행된 국가형성과 헌법제정, 그리고 안보와 외교를 거의 미국에 의존해 왔다는 모순을 이제는 테이블 위에 올려놓고 갑론을박해도 된다는 분위기가 형성된 겁니다. 현 헌법은 일본이 스스로 만든 게 아닌, 적국이었던 미국이 만든 것이라 기본적으로 자존심이 상한다는 점과, 그러다 보니 현행 헌법은 일본의 정체성을 제대로 반영하지 못한 불완전한 헌법이라는 거지요.

셋째, 내셔널리즘에 대한 자각과 고양을 지적할 수 있습니다. 여기에는 이른바 경제 대국화에 걸맞는 정치적, 군사적 대국을 추구하고 싶어 하는 내셔널리즘도 있는가 하면, 잃어버린 정체성을 회복하려는 회복지향적 내셔널리즘 요소도 곁들여 있습니다. 다시 말하면, 90년대 냉전이 붕괴되고 나서 신자유주의 개혁이 야기해 온 발전지향형 모델국가의 해체 압력, 경기침체의 상실감이 이제는 일본식 스타일의 회귀를 불러일으키고 있다는 것이죠.

넷째, 여기에 또 하나 짚고 넘어가야 할 것은, 바로 아베의 집안 내력을 간과할 수 없다는 점입니다. 전범이었던 기시 노부스케 외할아버지의 영향력이 아무래도 큽니다. 아베 스스로도 "비둘기파인 아버지(아베 신타로 전 외상)보다 매파인 외할아버지(기시 노부스케 전 총리)의 DNA를 물려받았다."라고 고백할 정도로 대부분의 정책 결정에서 우파적 성향을 보여 왔죠.

아베에게 보이는 행동편향(Action Bias)이 여기서도 보입니다. 나쁜 결과를 가져오더라도 가만히 있는 것보다는 뭔가 행동해야 한다는 믿음, 정치인들이 뭔가 유권자들에게 보여주어야 한다는 생각 때문인지, 아베 역시 이런 착각 속에 빠져 끊임없이 정치적 이슈를 들고 나왔던 것은 아닐까요?

문제는 일본헌법이 경성헌법(硬性憲法)이기 때문에 개정이 쉽지는 않다는 점입니다. 개정절차가 어렵고 복잡하거든요. 그리고 헌법이 지니고 있는 규범적 구속력은 여전히 강합니다. 아시다시피 일본은 양원제이다 보니 헌법개정을 위해서는 우선 중의원에서 3분의 2 이상의 찬성이 필요하고 참의원에서도 3분의 2 이상이 찬성해야 발의가 가능합니다. 이렇게 어렵게 통과되었다고 끝이 아닙니다. 국민투표를 실시해서 과반수 이상의 찬성표를 얻어야 합니다. 그래서 평화헌법뿐만 아니라 개헌절차 규정인 96조노 여권에서는 개정을 위해 여러 번 시도 했지만, 결국은 그때마다 실패했습니다. 이렇게나 어려운 개헌 과정임에도 보수 자민당 정권에서는 지난 70여 년 동안 꾸준히 바꾸려고 시도해 왔던 겁니다.

실제로 2012년 일본 자민당이 주축이 되어 헌법개정 초안이 완성되었고 2014년엔 공산주의국가나 분쟁 국가들에게 무기를 수출하지 않겠다는 '무기수출금지 3원칙'을 사실상 폐지하였습니다. 2015년에는 안보법을 개정해 평화헌법의 해석을 바꿔 집단적 자위권 행사까지 가능하게 했구요. 이렇게 평화헌법을 개정하기 위해 사전포석으로 없었던 법을 만들고, 있는 법은 새롭게 해석하는 방편을 썼지만, 아직까지는 평화헌법 자체를 개정하지는 못했습니다.

그렇다면 미국의 입장은 어떨까요? 애당초 이 법을 만든 미국은 모르는 척 방치해 주고 있습니다. 왜냐하면 중국을 미국 혼자 견제하기보다는 일본이라는 지렛대를 활용해 어느 정도 안보 부담을 나누고 싶은 속내를 감추고 싶지는 않거든요. 말하자면 미국의 세계

패권의 퍼즐을 일본이 알아서 맞춰 주고 있는데 굳이 대놓고 말릴 이유가 없겠지요. 과거에도 그랬잖아요. 불침항모론도 그렇고 3해협 봉쇄론도 그렇구요.

일본 역사상 최장수 총리가 되는 과정에서 한껏 흥분상태에 빠져 있던 아베는 평화헌법개정이라는 걸작을 임기 중에 만들어 놓고 싶었지만, 결국은 또다시 궤양성 대장염 핑계로 사임(2020. 9. 16.)하고 말았습니다. 문제는 일본 시민들이 지금 당장 필요한 것은 개헌이 아니라 장기간에 걸친 경기침체와 디플레이션에서 빠져 나와 경제성장을 해야 한다는 쪽에 더 관심이 있다는 겁니다. 더군다나 코로나19 방역에 실패하고 아베와 아내와 관련한 각종 스캔들이 쌓이다 보니 개헌논의의 최종관문이라고 할 수 있는 일본 국민들의 민심을 얻기에는 한참 먼 이야기가 되고 말았지요. 아베가 자신의 '한수'라고 생각했던 대한국 수출규제조치라던가 혐한(嫌韓)이라는 키워드만으로는 일본 국민들을 단합시켜 개헌하고자 하는 역량이 부족했던 겁니다.

또 다른 변수도 있습니다. 2016년부터 선거연령이 만 18세로 두 살 내려가면서 240여만 명의 유권자들이 표면으로 드러났습니다. 문제는 보통 젊은 세대의 정치적 성향이 진보적일 거란 생각은 우리의 생각일 뿐, 일본은 자민당 정권이 지속적으로 보수적인 민족주의적 교육을 해 왔기 때문에 젊은 세대들도 결코 리버럴하지 않습니다. 이들의 표심을 누가 잡느냐에 따라 향방이 바뀔 수도 있다는 점을 간과할 수는 없겠지요.

3

한일 무역전쟁을
일으킨 정치 실정(失政)

어이없는 수출규제조치

2019년 7월 1일 한국의 모든 뉴스는 일본의 수출규제조치로 도배를 하였습니다. 당시 저는 연구년으로 일본 나고야(名古屋)에 있었는데, 일본에서 접한 뉴스는 우리나라와 달리 수출규제가 정치적 보복이 아니라 일본의 안보 차원에서 정당한 무역규제라는 논리를 내세워 한국이 얼마나 허접한 수입 절차를 밟고 있는지에 초점이 맞추어져 있었습니다.

블랙 스완(Black Swan)에 가까운 뉴스를 접한 저는, 나고야대학 도서관 지하 1층에 틀어박혀 모든 일간 신문을 검토하면서 왜 이런 상황에 이르게 되었는지 나름대로 논리를 만들어 봤습니다. 그러던 중 몇몇 방송국에서 출연 요청이 있어서 서둘러 귀국해 대중매체와 언론을 통해 제 나름대로 갖고 있던 소신을 말할 기회를 가졌습니다. 그 소신이란, 일본이 반도체 핵심소재 중 세 가지 품목에 대해서만 한국행 수출을 규제한 것은, 어느 날 갑자기 결정된 것이 아니라 사전에 준비된 시나리오대로 진행되었다는 점입니다.

문재인 정권이 들어선 후인 2018년 10월 한국 대법원의 '강제징용자 판결'에서 한국 측 피해자들의 승소가 확정된 점, 그리고 2018년 11월, 위안부 피해자에게 지불하려 했던 10억 엔에 대한 합의를 이행하기 위해 설립된 '화해치유재단' 이사들이 모두 사임하면서 해산된 점 등이 작용했던 겁니다. 이때 아베는 정신적으로 충격을 받고 보복을 결심했을 테구요.

특히 첫 번째 말씀드린 대법원 판결 결과 일본제철(구 신일철주금)의 패소가 결정적인 계기라고 할 수 있습니다. 국내 대법원의 판결에 대해 일본 기업 측의 반응이 없어서 소송 절차에 따라 대한민국 내의 자산을 압류하고 이를 현금화시켜 피해자들에게 준다는 판결입니다. 일본 정부가 피고가 아니라 일본 기업이 피고가 되는 민사소송이고, 소송에 대한 판결은 집행절차에 따라 정당하게 진행된 것뿐입니다. 일본 기업은 국내 로펌을 사서 재판에 참여했고 그 결과로 패소 판결을 받은 흔한 민사소송인데, 지금에 와서 불리한 결과라고 나 몰라라 쏙 빠져 버린 어이없는 사건이지요.

처음부터 참여를 하지 않았으면 모를까 참여를 했으면 끝까지 싸워서 이기든 지든 해야지, 중간에 당사자인 기업은 쏙 빠지고 일본 정부가 나선 겁니다. 지금이라도 재판에 참여해서 자기업의 자산 압류 법원 명령에 대해 이의를 제기하면 되는데, 이를 정치화한 것은 일본이지 결코 한국이 아닙니다.

2016년 박근혜 정부 때 체결한 지소미아(GSOMIA, 한일군사정보보호협정) 연장을 종료하고자 했을 때 일본은 한일 간에는 안보협력이 필요하다는 논리를 내세워 한국을 맹비난했던 것을 기억하실 겁니다. 그런데 이런 모순이 어디 있습니까? 수출규제를 감행하고 화이트리스트에서 한국을 제외할 때에는 우리나라의 안보에 대한 문제를 거론하여 믿을 수 없다고 해 놓고는, 지소미아와 관련해서는 안보에서 협력하자고 하니, 마치 '하얀 흑선', '둥근 사각형'처럼 형용모순이자 이율배반적인 태도 아닌가요?

한국의 경제성장률에 비해 일본은 1990년내 경기침제 이후 오늘날에 이르기까지 2%를 넘지 못하고 있으니, 조만간 한국이 일본을 추월할 것이라는 뉴스가 일본 자민당 정권 입장에서는 인정하고 싶지 않았을 겁니다. 인간은 경험의 노예여서 과거에 성공했던 경험과 방식이 지금도, 그리고 미래에도 그대로 적용될 수 있을 것이라는 믿음을 갖고 있지요. 일본이 과거 식민지지배했던 나라였는데 어디 배 아파서 그냥 놔두고 싶겠습니까?

일본은 식민지 종주국 입장에서 한국의 기술강국으로의 성장을 지금 꺾지 않으면 시기를 놓친다고 생각했을 겁니다. 역사 문제로 위장한 기술패권전쟁이요, 신 정한론이라는 키워드가 결코 과장된 표현을 아닐 겁니다.

문제는 대처하는 한국의 태도입니다. 우리의 기술력이 부족해 갖고 있는 대응카드가 결코 많지 않다고 해서 죽창이나 국수주의를 꺼낼 수는 없습니다. 정신승리가 아닌 기술승리가 되어야 할 것이고, 그럴려면 감정적인 말싸움이나 사이다발언에서 이길 게 아니라

차분하고 치밀한 전략싸움이 되어야 합니다.

일본은 1965년 한일수교 이후 경제협력이란 명목으로 원조했던 마중물 덕분에 한국 경제가 고도성장을 할 수 있었다는 강력한 믿음을 갖고 있습니다. 그래서 미국 트럼프 대통령이 올해 6월에 G7 국가를 확장한 서방 선진국에 한국을 초대하는 꼴을 보고 싶지 않다고 방해했던 이유도, WTO 총장 선출에서 한국의 유명희 통상교섭본부장 후보를 기필코 도시락 싸가며 노골적으로 반대했던 이유도 마찬가지 논리입니다. 꼴을 못 보겠다는 거지요.

아베는 벚꽃이 결코 아름답지 않다는 것을 뒤늦게 알았다

'벚꽃을 보는 모임(桜を見る会)', 이름만 보면 어린이들이 소풍가는 행사처럼 들리겠지만, 이 모임은 각계의 공로가 있는 인사들을 신주쿠 교엔(新宿御苑)에 초대해 벚꽃을 즐기면서 평소의 노고를 위로하고 격려하기 위해 공식적으로 치르는 국가행사입니다. 비용도 당연히 국가 예산으로 충당하지요. 그래서 총리와 함께 사진도 찍고 가족들도 모두 한껏 멋을 부려 즐겁게 참가하는 합동소풍 같은 것이라고 보면 됩니다.

그런데 이번 꽃놀이가 부정부패의 온상으로 전락한 이유는, 정부의 공식 봄맞이 행사를 아베가 자신의 후원회 친목행사로 사유화했기 때문입니다. 불법다단계업계와 같은 반사회적 세력과 유흥업소 여성까지 초청하였고, 아베의 지역구인 야마구치현(山口県)에서는 아베 지지자들을 무더기로 전세버스 17대에 나누어 도쿄까지 초대했

— 영화 〈박치기〉에서 재일교포 역을 맡았던 사와지리 에리카, 일본의 국민여동생이자 초특급 연예인으로 활약했지만 결국 마약의 유혹을 뿌리치지 못해 전과자라는 기록을 남겼습니다.

습니다. '세금의 사물화'를 한 것이 선거법과 정치자금 규정법에 위반된다는 의혹이 불거지는 건 당연한 결과겠지요. 그래서 코로나바이러스 탓도 있지만, 사쿠라 모임이 또다시 정치 쟁점화될까 두려워 2020년에는 취소를 결정했습니다.

그런데 쓸쓸하게도 한국과 비슷한 점은, 정치 이슈를 연예인 스캔들로 덮는 방식이 일본에서도 예외없이 적용되었다는 점입니다. 2005년 후지TV의 〈1리터의 눈물〉을 보신 적 있으신가요? 2006년 재일교포들의 아픔을 소재로 한 〈박치기〉라는 영화는 어떠셨나요? 한국에도 유명한 오다기리 조(小田切讓, 1976~)도 나옵니다. 2013년 작품인 〈헬터 스켈터〉는 영상미와 그녀의 연기력을 측정하기에 충분한 영화였구요, 2019년 다자이 오사무(太宰治, 1909~1948)의 동명소설을 영화화 한 〈인간실격〉도 볼 만합니다.

제가 지금 주야장천(晝夜長川) 나열한 이 영화의 주인공은 바로 일본 초특급 연예인 사와지리 에리카(沢尻エリカ, 1986~)입니다. 제가 볼 때는 김혜수 플러스 전지연 플러스 김태희 급 정도의 셀럽인데, 그녀가 갑자기 마약사건으로 체포되면서 모든 뉴스에서 사쿠라 이야기는 쏙 들어가고 아베의 의혹도 물안개처럼 사라져 버렸습니다.

하토야마 유키오 전 일본 총리는 이를 "정부의 스캔들을 덮을 목적"으로 사와지리를 이용했다고 비난했지만, 살아 있는 권력 앞에 모든 게 연기처럼 사라지듯 뉴스에서 사쿠라는 없어졌습니다.

선진국이라고만 알고 있는 일본에서 이 모임의 참석자 명부를 폐기하여 복구할 수 없게 만든 것도 우리로서는 이해하기 어려운 일이지요. 그것도 야당의원의 초대자 명부자료 요청이 있자 정부가 나서서 버젓이 공문서를 파쇄기로 폐기했다니 말 다했지요. 그러나 권력을 가진 자는 이런 일을 쉽게 할 수 있나 봅니다. 아베 총리 부부가 관련된 모리토모학원 스캔들 당시에도 재무성이 관련 공문서를 파쇄했으니까요.

모리토모학원과 일본회의

한때 한국 내 혐일파의 집중공격 1호 대상이었던 쓰카모토(塚本) 유치원 스토리를 아시나요? 학부모에게 재일한국인에 대한 증오표현이 적힌 헤이트 편지를 보내고, 독도를 되찾자는 내용을 그 어린 원생들에게 암송하도록 강요한 엽기적인 유치원 말입니다. 그 어린 원생들에게 군국주의 시절 텐노를 위해 목숨을 바치라는 내용의 교육칙어를 낭독시키는 것으로도 유명하지요. 당연히 타 유치원과 다르게 원생들을 군대식으로 굉장히 혹독하게 교육시켜 아동학대 문제도 뉴스로 폭로된 적이 있을 정도입니다.

"우리는 천황의 충성스럽고 선량한 신민이 되겠다."

이뿐만이 아닙니다. 유치원 운동회 때에는 "아베 신조 간바레(힘내세요)"라며 합창하는 유튜브가 화제가 된 적이 있습니다. 아이들에게 협동 정신을 고양한다며 체육 시간에 얼차려를 시켰던 곳이기도 하구요.

제가 왜 이런 유치한 쓰레기 같은 기사를 퍼 왔는가 하면, 이 모든 것이 팩트일 뿐만 아니라 이 유치원 소유자가, 바로 학교부지 특혜 분양 논란으로 아베의 정치 생명까지 위협했던 모리토모(森友) 학원 법인에서 운영하는 유치원이기 때문입니다. 아베 신조 내각의 지지율 하락을 불렀던 모리토모 학교 법인의 이사장이 일본회의의 임원이라는 사실도 놀랍지만, 이 학교의 명예 교장이 아베 신조의 부인 아베 아키에(安倍昭恵)라는 사실, 그리고 아키에 여사 역시 일본회의 회원이라는 사실에는 입이 다물어지지 않을 정도입니다. 아키에 여사가 한류팬이라고 해서 친한파라고 오해해서는 안 됩니다. 겨울연가를 두 번 봤다고 해서 한국을 좋아하는 것도 아니구요. 그냥, 그냥 그 드라마를 좋아하는 것뿐입니다.

모리토모학원은 초등학교를 설립할 목적으로 국유지를 헐값에 매입해 아베 총리 부인 아키에 여사를 명예교장으로 위촉하고, 그 학교명을 '아베 신조 기념 초등학교(安倍晋三記念小学校)'로 홍보해 모금 활동을 벌이기도 했었죠. 일본 재무국 소유의 국유지인 이 토지의 평가액은 원래 9억 5천6백만 엔(한화 100억 원)이었는데 모리토모학원이 1억 3천4백만 엔(한화 14억 원)에 구입한 겁니다. 아니 반 가격으로 구입해도 의심의 눈초리를 지울 수 없을 텐데, 평가액의 14%에 불과한 금액으로 거래를 할 수 있는 그 힘이 도대체 어디서 나온 걸까요? 이건 누가 봐도 특혜 중의 슈퍼 울트라급 특혜인 걸 부정할 수 없는 거잖아요. 심지어 이 구입비용마저 국비 지원을 받았다고 하면 말 다 한 거 아닙니까?

그럼 궁금증이 생기죠. 어떻게 이렇게도 싸게 구입할 수가 있었나? 하고 말이죠. 이에 대해 '산 쪽은 싸니까 샀다.'라고 돌려 말할 수도 있겠지만, '왜 이렇게 싸게 팔았냐?'라고 판 쪽을 추궁한다면 딱히 변명의 여지가 없을 겁니다. 자본주의 세계가 제대로 돌아간다면 있을 수 없는 일이지요. 그런데 이에 대해 일본 재무국은 얼굴에 철판을 깔았는지, 황당무계한 답변을 했습니다.

"그 땅 속에는 쓰레기가 있어서 그걸 처리하는 비용으로 8억 엔이 들어가기 때문입니다."

4

스가 총리에게 기대한다

2020년 9월 16일, 아베의 후임자로 스가 요시히데(菅 義偉, 1948~)가 70%에 달하는 당내 지지를 받아 당선됐습니다. 7년 8개월간이라는 역대 최장 재임한 관방장관이라는 영예와 더불어 레이와(令和) 시대 첫 총리가 되는 행운도 덤으로 얻었습니다.

스가는 고향인 아키타현(秋田県)에서 고등학교를 졸업한 후 도쿄로 상경하여 동네 공장에서 일을 하다 우여곡절 끝에 호세이대학(法政大学)에 진학했다고 합니다. 세습과 파벌 중심의 일본정치계에서 '뒷배경' 없이 권력의 최정점에 올라섰으니, 누구의 후광도 없이 100% 본인 힘으로 자수성가한 총리라고 할 수 있겠죠.

국민적 인기만으로 본다면 이시바 시게루(石破 茂, 1957~)가 총리감이었는데, 아베의 적극적인 지지와 흙수저 정치인이라는 점에서 막판 뒤집기에 성공했지요. 당선 인사 첫마디가 아베정권의 정책을 계승할 것이고, 또 외교문제에서도 아베의 조언을 듣겠다고 공언했으니, '리틀 아베'의 역할을 충실히 해 낼 것만 같아서 걱정입니다. 아베 전 총리보다 나이가 여섯 살이나 많은데도 '포스트 아베'를 자청한 것이, 저는 영 마음에 들지 않네요.

그럼 왜 아베는 스가를 지지했을까요?라고 물으신다면, 여러 견해가 있겠지만, 제가 볼 때는 자신의 3대 스캔들인 모리토모학원 비리사건, 벚꽃스캔들, 그리고 가케학원(加計学院)사건 등에 대해 더 이상 수사가 진행되지 않도록 하기 위해서는, 지난 20여 년간 한솥밥을 먹어 온 스가가 '딱'일 것이라고 판단했던 게 아닐까 하는 합리적 의심을 했습니다. 특히 가케학원의 경우 2019년 11월 오카야마 이과대 수의학부를 지원한 한국인 유학생 전부를 탈락시켜, 우리나라에서도 이슈가 되었었죠. 이 학원 이사장이 아베의 오랜 친구라서 네티즌들의 울분이 극에 달하기도 했습니다.

사실 스가는 2012년 12월 제2차 아베 내각 출범 후 줄곧 관방장관으로 재직하며 장기간 아베의 대변인 역할을 해 왔기 때문에 우리에게도 익숙하지만, 그 익숙함이란 게 유독 한·일 관계에서만큼은 강경 태도를 보여 왔기 때문이기도 합니다. 안중근 의사를 '범죄자', '테러리스트'라고 했고, 작년, 그러니까 2019년 7월 일본의 수출규제조치 당시 TV에 나와서 지속적으로 언론을 상대로 일본의 당위성을 인터뷰 해 왔습니다. 1965년 한일협정에 대해서는 "청구권 문제는 이미 완전하고도 최종적으로 해결됐다"고 하고, 징용 피해자 배상 판결에 대해서는 "한일청구권협정 위반이자 국제법 위반"이라며 강경자세를 보여 왔죠. 위안부문제나 독도에 관해서도 아베와 정치적 DNA를 같이 하고 있습니다. 그나마 긍정적인 평가를 한다면, 2012년 12월 관방장관직을 맡은 이후 아직까지 야스쿠니신사를 참배한 적이 없다는 정도일까요?

그런데 이마저도 총리가 되고 나서 바뀌었으니, 참으로 정치인들은 줏대를 갖고 소신 있게 행동한다는 게 쉽지 않은 모양입니다. 취임한 지 한 달 만에 야스쿠니신사에 공물을 봉납했다는 점은 앞으로 스가 내각의 정치적 방향성을 짐작하는 데 있어 하나의 시그널로 작용할 것 같습니다.

이제부터 아베노믹스가 스가노믹스가 될 지는 두고 볼 일이지만, 우선 2021년 도쿄올림픽이 불투명하고, 코로나19가 진정되지 않을 경우 일본 경제의 회복은 어두울 가능성이 높습니다. 그럴 경우 경제 살리기를 포기하고 평화헌법개정을 더 큰 이슈로 들고 나올 수도 있습니다. 그래서 일본 내각이 바뀌었다고 해서 아베정권을 뛰어넘는 획기적인 변화를 기대하기는 어렵겠지만, 어쨌든 리더십이 바뀌었다는 점에서 일종의 기회로 삼을 수는 있습니다. 따라서 그가 아베의 대리인이 될지 스스로 주인공이 될지는 지금부터 그의 행보와 정치적 발언을 주목하면 알겠지요.

지금은 스가의 등장으로 경색된 한일 관계가 회복될 수 있는 전환점이 되었으면 하는 바람이 간절한 때입니다. 새 술은 새 부대에 담는 지혜가 양국 모두에게 필요하니까요.

맺음말

    지금까지 여러분들은 일본 정치를 개괄적으로 훑어보았습니다. 핵심이라고 생각하는 주제를 고민없이 읽을 수 있도록 정리하는 데 중점을 두었기 때문에 엄밀히 말하면 '꼭 그렇다고는 할 수 없다.' 는 부분도 있을 것이고 '조금 지나쳤거나 너무 단순화했네.'라는 부분도 있을 겁니다. 그렇지만 고민없이 술술 읽는 것이 이 책의 목적이니 이 부분은 이해해 주시기 바랍니다.

    사실 국제정치는 영원한 적도 영원한 친구도 없으며 오직 국가의 이익만이 있을 뿐이라고는 하지만, 한국과 일본은 언제나 영원한 적일 뿐 이러한 법칙이 적용되지 않을 것 같아 걱정됩니다. 유사시 일본은 지정학적으로도, 그리고 외교적으로도 우리나라의 중요한 위치를 차지하고 있습니다. 일본에 주둔하고 있는 미군은 전쟁 발발 1시간 이내에 지원이 가능하며 각종 보급과 병참의 통로이기도 해서 더욱 그렇습니다.

이러한 의미를 갖는 일본과 으르릉대는 것이 때로는 필요하겠지만, 군사 안보적 필요에 따라 긴밀한 협력 관계를 맺는 것도 우리나라 입장에서 낫 배드합니다. 예컨대 일본과의 첨단군사기술 교류, 정보교환, 합동훈련 등 안보협력은 우리의 전력증강에 직접 활용할 수 있는 기반이 되는 동시에, 일본의 군사동향을 감시하는 데도 필수적 조건인 만큼 전향적인 접근도 필요합니다.

그렇다면 '이 책을 관통하는 모든 내용의 결론이 무엇이냐?'라고 물으신다면, 저는 이웃 일본을 놓고 우리나라가 앞으로 어떻게 대처해 나가야 하는가에 대한 답을 찾아 나가는 것에 방점을 찍고 싶습니다. 이것을 일본의 한쪽으로 쏠리는 우경화에 대한 염려와 천황제로의 회귀를 통한 제국주의화라는 키워드로 정리하면서 책의 마무리를 짓도록 하겠습니다.

우선 우경화에 대한 염려입니다. 한국은 일본의 우경화 및 군비 확장에 대해 적극적으로 우려의 목소리를 내야 합니다. 제2차 세계대전 전범들이 묻혀 있는 신사에 한 나라의 총리가 참배하는 것을 가만히 지켜만 보고 있거나 군사강국으로 향하는 일본의 제국주의적 흐름을 강 건너 불구경하듯 놔두는 것은, 결국 그 불덩이가 우리 한반도로 날아오는 것을 방치하는 것과 다름없습니다. 특히 일본의 군비 증강은 반사적으로 중국의 군비를 증강시키는 결과를 낳게 될 것이고 이는 결국 남북관계의 경색으로 이어질 가능성이 크기 때문에 일본의 군비 증강을 견제해 주어야만 합니다.

우리나라가 아직 북한과 대치상태라는 점과 일본과 한국이 각각 미국의 동맹국이라는 점, 그러다 보니 아직 한국은 일본에 대해 적절한 안보관을 확립하기 어려운 점이 있습니다. 물론 일본을 대하는 태도에 있어서 평화적이고 친근한 관계를 깨뜨릴 만큼 적대시 하거나 대립각을 세우자는 것은 결단코 아닙니다. 그러나 분명 일본의 군비 확장과 자위대의 권한 강화는 한국의 입장에서 민감한 부분임은 사실이지요. 왜냐하면 국경을 맞대고 있는 국가 간의 군비경쟁이 가속화되면 결국 긴장만 지속되는 결과를 낳게 되니까요.

두 번째 천황제와 제국주의화에 대한 염려입니다. 일본 천황은 1945년 8월 15일 무조건항복을 선언하는 방송에서 일본 국민들에게 이러한 마음 자세를 당부했습니다.

"참을 수 없는 것을 참아야 하고 견디기 이려운 것을 견뎌내어 불완전한 이유를 하나씩 없애가는 수밖에 없다(堪え難きを堪え、忍び難きを忍び、不全の理由を一つずつ取り除いていくほかない。)."

참을 수 없는 것을 참아 온, 감추어진 일본인들의 본 모습을, 우리는 어떻게 다루어야 할지 찾아내야 합니다. 일본어에 "재능있는 매는 발톱을 숨긴다(能ある鷹は爪を隠す。)."란 속담이 있습니다. 이 역시 마찬가지입니다. 지금 일본은 자신들이 참을 수 없는 것들을 참고 있을지도 모릅니다. 평화헌법으로 구속받고 있는 보통국가화를 참고 있고, 핵무장을 참고 있습니다. 그래서 우리는 일본이 매의 발톱에 숨기고 있는 것들이 무엇인지, 한일 간에 일어났던 과거 역사에 대해 원시적이고 본능적인 반응의 수준을 뛰어넘을 만큼 우리는 공부해서 알아야 합니다.

어떻게 공부해야 할까요? 저는 한일 간 역사문제와 정치에 대한 접근을 할 때에는 기존에 우리가 갖고 있던 편견에 대한 전복작업을 동반해야 한다고 봅니다. 일본에 대한 경계심과 혹시나 있을 경제적 열등감을 털어 버리기 위해 한일 간에 발생했던 모든 주장들, 예를 들어 일본의 뛰어난 점, 배울 점, 우리가 반성해야 할 점 등에 대해 자유로이 논의하고 설파할 수 있도록 반면교사와 정면교사를 구분지어 공부해야 합니다. 그럴 때에 우리는 반일(反日)이냐 친일(親日)이냐의 프레임이 아니라 지일(知日)과 용일(用日)을 통해 극일(克日)할 수 있겠지요.

참고문헌

제1장 독일과 일본의 역사인식, 왜 다른가?

강철구(2019), 『일본 경제 고민없이 읽기』, 어문학사

강철구(2013), 「일본과 독일의 역사인식의 차이」, 인문논총, 30

코케츠 아츠시, 김경옥 역(2013), 『우리들의 전쟁책임』, 제이앤씨

김가영(2016), 「제2차 세계대전에 관한 독일과 일본 역사교과서의 비교분석-전쟁에 대한 기억과 반성」, 역사교육연구. 24

손정권(2010), 「근대천황제 인식논리와 역사인식의 현재」, 일본근대학연구, 제30권

이미재(2015), 「국제질서 재편 과정에서의 화해와 용서: 독일과 일본의 역사적 경험을 토대로」, 동서연구 제27권 1호

이안 부루마, 정용환 역(2002), 『아우슈비츠와 히로시마』, 한겨레신문사

이진모(2012), 「두개의 전후: 서독과 일본의 과거사 극복 재조명」, 역사와 경계. 82

長谷川亮一(2008), 『「皇国史観」という問題』, 白澤社

遠山茂樹(1989), 『日本歴史と天皇』 「明治維新と天皇·民衆」, 大月書店

増田家淳(1989), 『日本歴史と天皇』 「現人神への道」, 大月書店

제2장 일본 천황제와 신토이즘 정치

고토 야스시 외, 이남희 역(2006), 『천황의 나라 일본: 일본의 역사와 천황제』, 예문서원

김경임 외(2019), 『일본 문화의 이해』, 부산대학교출판문화원

마루야마 마사오, 김석근 역(1997), 『현대정치의 사상과 행동』, 한길사

박규태(2001), 『아마테라스에서 모노노케 히메까지』, 책세상

박진수 외(2015), 『일본 대중문화의 이해』, 역락

엔도 슈사쿠, 공문혜 역(2005), 『침묵』, 홍성사

원광대학교일본어교육연구회(2005), 『일본 대중문화의 이해』, 제이앤씨

クライン(1977), 『現代物理学をつくった人びと』, 東京図書

ケネス.ルオフ(2009), 『國民の天皇 戰後日本の民主主義と天皇制』, 岩波現代文庫

豊下楢彦(2015), 『昭和天皇の戰後日本 (憲法.安保體制)にいたる道』, 岩波書店

제3장 일본 정당정치의 탄생

김용복(2015), 「일본의 연합정치와 자민당-공명당 선거연합」, 다문화사회연구, Vol.8. No.1

나카노 준, 권병덕 역(2019), 『공명당과 창가학회: 자민당과 공명당 연립정권의 내막』, 어문학사

사이토 준, 김영근 역(2018), 『일본 자민당 장기집권의 정치경제학』, 고려대학교출판문화원

성병욱(2002), 「일본 자민당의 파벌과 장기집권」, 사회과학논집, Vol.20

이유진(2012), 「일본의 의원직 세습에 대한 연구」, 비교일본학, Vol.27

제럴드 커티스, 박철희 역(2003), 『흔들리는 일본의 정당정치』, 한울

川人貞史(2005), 『日本の國會制度と政黨政治』, 東京大學出版會

小沢一郎(1993), 『日本改造計画』, 講談社

小塚かおる(2017), 『小沢一郎の権力論』, 朝日親書

제4장 일본의 의회제도와 선거의 특징

김영곤(2005), 「일본의 선거제도와 정당시스템」, 한국정책연구, Vol.5, No.2

나카노 고이치, 김수희 역(2016), 『우경화하는 일본 정치』, 에이케이커뮤니케이션즈

이갑윤(2005), 「일본의 선거제도 개정과 정당제의 변화」, 동아연구, 48.

이이범(2017), 「일본 참의원선거의 변화」, 일본연구논총, Vol.45

이종수 (2008), 「우리나라 역대 행정부의 정책체제의 특징에 관한 고찰」, 한국행정사학지. 23

이토 나리히코, 강동완 역(2006), 『일본은 왜 평화헌법을 폐기하려 하는가』, 행복한책읽기

하세가와 마사야스, 최은봉 역(2000), 『일본의 헌법』, 소화

新藤宗幸(2016), 『現代日本政治入門』, 東京大學出版會

藥師寺克行(2014), 『現代日本政治史 政治改革と政權交代』, 有斐閣

제5장 패전 이후 일본을 이끈 총리들

권혁기(2007), 『이케다 하야토-정치의 계설에서 경제의 세절로』, 실림출판사

야마모토 이치타 외(2002), 『일본 총리를 꿈꾸는 사람들』, 중앙M&B

우지 도시코 외, 이혁재 역(2002), 『일본총리열전』, 다락원

윤해동 외(2006), 『근대를 다시 읽는다』, 역사비평사

이종국(2016), 「일본 보수정치인들의 역사인식과 역사적 전재」, 동북아역사논총, No.51

하세가오 츠요시, 한승동 옮김(2019), 『종전의 설계자들』, 메디치미디어

井出孫六(2000), 『石橋湛山と小国主義』, 岩波ブックレット

小松茂朗(2015), 『終戰時宰相 鈴木貫太郎—昭和天皇に信頼された海の武人の生涯』, 光人社NF文庫

御廚貴(2009), 『日本の「總理大臣」がよくわかる本』, PHP文庫

제6장 일본 정치의 오욕, 3대 스캔들

강창일(1999), 『한권으로 보는 일본사 101장면』, 가람기획

김필동(2004), 『일본적 가치로 본 현대일본』, 제이앤씨

이기완(2000), 「호소카와 내각과 정치개혁」, 국제정치논총, Vol.41, No.4

이성환(2000), 「일본의 일당우위체제의 붕괴에 관한 시론」, 일본학보, Vol.45

조석제(2002), 「다나카(田中)와 현대 일본정치」, 국가정책연구, Vol.16, No.1

「자민당(自民黨) 강타한 리크루트 스캔들」, 月刊朝鮮 1989. 4월호

「리크루트 통해 본 日本 金權정치」, 月刊中央 1989. 6월호

鈴木宗男他(2013), 『検察に嵌められた政治家たち』, 日本文芸社

田原総一朗(2014), 『今だから言える日本政治の「タブー」』, 扶桑社

제7장 자위대에서 출발한 군사강국

김영춘(2005), 『일본의 보수우경화와 국가안보전략』, 통일연구원

배정호(2006), 『일본의 국가전략과 안보전략』, 나남출판

신경식(2003), 「일본의 방위정책 결정요인 분석」, 한국정치학회보. 제37집 5호

유재형(2014), 「집단적자위권-일본의 공식화와 관련하여-」, 강원법학, 43

유형석(2006), 「집단적 자위권의 성립배경에 관한 소고」, 법학연구. 22

이명진(2015), 「일본의 집단적자위권 행사용인과 국가노선의 대전환」, 일본연구논총, Vol.40

조경희(2015), 「일본의 안전보장법제와 자위대의 역할 강화」, 의정논총, Vol.10, No.2

半田滋(2014), 『日本は戰爭をするのか-集團的自衛權と自衛隊』, 岩波新書

芦川淳(2013), 『自衛隊と戰爭-變わる日本の防衛組織』, 寶島社

제8장 일본 우경화의 정점 일본회의

고토 야스시 외, 이남희 역(2006), 『천황의 나라 일본: 일본의 역사와 천황제』, 예문서원

김양희(2006), 「일본 우익의 사상적 기저로서의 신도(神道) 고찰」, 일본문화연구, Vol.20

스가노 다모쓰 지음, 우상규 옮김(2020), 『일본 우익 설계자들』, 살림

아오키오사무 지음, 이민연 옮김(2017), 『일본회의의 정체』, 율리시즈

이기태(2018), 「아베정권의 안보정책과 일본회의」, 일본연구논총 48호

이명찬(2018), 『일본회의와 아베 정권의 우경화』, 동북아역사재단

정미애(2016), 「일본의 보수우익 정치세력: 제2차 아베내각을 중심으로」, 일본연구, No.67

菅野完(2016), 『日本會議の研究』, 扶桑社

上杉聰(2016), 『日本會議とは何か-「憲法改正」に突き進むカルト集團』合同出版

제9장 그 이름 아베, 그리고 스가 총리

김장권(2001), 「일본평화헌법개정론의 배경과 특징」, 『국가전략』세종연구

노다니엘(2016), 『아베 신조의 일본』, 세창미디어

석주희(2019), 「일본 우익에 대한 소고-아베내각과 일본회의」, 내일을 여는 역사, Vol.77

송석원(2008), 「일본의 아베 정권 재고: 한일관계를 중심으로」, 한국동북아논총, Vol.13, No.2

이기태(2016), 「일본 아베정권의 대외전략과 대북전략」, 통일연구원 연구총서

이명찬(2018), 『일본회의와 아베 정권의 우경화』, 동북아역사재단

이이범(2015), 「아베 정권하의 일본 의원들의 보수 성향 분석」, 일본공간, Vol.18

菅野完(2016), 『日本會議の研究』, 扶桑社

上杉聰(2016), 『日本會議とは何か-「憲法改正」に突き進むカルト集團』, 合同出版

일본 정치 고민없이 읽기

발행일 2020년 11월 30일

지은이 강철구
펴낸이 박영희
편 집 박은지
디자인 최소영
마케팅 김유미
인쇄·제본 AP프린팅
펴낸곳 도서출판 어문학사
　　　　서울특별시 도봉구 해등로 357 나너울카운티 1층
　　　　대표전화: 02-998-0094/편집부1: 02-998-2267, 편집부2: 02-998-2269
　　　　홈페이지: www.amhbook.com
　　　　트위터: @with_amhbook
　　　　페이스북: www.facebook.com/amhbook
　　　　블로그: 네이버 http://blog.naver.com/amhbook
　　　　　　　　다음 http://blog.daum.net/amhbook
　　　　e-mail: am@amhbook.com
　　　　등록: 2004년 7월 26일 제2009-2호

ISBN 978-89-6184-966-1(03910)
정가 16,000원

이 도서의 국립중앙도서관 출판예정도서목록(CIP)은 서지정보유통지원시스템 홈페이지
(http://seoji.nl.go.kr)와 국가자료종합목록 구축시스템(http://kolis-net.nl.go.kr)에서
이용하실 수 있습니다. (CIP제어번호 : CIP2020046591)

이 저서는 2020학년도 배재대학교 교내학술연구비 지원에 의하여 수행된 것입니다.